그리스 로마 신화
인물사전

신화는 생생한 이야기의
보물창고이다

그리스 로마 신화
인물사전 8 ㅋ

박규호 · 성현숙 · 이민수 · 김형민 지음

한국인문고전연구소

차례

일러두기

1. 본문의 인명 및 지명은 그리스어와 라틴어를 혼용하여 쓰고 있으나 원전을 살리되, 통용
   되는 명칭은 그대로 사용하였다.
2. 본문의 서명書名은 『 』, 음악 미술 등의 작품명은 〈 〉로 표기한다.
3. 본문의 그림 설명은 작품 제목, 종류, 작가 이름, 제작 시기, 보관처출처, 기타 설명 순이다.

ㅋ

그
리
스
로
마
신
화
인
물
사
전

카나케 Canace

요약

그리스 신화에 나오는 아이올로스의 딸이다.
친오빠 마카레우스를 사랑하여 그의 아이를 낳은 뒤 아버지 아이올로스가 보낸 칼로 스스로 목숨을 끊어야 했다.

기본정보

구분	공주
상징	근친상간
외국어 표기	그리스어: Κανάκη
관련 신화	아이올로스, 마카레우스

인물관계

카나케는 그리스인의 조상인 헬렌의 아들 아이올로스가 테이마코스의 딸 에나레테와 사이에서 낳은 여러 자식들 중 한 명이다. 아이올로스와 에나레테 사이에서는 아들 시시포스, 크레테우스, 아타마스, 살모네우스, 마카레우스, 미마스 등과 딸 카나케, 알키오네, 페이시디케, 칼리케, 페리메데 등이 태어났다.
카나케는 포세이돈과 사이에서 니레우스, 에포페우스, 알로에우스, 트리오파스 등을 낳았다. 카나케가 마카레우스와 사이에서 낳은 아이는 아이올로스에 의해 개의 먹이로 던져졌다고도 하고, 암피사라는 이름의 여자아이로 나중에 아폴론의 연인이 되었다고도 한다.

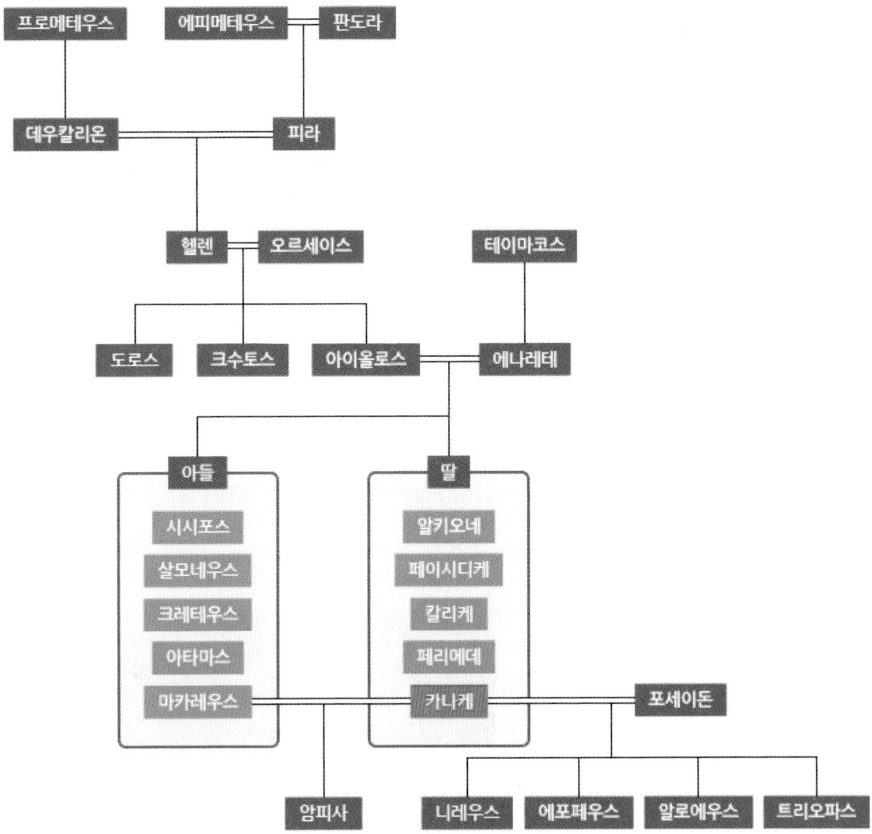

프로메테우스　　에피메테우스　판도라

데우칼리온　　　　　　피라

헬렌　오르세이스　　　　테이마코스

도로스　크수토스　아이올로스　에나레테

아들　　　　　　딸

시시포스　　　　알키오네
살모네우스　　　페이시디케
크레테우스　　　칼리케
아타마스　　　　페리메데
마카레우스　　　카나케　　　　포세이돈

암피사　　니레우스　에포페우스　알로에우스　트리오파스

신화이야기

카나케와 마카레우스

　아이올로스와 에나레테의 딸 카나케는 친오빠 마카레우스를 사랑하였다. 두 남매는 근친상간을 저지르고 아이도 낳았다. 카나케는 아버지 아이올로스 왕의 진노를 피하기 위해 유모를 시켜 아기를 몰래 내다버리게 하였다. 카나케의 유모는 신들에게 제사를 올리는 척하면서 아기를 희생 제물 사이에 숨겨 궁전에서 빼내려 했는데 아기가 그만 울음을 터뜨리는 바람에 발각되고 말았다.

　아이올로스는 아기를 개들에게 먹이로 던져주고 카나케에게는 단검을 보내 자살하게 하였다. 마카레우스는 그 뒤 스스로 목숨을 끊었다.

또 다른 이야기에 따르면 카나케와 마카레우스 사이에서는 암피사라는 딸이 태어났는데 나중에 아폴론의 연인이 되었다고 한다. 로크리스에 있는 도시 암피사는 그녀의 이름에서 유래하였다.

카나케와 마카레우스의 근친상간 주제는 고전시대의 비극작가 에우리피데스가 호메로스의 서사시 『오디세이아』에 나오는 바람의 신 아이올로스와 그 자녀들의 이야기를 토대로 만들어냈다고 알려져 있다. 『오디세이아』에 따르면 트로이 전쟁을 끝마치고 귀향하던 오디세우스가 도중에 정박한 어느 섬에 바람의 신 아이올로스가 열두 자녀(여섯 딸과 여섯 아들)와 함께 살고 있었는데 그는 딸들과 아들들을 서로 결혼시켜 부부로 살게 하였다고 한다.

오비디우스의 『헤로이데스』에는 카나케가 마카레우스에게 보내는 편지가 실려 있다. 여기서 카나케는 친오빠의 아이를 임신한 자신의 운명과 아버지의 잔인한 결정을 한탄하고 있다.

바람의 동굴 속 아이올로스와 오디세우스
요하네스 스트라다누스(Johannes Stradanus),
1590~1599년경, 보이만스 판뵈닝언 미술관

카나케와 포세이돈

카나케는 또한 해신 포세이돈의 연인이기도 했는데 둘 사이에서는 니레우스, 에포페우스, 알로에우스, 트리오파스 등 여러 명의 자식이 태어났다. 알로에우스는 아이톨리아 지방에 알로스라는 도시를 건설하였고 에포페우스와 트리오파스는 각각 시키온과 테살리아의 왕이 되었다.

카드모스 Cadmus, Kadmos

요약

페니키아 왕 아게노르의 아들이다.

누이동생 에우로페가 제우스에 의해 납치되어 사라지자 아버지의 명령에 따라 누이동생을 찾으러 방방곡곡을 헤매지만 누이동생을 찾지 못하였다. 결국 고향에 돌아가지 못하고 나중에 테바이의 왕이 되었다.

기본정보

구분	테바이의 왕
상징	뱀
외국어 표기	그리스어: Κάδμος
관련 신화	에우로페, 아게노르, 하르모니아, 아우토노에, 세멜레, 아가우에, 악타이온
가족관계	아게노르의 아들, 텔레파사의 아들, 하르모니아의 남편, 폴리도로스의 아버지

인물관계

아게노르와 텔레파사 사이에 태어난 아들이다. 포이닉스, 킬릭스, 에우로페와는 남매 사이이다. 전쟁의 신 아레스와 미의 여신 아프로디테 사이에 태어난 딸 하르모니아와 결혼하여 아들 폴리도로스와 4명의 딸 아우토노에, 이노, 세멜레, 아가우에를 낳았다.

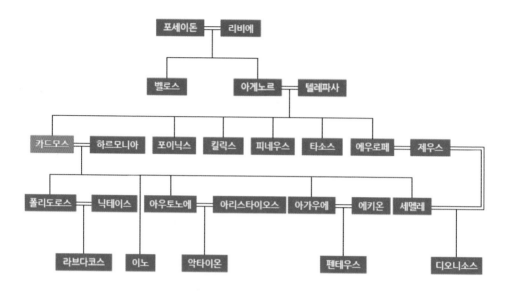

신화이야기

에우로페의 실종

카드모스는 페니키아의 왕 아게노르와 텔레파사 사이에서 태어난 아들이다. 누이동생 에우로페가 제우스에 의해 납치되어 행방불명이 되자 아버지 아게노르 왕은 카드모스를 비롯한 아들들에게 에우로페를 찾아오라는 명령을 내렸다. 아게노르 왕은 아들들에게 에우로페를 찾지 못하면 돌아오지 말라는 엄포를 놓았다. 에우로페는 그토록 애지중지 아끼면서 아들들에게는 엄격하다 못해 냉혹한 아버지인 아게노르 왕에 대해 『변신이야기』도 이러한 태도를 자식들에게 "다정함과 함께 냉혹함도 동시에 보인 행동"이라고 언급하였다.

카드모스는 방방곡곡을 헤매고 다녔지만 누이동생을 찾지 못했고 아버지의 엄명으로 고향에도 돌아가지 못하는 신세가 되었다.

테바이의 건설

고향에 돌아가지 못한 카드모스는 델포이에 있는 아폴론 신전으로 가서 신탁을 구하였다. 이에 아폴론은 암소 한 마리를 만나면 그 암소의 뒤를 따라가 암소가 머무는 곳에 도시를 세우고 그 도시의 이름은 테바이로 하라는 신탁을 내렸다.

그는 신탁이 명하는 대로 암소가 멈출 때까지 암소의 뒤를 따라갔다. 암소가 머문 곳에서 카드모스는 암소를 신에게 제물로 바치기 위해 부하들에게 아레스의 샘에서 성스러운 물을 길러오라고 명하였다. 그러나 부하들 모두가 샘을 지키고 있는 용(혹은 뱀)에게 죽임을 당하였고, 이에 카드모스는 화가 나 그 용(뱀)을 죽였다. 그때 아테나 여신이 나타나 용의 이빨을 땅에 뿌리라고 명령을 내려 카드모스가 그대로 하자 땅에서 갑자기 씨 뿌려서 나온 자들, 즉 스파르토이라고 불리는 무장한 군인들이 나타나 서로 싸우다 결국에는 5명만 남게 되었다.

『비블리오테케』에는 이 5명의 이름이 언급되어 있다. 살아남은 사람들의 이름은 에키온, 우다이오스, 크토니오스, 히페레노르, 펠로로스

이다. 이들은 카드모스가 도시의 성채를 건설하는 것을 도와주었는데 성채는 카드모스의 이름을 따서 카드메이아라고 불려졌다. 이 도시는 나중에 테바이가 되었고 카드모스는 테바이의 왕이 되었다.

살아남은 사람들 중 에키온은 후에 카드모스의 딸 아가우에와 결혼하여 이 두 사람 사이에서 펜테우스가 태어났다. 후에 카드모스 왕은 펜테우스에게 테바이의 왕위를 물려주었다.

용의 이빨을 뿌리는 카드모스
맥스필드 패리시(Maxfield Parrish), 1908년
: 너새니얼 호손(Nathaniel Hawthorne)의
〈원더북〉 삽화

하르모니아와의 결혼 그리고 기구한 운명의 자식들

카드모스가 죽인 용(뱀)은 아레스에게 봉헌된 신성한 동물인데 일설에 의하면 아레스의 자손이라고도 한다. 카드모스는 테바이의 왕이 되기 전 용(뱀)을 죽인 벌로 8년간 아레스를 위해 일하였다. 8년간의 봉사 기간이 끝나자 카드모스는 테바이의 왕이 되었고 아레스와 아프로디테 사이에 태어난 딸인 하르모니아와 결혼했다. 테바이의 성채 카드메이아에서 열린 결혼식에 하늘에 있는 모든 신들이 참여하여 축가를 불러줄 정도로 이 결혼식은 성대하게 거행되었다. 이 두 사람 사이에는 아들 폴리도로스와 4명의 딸 아우토노에, 이노, 세멜레, 아가우에가 태어났다. 그러나 아레스에게 봉헌된 성스러운 뱀을 죽인 것에 대한 저주 때문인지 카드모스의 자식들과 자손들은 대부분 비참한 운명을 맞이하였는데, 아우토노에의 아들 악타이온은 아르테미스가 목욕하는 장면을 몰래 엿본 죄로 사슴으로 변해 자신의 사냥개들에게 갈기갈기 찢겨 죽었고, 제우스의 애인이 된 세멜레는 제우스에게

악타이온과 아르테미스
프란체스코 알바니(Francesco Albani), 1617년, 루브르 박물관

진짜 모습을 보여달라고 간청하다 재가 되어버렸다. 그리고 이노는 제우스의 자식인 조카 디오니소스를 기르다 헤라의 노여움을 사서 미쳐버렸다.

뱀이 된 카드모스와 하르모니아

자식들의 기구한 운명에 괴로워하다 카드모스와 하르모니아는 아가우에의 아들인 손자 펜테우스에게 왕위를 물려주고 일리리아 지역으로 갔다. 그러나 두 사람은 그곳에서도 괴로움에서 벗어나지 못했다. 그들은 온순한 뱀으로 변신하게 되는데 『변신이야기』는 이에 관해 생생하게 전하고 있다. 어느 날 카드모스가 자식들의 불운한 운명을 되돌아보며 하르모니아에게 말했다.

뱀으로 변하는 카드모스와 하르모니아
접시 그림, 16세기 중반, 파엔자 국제도자기 박물관
©Museo Internazionale delle Ceramiche in
Faenza@wikimedia(CC-BY-SA 3.0)

"내가 창으로 찔러 죽인 그 뱀이 어쩌면 성스러운 뱀이 아니었을까요? (중략) 만약 신들께서 그토록 큰 분노로 뱀의 죽음에 복수하여 재앙을 내린 것이라면 차라리 나도 뱀이 되어 배를 깔고 길게 몸이 늘어졌으면 좋겠소!"

그러자 카드모스의 몸이 뱀으로 바뀌기 시작하였고, 이에 하르모니아도 자신도 남편과 같이 뱀으로 변하게 해달라고 기도하였다. 『변신이야기』는 마지막에 다음과 같이 전하고 있다.

"지금도 이 뱀들은 사람들을 피하거나 사람들에게 해를 입히지 않
으니 그 온순한 뱀들은 이전의 삶을 기억하는 것이다."

『비블리오테케』에 의하면 고통 속에서 뱀이 된 카드모스와 하르모
니아는 나중에 제우스에 의해 엘리시온 평원으로 인도되었다고 한다.
일명 "축복받은 자들의 섬"이라 불리는 엘리시온 평원은 신들이 사랑
하는 사람들이 사는 낙원이다. 호메로스에 의하면 이곳은 오케아노스
너머 서쪽 끝에 있다고 한다.

또 다른 이야기에 의하면 하르모니아는 아프로디테와 아레스의 딸
이 아니라 아틀라스의 딸 엘렉트라와 제우스 사이에 태어난 딸이라고
한다. 그렇게 되면 하르모니아는 트로이를 세운 다르다노스와 데메테
르의 연인인 이아시온과 남매 사이가 된다.

카론 Charon

요약

그리스 신화에 등장하는 하계의 신이다.

망자들에게 저승을 감싸고 흐르는 스틱스 강(혹은 그 지류인 아케론 강)을 건네주는 뱃사공이다. 망자들이 저승으로 가려면 반드시 카론에게 뱃삯을 지불해야 했다.

기본정보

구분	하계의 신
상징	죽음, 저승
외국어 표기	그리스어: Χάρων
어원	기쁨
별자리	명왕성의 첫 번째 위성
관련 상징	나룻배
가족관계	에레보스의 아들, 닉스의 아들

인물관계

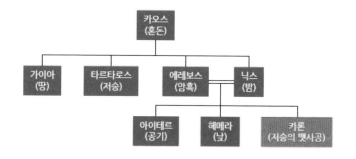

카론은 카오스에서 곧바로 생겨난 에레보스(암흑)와 닉스(밤)가 결합하여 탄생한 아들이다.

신화이야기

저승의 뱃사공

그리스 신화에서 망자의 영혼이 이승을 떠나 하데스의 나라로 가려면 저승의 뱃사공 카론의 배를 타고 스틱스 강을 건너야 한다.

스틱스 강은 세상을 둘러싸고 흐르는 대양강 오케아노스의 물줄기에서 갈라져 나와 아르카디아의 케르모스 산의 험한 협곡을 지나 저승으로 흘러드는 강이다. 증오의 강이라 불리는 스틱스 강은 저승에서 슬픔의 강 아케론, 탄식의 강 코키투스, 불의 강 플레게톤, 망각의 강 레테 등의 지류로 나뉘어 하데스의 나라를 아홉 물굽이로 감싸고 흐른다.

카론
미켈란젤로(Michelangelo)
1540년경
바티칸 시스틴 성당 벽화

스틱스 강 어귀에 도착한 망자들은 카론과 만나게 되는데 이 장면을 베르길리우스는 서사시 『아이네이스』에서 이렇게 묘사하고 있다.

> "그곳에는 (…) 무섭고 누추한 사공인 카론이 지키고 서 있는데
> 그의 턱에는 손질하지 않은 백발이 텁수룩하고,
> 눈은 불을 켜고 노려보고 있다. 그의 어깨에서는
> 때 묻은 외투가 매듭으로 묶인 채 아래로 처져 있다.
> 그는 손수 상앗대로 배를 밀고 돛들을 손질하며

거무스름한 나룻배로 사자(死者)들을 건네준다.

그는 이미 늙었지만 신의 노년은 건장하고 푸른 법이다. (…)

그들(사자들)은 (…) 육지로 떼지어 몰려드는 새떼만큼이나 많았다.

그들은 먼저 건너가게 해 달라고 간청하며 서서

저편 강가에 대한 그리움에 손을 내밀었다.

그러나 무뚝뚝한 뱃사공은 때로는 이들을, 때로는 저들을 받고,

다른 자들은 강가에 접근하지 못하도록 밀쳤다."

카론은 죽음의 배를 모는 뱃사공이지만 노를 젓는 것은 망자들의 몫이었다고 한다.

카론의 뱃삯

카론의 배는 오직 장례식을 치른 이들만이 탈 수 있었다. 그리고 장례식에서는 반드시 망자의 입에 1오볼로스 짜리 은화 한 닢을 입에(혀 밑에) 물려주어야 했다.(1오볼로스는 일일노동자의 하루치 임금에 해당한다)

영혼들을 싣고 스틱스 강을 건너는 카론
알렉산더 리토 첸코(Alexander Litovchenko), 1861년, 러시아 박물관

카론의 배
루카 조르다노(Luca Giordano), 1686년경, 피렌체 메디치–리카르디 궁의 벽화

이 돈은 망자들이 카론의 배를 타기 위해서 치러야 하는 뱃삯이다. 뱃삯을 치르지 못하면 망자는 영원히 저승에 들어가지 못하고 스틱스 강가에 머물러 있어야 하므로 망자에게 '카론의 뱃삯'을 챙겨주는 일은 장례에서 매우 중요한 의식이었다.

카론의 배를 탔던 산 자들

망자들에게 카론은 엄격하고 난폭했다. 카론은 망자가 아니면 그것도 뱃삯을 지불한 망자가 아니면 아무도 자신의 배에 태워주지 않았다. 하지만 몇 번의 예외는 있었다.

헤라클레스는 12과업의 하나인 저승의 개 케르베로스를 잡아오기 위해 저승으로 갈 때 카론에게 배를 태워달라고 요구했다. 하지만 헤라클레스는 죽은 자가 아니었으므로 카론은 단호하게 이를 거절했다. 그러자 헤라클레스가 카론의 갈고리 장대를 빼앗아 그를 내리쳤고 카론은 더 이상 저항하지 못하고 헤라클레스를 건네주었다. 이 일로 카론은 하데스의 명에 의해 1년 동안 사슬에 묶인 채 지내야 했다. 산

프시케와 카론
존 로뎀 스펜서(John Roddam Spencer
Stanhope), 1883년

자를 저승에 들인 벌이었다.

오르페우스도 뱀에 물려 죽은 아내 에우리디케를 되찾기 위해 하계로 내려갈 때 카론의 배를 탔는데, 오르페우스는 애절한 리라 연주로 카론을 감동시켜서 승선할 수 있었다.

프시케도 사라진 남편 에로스를 찾기 위해 아프로디테의 궁에서 시중을 들 때 카론의 배를 탄 적이 있다. 아프로디테가 그녀에게 하계에 내려가 페르세포네에게서 '젊음의 샘물'이 든 물병을 받아오라는 지시를 내렸기 때문이다. 프시케는 2오볼로스의 돈과 굳은 빵 2개로 카론을 매수하여 저승의 강을 건널 수 있었다.

아이네이아스는 아버지를 만나기 위해 저승으로 내려갈 때 무녀 시빌레의 도움을 받았다. 그녀가 아이네이아스에게 산 자로서 카론의 배를 타기 위해서는 황금 가지가 필요하니 먼저 그것을 구해오라고 일러주었던 것이다.

단테의 『신곡』 지옥편에서 단테는 서사시 『아이네이스』를 쓴 로마의 시인 베르길리우스의 안내로 카론의 배를 탈 수 있었다.

죽음의 신 카론

에트루리아인들은 카론을 죽음의 신으로 여겼다. 그들의 벽화에 나타난 카론은 짐승에 가까운 외모에 커다란 망치로 무장한 학살자의 모습이다. 에트루리아인들은 카론이 인간의 명

망치를 든 카론
에트루리아 적색상 도기
기원전 4세기 말~3세기 초
파리 메달 박물관

줄을 끊어 저승으로 데려간다고 믿었다.

명왕성의 첫 번째 위성

2006년에 왜소행성으로 분류되어 태양계 행성의 지위를 잃고 소행성 목록에 포함된 명왕성(pluto)에는 모두 다섯 개의 위성이 있다. 이 위성들에는 '카론', '닉스', '히드라', '케르베로스', '스틱스'라는 이름이 붙여졌다.

카르나 Carna

요약

로마 신화에 나오는 숲의 님페, 건강의 수호자, 돌쩌귀와 문지방의 여신이다.

문의 신 야누스에게 겁탈당한 뒤 그에게서 세상의 모든 문을 열고 닫을 수 있는 권한과 집안으로 들어오는 모든 횡액을 막는 능력을 부여받았다.

기본정보

구분	님페
상징	건강의 수호자, 돌쩌귀의 지배자
어원	카로(caro: 살, 육신), 카르도(cardo: 돌쩌귀, 축)
별칭	크라네(Cranae)
관련 상징	산사나무 가지, 돌쩌귀, 문지방
가족관계	야누스의 아내

신화이야기

건강의 수호자

카르나는 로마 신화에서 심장과 다른 장기들을 관장하는 여신이며 건강의 수호자이다.

'카르나리아'라고 불리는 카르나 여신의 축제가 6월 첫째 날에 열리는데 이날은 기원전 6세기에 왕정을 폐하고 로마 공화정을 수립한 최초의 집정관 루키우스 유니우스 브루투스가 카일리우스 언덕(첼리오 언덕)에 카르나 여신의 신전을 건립한 날이다. 카르나리아 축제일이 되면 로마인들은 콩을 기름에 조리한 요리를 먹는 풍습이 있었기 때문에 '콩의 첫째 날'이라고도 불린다.

카르나는 또한 문에 열고 닫는 돌쩌귀와 문지방의 여신으로 불리기도 한다. 원래 돌쩌귀와 문지방의 여신은 카르디아인데 오비디우스가 『달력』에서 카르나 여신으로 소개하는 바람에 서로 다른 두 여신의 특징이 뒤섞이게 되었다고 한다.

돌쩌귀와 문지방의 여신

『달력』에 따르면 카르나는 티베리스 강가의 신성한 숲 헬레르누스에 사는 숲의 님페로 원래 이름은 크라네였다고 한다. 평생 처녀로 살기로 마음먹은 카르나는 남자들이 구애를 하면 밝은 하늘 아래 사랑을 나누기가 부끄럽다며 숲으로 따라오라고 한 뒤 쏜살같이 사라져버리곤 하였다.

어느 날 문의 신 야누스가 그녀에게 반하여 구애하였을 때도 카르나는 같은 방식으로 그를 따돌리려 하였다. 그러나 두 개의 얼굴을 지닌 야누스는 그녀가 숲 속 바위 뒤에 숨는 것을 보고 그녀를 붙잡아 겁탈하였다.

야누스는 카르나를 위로하기 위해 그녀에게 세상의 모든 문을 열고 닫을 수 있는 권한을 주었다. 야누스는 또 문에 달라붙은 저주를 없애고 문을 통해 집안으로 들어오는 모든 재앙을 막아주는 마법을 지닌 꽃핀 산사나무 가지도 선물하였다. 이 가지는 특히 요람에 혼자 누워있는 아기의 피를 빨아먹으려고 침입하는 반인반조(伴人伴鳥)의 마귀 스트리게스를 쫓아주기 때문에 카르나는 어린아이를 지켜주는 여신으로도 숭배되었다.

『달력』에는 카르나 여신이 프로카스 왕의 어린 아들을 흡혈마귀 스트리게스로부터 지켜내는 이야기가 나온다. 스트리게스는 프로카스 왕의 어린 아들을 희생 제물로 점찍고 있었는데 아기의 유모가 이를 알고 카르나 여신에게 도움을 청했다고 한다. 카르나 여신은 아기의 방문에 산사나무 가지와 새끼돼지 내장을 걸어놓고 마법의 주문을 외어 아이를 죽음에서 구해냈다.

카르마노르 Carmanor, Karmanor

요약

   카르마노르는 대지의 여신 데메테르의 남편이라고 한다. 그리스 신화에 나오는 크레타 섬의 사제로서 곡식의 수확을 주관하는 신적 존재로 숭배되었다. 그는 또 아폴론 신이 가이아의 자식인 왕뱀 피톤을 죽였을 때 그의 죄를 정화해주었다.

기본정보

구분	사제
상징	수확, 추수
외국어 표기	그리스어: Καρμάνωρ
어원	자르다, 베다
관련 지명	크레타 섬
관련 신화	데메테르

인물관계

   카르마노르는 데메테르 여신과 사이에서 두 아들 에우불로스와 크리소테미스를 낳았다. 에우불로스는 다시 님페 카르메를 낳았고 카르메는 제우스와 사이에서 처녀사냥꾼 브리토마르티스를 낳았다.

신화이야기

농업을 주관하는 크레타 섬의 사제

　그리스 신화에 나오는 크레타 섬의 사제로 곡식의 수확을 주관하는 신적인 존재로 숭배된 그는 대지의 여신 데메테르와 결혼하여 쟁기질의 수호신으로 여겨지는 에우불로스와 전설적인 음유시인 크리소테미스를 낳았다고 한다.

　카르마노르라는 이름은 '자르다', '베다', '농작물' 등의 의미를 가진 케이로(keirô)라는 단어에서 유래한다. 그의 손녀이자 에우불로스의 딸인 카르메는 그의 이름과 어원이 같으며 신화에서 하는 역할도 비슷하다. 실제로 카르마노르는 '카르메의 남자'라는 뜻으로 카르메의 남성형을 뜻하기도 한다. 이렇게 볼 때 카르마노르 가족은 3대에 걸쳐 크레타 섬의 농사를 주관하는 셈이다.

　전해지는 이야기에 따라 카르마노르는 카드모스의 결혼식장에서 데메테르와 눈이 맞아 '갈아놓은 경작지에서 세 차례' 사랑을 나누었던 이아시온과 동일시되기도 한다. 데메테르와 이아시온의 결합에서는 풍요의 신 플루토스가 태어났다.

크레타의 전설에 따르면 아폴론이 피톤을 죽였을 때 카르마노르가 그를 맞이하여 죄를 정화해주었다고 한다. 피톤은 대지의 여신 가이아의 자식으로 아폴론에 앞서 델포이의 신탁소를 차지하고 있던 거대한 왕뱀이다.('피톤' 참조)

카르마노르는 또 아폴론이 크레타 왕 미노스의 딸 아카칼리스와 사랑을 나눌 때 이들을 위해 타라에 있는 자신의 집을 보금자리로 내주었다고 한다.

피톤을 죽이는 아폴론
페테르 파울 루벤스(Peter Paul Rubens), 1636~1637년, 프라도 미술관

카르메 **Carme**

요약

그리스 신화에 나오는 크레타 섬의 님페이다.

곡식의 수확과 사냥을 관장하는 신성한 존재로 숭배되었다. 제우스
와 사이에서 처녀사냥꾼 브리토마르티스를 낳았다.

기본정보

구분	님페
상징	수확, 추수
외국어 표기	그리스어: Κάρμη
어원	자르다, 베다
별자리	목성의 카르메 위성
관련 신화	브리토마르티스
가족관계	에우불로스의 딸, 제우스의 아내, 브리토마르티스의 어머니, 카시오페이아의 딸

인물관계

카르메는 크레타 섬의 사제 카르마노르의 아들인 쟁기질의 수호신
에우불로스의 딸이다. 카르메는 제우스와 사이에서 브리토마르티스를
낳았다.

하지만 다른 전해지는 이야기에 따르면 카르메는 아게노르의 아들
포이닉스와 카시오페이아 사이에서 태어난 딸이다.

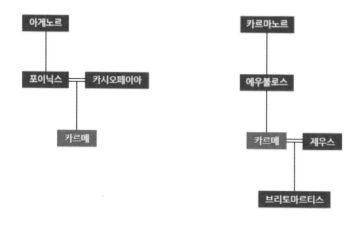

신화이야기

농업을 주관하는 크레타 섬의 님페

그리스 신화에 나오는 크레타 섬의 님페로 곡식의 수확과 사냥을 관장하는 신성한 존재로서 숭배되었다. 카르메라는 이름은 '자르다', '베다', '농작물' 등의 의미를 가진 케이로(keirô)라는 단어에서 유래한 다. 그녀의 아버지 에우불로스는 쟁기질의 수호신으로 여겨지고 그녀 와 같은 어원의 이름을 가진 그녀의 할아버지 카르마노르는 크레타 섬의 사제이자 농업의 여신 데메테르의 배우자이기도 하다. 그러므로 카르메 가족은 3대에 걸쳐 크레타 섬의 모든 농업 분야를 주관하는 셈이 된다.

한편 카르메는 제우스와 관계를 맺어 크레타 섬의 여신, 혹은 처녀 사냥꾼으로 불리는 브리토마르티스를 낳았다.

스킬라의 유모

다른 전승에 의하면 카르메는 아게노르의 아들 포이닉스의 딸이며, 그녀의 어머니는 카시오페이아이다. 노년에 카르메는 메가라에 포로 로 끌려가 니소스 왕의 딸 스킬라의 유모가 되었다.

목성의 위성

카르메는 목성(영어로는 Jupiter)의 주위를 도는 위성 가운데 하나의 이름이기도 하다. 1938년 캘리포니아에서 천문학자 제트 니콜손에 의해 발견된 이 위성은 1975년에 제우스(로마 신화의 유피테르)의 애인인 카르메의 이름으로 명명되었다. 그 전에는 목성 주위에서 11번째로 발견된 위성이라는 의미로 '목성달 11'(Jupitermond XI)이라고 불리었다.

카리스 Charis

요약

그리스 신화에 나오는 우미(優美)의 여신이다.

세 자매가 항상 같이 등장하기 때문에 대개 복수형 카리테스로 지칭된다.

기본정보

구분	개념이 의인화된 신
상징	우미, 자연의 은혜
외국어 표기	그리스어: Χάρις
어원	우미를 뜻하는 영어 grace의 어원
로마 신화	그라티아(Gratia), 복수형은 그라티아이(Gratiae)
별칭	그레이스(Grace)
가족관계	헤파이스토스의 아내, 제우스의 딸

신화이야기

출생

헤시오도스에 따르면 카리테스는 제우스와 오케아노스의 딸 에우리노메 사이에서 태어난 딸로, 이름은 에우프로시네(명랑, 유쾌), 아글라이아(빛나는 아름다움), 탈리아(기쁨)이다. 호메로스는 파시테아가 카리테스의 한 명이라고 언급하기도 한다.

다른 이야기에서는 카리테스의 아버지는 대개 제우스로 동일하지만 어머니로는 호라이의 하나인 에우노미아, 하르모니아, 레테, 헤라 등 다양한 이름들이 등장한다.('아글라이아' 참조)

그밖에도 이 자매 여신들의 부모로 닉스와 에레보스, 헤카테와 헤르메스, 태양신 헬리오스와 님페 아이글레 등이 거론되기도 한다.

로마 신화에서 그라티아 자매는 주신 바쿠스(디오니소스) 혹은 리베르와 베누스(아프로디테) 사이에서 난 딸들로 묘사된다.

보티첼리의 유화 〈봄〉에 등장하는 카리테스 3자매
산드로 보티첼리(Sandro Botticelli), 우피치 미술관

신화 속의 카리테스

카리테스와 관련된 이야기는 별로 많지 않다. 세 자매는 풍부한 자연의 은혜가 가져오는 기쁨을 상징하여 식물을 성장시키고 인간과 신들에게 기쁨을 주는 존재로 묘사된다. 그녀들은 음악의 신 아폴론을 수행하며 무사이(뮤즈)들과 함께 올림포스에서 합창을 하기도 하고 미의 여신 아프로디테의 시중을 들고 화장을 돕기도 한다.

헤시오도스는 카리스의 하나인 아글라이아를 아프로디테 대신 대장장이 신 헤파이스토스의 아내로 간주하고 있다. 호메로스의 『일리아스』에는 헤파이스토스의 아내를 단순히 카리스라고만 지칭한다. 또 『일리아스』에는 파시테아가 카리스의 하나로 등장하는데 헤라는 그리스군을 돕기 위해 잠의 신 힙노스를 시켜 제우스를 잠들게 할 때 그 일을 해 준 대가로 카리스 파시테아를 힙노스에게 신부로 내주었다.

예술 작품 속의 카리테스

카리스 여신들은 신화의 무대에서보다 문학과 예술 작품 속에서 더 큰 활약을 한다. 그리스 미술에서는 올림포스의 신들과 함께 춤추고 노래하는 모습으로 많이 그려졌고 세 여신의 나체상은 헬레니즘 시기에 처음으로 출현한 이래 현재까지 수많은 미술가들에 의해 표현되는 주제가 되었다. 미술 작품 속에서 카리테스는 종종 계절의 여신 호라이나 예술을 관장하는 무사이와 함께 등장한다.

그라티아와 아모르
베르텔 토르발센(Bertel Thorvaldsen),
1817~1818년, 토르발센 박물관

삼미신
안토니오 카노바(Antonio Canova),
1813~1816년, 예르미타시 미술관
©Makthorpe@wikimedia (CC-BY-SA 2.5)

삼미신(三美神)
폼페이의 프레스코화, 1세기경
나폴리 국립고고학박물관

삼미신
라파엘로 산치오(Raffaello
Sanzio), 1504~1505년
콩데 미술관

삼미신
에른만 샌더(Ernemann Sander),
1972~1976년
ⒸHans Weingartz@wikimedia
(CC BY-SA 3.0)

삼미신
페테르 파울 루벤스(Peter Paul Rubens)
1635년경, 프라도 미술관

카리아 Carya

요약

그리스 신화에 나오는 라코니아의 왕 디온의 세 딸 중 하나이다.

신들을 정성껏 섬긴 아버지 디온 왕 덕분에 아폴론으로부터 다른 두 자매 오르페, 리코와 함께 예언 능력을 받고 또 디오니소스의 사랑도 받았지만, 오르페와 리코가 신들의 경고를 무시하고 디오니소스와 카리아의 밀애를 방해한 탓에 둘은 바위로 변하고 카리아는 호두나무로 변하였다.

기본정보

구분	공주
외국어 표기	그리스어: Καρύα
어원	호두나무
관련 상징	호두나무

인물관계

라코니아의 왕 디온은 프로낙스의 딸 암피테아(또는 이피테아)와 결혼하여 세 딸 오르페, 리코, 카리아를 낳았다.

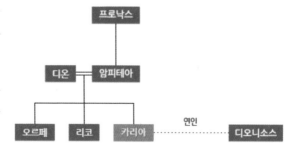

신화이야기

아폴론의 선물

카리아의 아버지 디온 왕은 라코니아를 여행하던 중 그의 궁에 들른 아폴론을 융숭하게 대접하였다. 아폴론은 그 보답으로 그의 세 딸 오르페, 리코, 카리아 자매에게 예언 능력을 주었다. 하지만 아폴론은 그녀들에게 절대로 신들을 속이는 일이 없어야 하며 금지된 것을 알아내려 해서도 안 된다고 경고하였다.

디오니소스와 카리아

디온은 또 디오니소스가 라코니아를 방문했을 때도 전과 같이 정성 껏 대접하였다. 디오니소스는 디온의 궁에 머무는 동안 카리아와 서로 사랑하게 되었다. 디오니소스는 때가 되어 디온의 궁을 떠나야 했지만 사랑하는 카리아가 보고 싶어 곧 다시 돌아와서는 디온이 자신을 위해 세워준 신전을 보기 위해서 왔노라고 둘러댔다. 하지만 오르페와 리코가 카리아와 디오니소스의 관계를 의심하여 둘을 염탐하며 밀애를 방해하였다. 디오니소스가 아폴론의 경고를 상기시키며 여러 차례 주의를 주었지만 소용이 없었다. 화가 난 디오니소스는 리코와 오르페를 미치게 만들어 타이게토스 산 절벽에서 뛰어내리게 하였다. 절벽에서 떨어진 리코와 오르페는 바위로 변했고 카리아는 딱딱한 견과(堅果)가 열리는 호두나무로 변하였다.

라코니아 사람들은 카리아를 기리기 위해 신전을 세우고 그녀를 '아르테미스 카리아티스'라는 이름으로 숭배하였다. 그래서 라코니아에서는 카리아티스가 아르테미스 여신의 다른 이름으로 쓰이기도 했다고한다.

카리클로 Chariclo

요약

　그리스 신화에 나오는 님페로 장님 예언자 테이레시아스의 어머니이다. 카리클로는 아들 테이레시아스가 자신과 목욕 중이던 아테나 여신의 벗은 몸을 목격한 뒤 그녀에 의해 장님이 되자 여신에게 간청하여 아들에게 예언 능력을 선사하게 하였다.

기본정보

구분	님페
외국어 표기	그리스어: Χαρικλώ
관련 신화	테이레시아스, 케이론, 아이아코스
가족관계	에우에레스의 아내, 테이레시아스의 어머니

인물관계

　님페 카리클로는 테바이의 귀족 에우에레스와 사이에서 아들 테이레시아스를 낳았다. 아폴론 신전의 무녀로 유명한 예언자 만토, 칼카스와 예언 대결을 벌여 승리한 예언자 몹소스 등이 모두 테이레시아스의 후손이다.

신화이야기

장님 예언자가 된 카리클로의 아들 테이레시아스

카리클로는 아테나 여신의 총애를 받던 님페들 중 한 명으로 여신의 수레에 함께 타기도 했다. 그녀는 테바이의 귀족 에우에레스와 결혼하여 유명한 장님 예언자 테이레시아스를 낳았다. 그런데 테이레시아스는 날 때부터 장님은 아니었다.

어느 날 카리클로와 아테나 여신이 헬리콘 산의 히포크레테 샘에서 목욕을 하고 있을 때 근처에서 사냥을 하던 테이레시아스가 그만 그 광경을 목격하고 말았다. 테이레시아스에게 벌거벗은 몸을 보이게 된 아테나 여신은 즉시 두 손으로 그의 눈을 가리고 장님으로 만들어버렸다. 그러자 카리클로는 자기 아들에게 너무 잔인한 벌을 내렸다며 아테나 여신에게 항의하였다. 하지만 아테나 여신은 이미 내려진 벌이니 자신도 어쩔 수 없다고 하였다.

카리클로가 아들의 갑작스러운 불행에 몹시 슬퍼하자 아테나는 그 대신 테이레시아스에게 여러 가지 좋은 선물로 보상하였다. 여신은 테

목욕하는 님페
팔마 베키오(Palma Vecchio), 1525~1528년, 빈 미술사 박물관

이레시아스에게 마치 눈으로 보듯 길을 안내해주는 산수유나무로 된 지팡이를 주었고 또 그의 귀를 정화해주어 새들의 말을 알아들을 수 있게 해주었다. 그 덕에 그는 앞날을 예언하는 능력을 갖게 되었다. 여신은 또 그에게 오랜 수명도 주어 7세대에 걸쳐 살게 했고 죽은 뒤에도 예언 능력을 간직할 수 있게 해주었다.

또 다른 이야기에 따르면 카리클로는 아들 테이레시아스에게 신들에 관한 비밀을 말해주곤 했는데 테이레시아스가 이를 다른 사람들에게 함부로 누설했다가 벌을 받아 장님이 되었다고 한다.

또 다른 카리클로

그리스 신화에는 그밖에도 카리클로라는 이름의 여인이 더 있다.

1) 반인반마족인 켄타우로스의 현자 케이론의 아내도 카리클로이다. 그녀는 아폴론(혹은 오케아노스)의 딸이라고 한다. 둘 사이에서는 히페, 엔데이스, 오키로에 등 세 딸과 아들 카리스토스가 태어났다. 카리클로는 남편을 도와 영웅 이아손과 아킬레우스를 길렀다.

2) 살라미스 왕 키크레우스와 스틸베의 딸로, 포세이돈의 아들로 알려진 메가라 왕 스키론과 결혼하여 딸 엔데이스를 낳았다. 엔데이스는 아이기나의 왕 아이아코스와 결혼하여 펠레우스와 텔라몬을 낳았다. 펠레우스와 텔라몬은 트로이 전쟁의 영웅 아킬레우스와 아이아스의 아버지이다.

카립디스 Charybdis

요약

그리스 신화에 나오는 바다 괴물이다.

하루에 세 번 바닷물을 들이마셨다가 토해내는데 그 힘이 너무 강해 근처를 지나는 배는 어김없이 난파당했다. 오디세우스, 아르고호 원정대, 아이네이아스 등의 모험에 등장하여 위력을 과시했다.

기본정보

구분	괴물
상징	확실한 죽음
외국어 표기	그리스어: Χάρυβδις
관련 신화	오디세우스의 모험
가족관계	가이아의 딸, 포세이돈의 딸

인물관계

대지의 여신 가이아와 바다의 신 포세이돈 사이에서 태어났다.

신화이야기

바다 괴물이 된 여신

카립디스는 원래 대지의 여신 가이아와 바다의 신 포세이돈 사이에서 태어난 여신이었다. 그런데 식욕이 너무 강해서 신들의 음식인 암브로시아와 넥타르를 함부로 먹어 치우는 것에 분노한 제우스가 벼락을 내리쳐 바다로 던져버렸다. 제우스는 그녀에게 영원히 채워지지 않는 허기를 바닷물로 달래도록 하루에 3번 엄청난 양의 바닷물을 들이마시게 하였다. 그녀가 거대한 아가리로 바닷물을 들이마셨다가 내뿜을 때면 주변에 엄청난 소용돌이가 생겨났다.

다른 이야기에 따르면 카립디스는 제우스와 포세이돈 사이에 불화가 생겼을 때 아버지 포세이돈을 도와 대지를 온통 바닷물로 뒤덮는 일을 하다가 제우스의 분노를 사서 괴물로 변했다고도 한다.

카립디스와 스킬라

바다 괴물로 변한 카립디스가 자리 잡은 곳은 바다의 물길이 좁아지는 해협이었는데 맞은편 쪽에는 스킬라라는 또 다른 바다 괴물이 둥지를 틀고 있었다. 스킬라는 상체는 처녀이지만 하체에는 기다란 목이 뱀처럼 구불거리는 개의 형상을 한 머리가 6개나 솟아나 삼중의 이빨을 드러내고 짖어대는 반인반수의 괴물이다.

여섯 머리 괴물 스킬라와 카립디스 소용돌이 사이를 통과하는 오디세우스와 일행의 보트
알레산드로 알 로리(Alessandro Allori), 1575년경
이탈리아 벽화

오디세우스는 트로이 전쟁을 끝내고 귀향하는 길에 이곳을 지나게 되었다. 그는 이미 마녀 키르케에게 이곳의 위험에 대해서 들었기 때문에 신중하게 고민한 끝에 스킬라 쪽으로 붙어서 지나기로 결정했다. 카립디스 쪽으로 갔다가는

배가 송두리째 삼켜져 산산조각이 나거나 소용돌이에 휘말려 바닷물 속으로 가라앉고 말 것이기 때문이었다. 오디세우스 일행은 스킬라의 괴물 주둥이 6개가 각각 선원을 한 명씩 낚아채서 물어뜯는 동안 그곳을 통과하였다. 하지만 오디세우스는 굶주린 병사들이 태양신 헬리오스의 소에 손대지 말라는 예언을 어기고 소를 잡아먹는 바람에 부하를 모두 잃고 홀로 돛대와 용골을 엮어 만든 배를 타고 카립디스로 다시 떠밀려오게 되었다. 이때 그는 엄청난 소용돌이에 휘말려 카립디스의 주둥이 속으로 빨려들었지만 암벽에 자란 무화과나무에 뛰어올라 간신히 살아남을 수 있었다.

카립디스와 스킬라의 위협에 직면해야 했던 영웅은 오디세우스만이 아니었다. 황금 양털을 찾아 모험에 나선 아르고호 원정대도 이곳을 지나야 했는데 이때 이아손은 네레우스의 딸인 바다의 여신 테티스의 도움으로 이곳을 무사히 통과했다.

아이네이아스 일행은 로마로 가는 길에 이곳을 피해 멀리 시칠리아 섬을 돌아가는 길을 택했다.

신화해설

카립디스는 바다 괴물이라기보다는 빠른 조류와 암초에 의해 생겨나는 거대한 소용돌이라고 하겠다. 카립디스와 스킬라가 자리잡고서 선원들을 위협한 곳은 시칠리아 섬과 이탈리아 반도가 만나는 좁은 메세나 해협으로, 예로부터 거친 물살과 급격한 조류의 흐름으로 수없이 많은 배가 침몰된 장소이다.

서양 속담에 "카립디스와 스킬라 사이로 간다"는 말이 있는데, 어느 쪽을 선택하든 손실을 피할 수 없는 선택에 직면했을 때 쓰는 표현이다.

카밀라 Camilla

요약

  로마 신화에 등장하는 여전사이다.

  적들을 피해 숲에 은신한 아버지와 단둘이 살면서 여전사로 성장하였다. 아마조네스처럼 사냥과 전투에 능했지만 트로이 유민들을 이끌고 온 아이네이아스와 루툴리족의 왕 투르누스 사이에 벌어진 전쟁에 참여했다가 목숨을 잃었다.

기본정보

구분	신화 속 인물
상징	영웅적 처녀, 여걸
관련 신화	아이네이아스의 이탈리아 정착

인물관계

  카밀라는 라티움 지방에 살던 볼스키족의 왕 메타부스와 카스밀라의 딸이다.

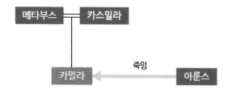

신화이야기

딸을 창에 묶어 강 건너로 던진 메타부스

　카밀라의 아버지 메타부스는 이탈리아 라티움 지방에 살던 볼스키 족의 왕이었다. 그는 아내 카스밀라가 죽은 뒤 점점 성격이 거칠고 포악해져 급기야는 정적들에 의해 나라에서 쫓겨나는 신세가 되었다. 메타부스는 어린 카밀라를 데리고 적들의 추적을 피해 달아나다 아마세누스 강에 이르렀는데 어린 딸을 안고서 세차게 흐르는 강물을 어떻게 건너야 할 지 도무지 알 수가 없었다. 메타부스는 고심 끝에 카밀라를 창에 묶어 강 건너편을 향해 던지기로 했다. 메타부스는 디아나 여신(그리스 신화의 아르테미스 여신)께 딸의 목

메타부스와 카밀라
장 밥티스트 페이타빈(Jean Baptiste Peytavin),
1808년

숨을 구해달라고 기도를 올린 뒤 창을 있는 힘껏 던지고 헤엄을 쳐서 강을 건넜다. 강 건너편에 도착해보니 딸은 무사했다.

아마조네스와 같은 여전사로 성장한 카밀라

　이때부터 카밀라는 아버지와 단둘이 숲 속에서 디아나 여신을 섬기면서 살았다. 카밀라는 암말의 젖을 먹으며 자랐고 커서는 아버지에게서 사냥하는 법과 싸우는 법을 배웠다. 카밀라는 디아나 여신의 총애를 받아 여신 못지않게 빠른 걸음으로 숲을 달리며 사냥을 할 수 있었다. 그녀는 밭 위를 달려도 곡식이 망가지지 않았고 발을 적시지 않

고 바다 위를 달릴 수도 있었다고 한다.

카밀라의 죽음

그 무렵 아이네이아스가 패망한 트로이의 유민들을 이끌고 이탈리아에 도착해서 루툴리족의 왕 투르누스와 전쟁을 벌였다. 카밀라는 투르누스의 편에 가담하여 볼스키족의 여전사들을 이끌고 참전하였다. 그녀는 마치 아마존의 여전사처럼 한쪽 유방을 드러낸 채 활을 쏘고 창을 던지며 전쟁터를 누볐다.

카밀라는 수많은 적을 죽였지만 아폴론의 도움을 받는 에트루리아의 용사 아룬스가 던진 창에 가슴을 찔려 죽고 말았다.

아우누스를 찔러 죽이는 카밀라
웬세슬라우 홀러(Wenceslas Hollar)
17세기, 베르길리우스의 『아이네이스』에 수록된 에칭화

메타부스와 카밀라
보카치오(Boccaccio)의 『유명한 여성들에 관하여』
독일어 번역판 목판 삽화
©kladcat@wikimedia(CC BY-SA 2.0)

이에 디아나 여신은 자신의 시종인 님페 오피스를 시켜 복수하게 하였다. 오피스는 몰래 숨어 있다가 활을 쏘아 아룬스를 죽였다.

후대의 수용

카밀라는 그리스 신화에 등장하는 아마조네스 펜테실레

이아나 하르팔리케처럼 영웅적인 처녀 여전사의 전형으로 묘사되고 있다. 카밀라는 단테, 보카치오 등 르네상스 작가들의 작품에 자주 등장하였으며 교황 비오 2세는 『비망록』에서 그녀를 오를레앙의 처녀 잔다르크와 비교하였다.

메타부스와 카밀라
보카치오(Boccaccio)의 『유명한
여성들에 관하여』에 실린 삽화.
15〜16세기

카산드라 Cassandra

요약

  카산드라는 알렉산드라(Alexandra)라고도 불린다. 그녀는 트로이의 마지막 왕 프리아모스와 헤카베의 딸로, 그리스의 영웅 헥토르와 남매이다. 아폴론에게서 예언의 능력을 받았지만 아폴론의 사랑을 거절한 대가로 설득력을 빼앗긴 불행한 예언자이다. 트로이 목마를 성 안으로 들여 놓아서는 안 된다는 그녀의 절규에 귀를 기울이지 않은 트로이는 결국 멸망하였다.

기본정보

구분	예언자
외국어 표기	그리스어: Κασσάνδρα
어원	남자를 유혹하는 여자, 남자를 사로잡는 여자, 남자를 동여매는 여자
별칭	알렉산드라(Alexandra)

인물관계

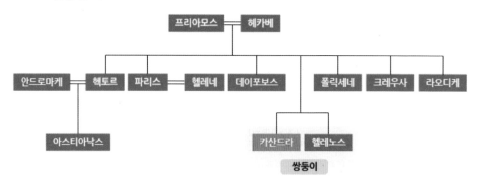

트로이의 마지막 왕 프리아모스와 헤카베 왕비의 딸이다. 라오코온, 헬레노스와 더불어 트로이의 3대 예언자이다.

신화이야기

카산드라를 짝사랑한 아폴론

카산드라는 트로이의 마지막 왕 프리아모스와 왕비 헤카베의 딸이다. 그녀는 트로이의 영웅 헥토르의 동생이자 라오코온, 헬레노스와 더불어 트로이의 3대 예언자이다. 헬레노스와 카산드라는 쌍둥이 남매이다.

호메로스는 『일리아스』에서 카산드라를 "프리아모스의 딸들 중에 가장 아름다운 카산드라", "황금빛 아프로디테와 같은 카산드라"라고 추켜세우고 있다. 그녀는 단연 돋보이는 미모의 소유자였던 것 같다.

그렇다면 트로이의 어여쁜 공주 카산드라는 어떻게 예언녀가 되었을까?

그리스 신화를 보면 아름다운 여성들은 자기 자신의 미모로 인해 가족은 물론 더 나아가 조국에까지 화를 입히는 경우가 종종 있다. 신화에서 아름다움은 축복이자 불행이기도 하다. 카산드라 역시 그녀의 빼어난 미모 때문에 아폴론의 눈에 띄었고 그의 사랑을 받았다. 인간이 신의 사랑을 받는 것은 영광스러운 일이지만 권력으로 살 수 없는 사랑도 있는 법. 아폴론이 아무리 올림포스의 미남 신이라고 해도 유독 사랑에는 운이 없었는데, 사랑에 서툰 남자 아폴론은 예언의 능력을 미끼로 카산드라의 마음을 얻으려고 하였다. 미래를 내다보는 능력은 신의 영역이었기 때문에 신의 계시를 읽어서 전달하는 예언자가 되는 것은 인간의 욕망이기도 하였다. 그러나 카산드라는 위대한 신의 사랑을 기만하였다. 카산드라는 예언의 능력만 받고 아폴론 신의 사랑을 거부하였다. 역설적이게도 카산드라는 정작 자신에게 닥칠 불행의 결말을 보지 못한 것이었다.

쓰디쓴 짝사랑의 맛을 본 아폴론은 남자답게 실연의 아픔을 날려버리지 못하였고, 대신 그는 카산드라에게 자신이 겪은 실연의 아픔에 비교도 되지 않는 끔찍한 고통을 선물했다. 카산드라는 그토록 원한 예지력은 가졌지만 자신의 경고를 믿고 따를 지지자를 얻지 못한다. 아폴론은 카산드라의 입을 막는 대신 사람들의 귀를 막아버린 것이다. 이것이 아폴론이 내린 저주이자 복수였다.

카산드라는 아이스킬로스의 『아가멤논』에서 아폴론 신을 속인 대가가 무엇인지 고백하였다. 카산드라는 아폴론이 자신을 끔찍이도 사랑했지만 자신은 예언의 능력만 받고 록시아스(아폴론)를 배신했다고 말했다. 결국 아폴론의 노여움을 사서 아무도 자신을 믿지 않게 되었다고 털어놓았다.

아폴론의 저주를 받은 불행한 예언녀 카산드라는 트로이의 멸망 후에 아가멤논의 여자가 되었다. 그녀는 아가멤논의 궁전으로 가는 길에 자신에게 닥칠 죽음의 피비린내를 맡고 울부짖으며 아폴론을 '파괴자(apollon)'라고 불렀다.

> "아폴론이여, 아폴론이여. 길의 신이여, 나의 파괴자여,
> 당신은 나를 두 번이나 완전히 죽이시는군요."
>
> 《아가멤논》

그리스어로 '파괴자'는 '아폴론(apollon)'이다. 이 단어가 카산드라를 파멸로 이끈 아폴론 신과 철자와 발음이 동일하다는 것을 알 수 있다. 카산드라는 이 단어로 언어유희를 벌이며 자신을 기다리고 있는 비극적인 최후를 통탄한 것이다.

또 다른 탄생 이야기

카산드라는 그녀의 쌍둥이 남매 헬레노스와 어린 시절 아폴론의 신전에서 잠이 든 적이 있었다. 그때 뱀이 그들의 귀를 깨끗하게 핥아서 그들은 예언 능력을 가지게 되었다고 한다.

또한 프리아모스 왕과 헤카베 왕비는 쌍둥이 남매가 태어나자 아폴론 신전에서 잔치를 베풀었다. 그런데 깜빡 쌍둥이를 잊고 궁전으로 돌아갔다. 다음날 놀란 사람들이 아기들을 찾으러 왔을 때 뱀 두 마리가 잠들어 있는 쌍둥이의 귀를 깨끗이 핥고 있었다. 그로 인해 카산드라와 헬레노스가 예지의 능력을 갖게 되었다고 한다.

카산드라를 믿지 않는 트로이

헤카베가 파리스를 임신했을 때 불이 붙은 나무토막을 낳아 그 나무토막이 트로이 전체를 태우는 불길한 꿈을 꾸었다. 헤카베로부터 꿈 이야기를 들은 프리아모스 왕은 외할아버지에게 꿈 해몽을 배운 아들 아이사코스를 불렀다.

아이사코스는 자신의 동생이 트로이를 멸망시킬 수 있으니 내다 버리라고 충고하였다. 자식보다 나라의 앞날이 걱정된 프리아모스는 하인 아겔라오스에게 아이를 이다 산에 갖다 버리라고 했다. 그러나 파리스는 죽을 운명이 아니었다. 아이는 암컷 곰의 젖을 먹고 생명을 부지하였다. 그 모습을 본 아겔라오스는 왕자를 집으로 데려와 파리스라는 이름을 지어주고 키웠다. 사람들은 훌륭한 미남 청년으로 성장한 파리스를 알렉산드로스라고도 불렀다.

그렇다면 산에 살던 파리스가 어떻게 부모를 다시 만나게 되었을까.

자식을 버리고 어느 부모인들 마음이 편할 수 있을까? 왕 내외는 갓난아기 때 버린 왕자를 위한 제사를 지내기 위해 희생 제물로 황소를 구하였는데 하필 그 황소가 파리스가 가장 아끼던 황소였다. 그러자 파리스는 자신의 소를 찾아오기로 결심하였고, 때마침 제사와 동시에 왕자를 추모하는 경주도 함께 열렸다. 파리스는 자신의 소를 찾기 위해 이 경기에 참가하여 발군의 실력을 발휘하여 모든 종목에서 왕의 아들들과 트로이의 청년들을 이겼다. 분노한 프리아모스의 아들 데이포보스가 파리스를 죽이려고 했고, 살기를 느낀 파리스는 제우스 신전으로 피신하였다. 마침 제우스 신전에 있던 카산드라가 부모조차 알아보지 못한 파리스를 바로 알아보았고, 그를 쫓아 제우스 신전으로 달려온 데이포보스에게 이 청년이 바로 그들의 동생임을 알려주었다. 아들을 버렸다는 죄책감을 갖고 있던 프리아모스 왕과 헤카베 왕비는 기쁨을 숨기지 않았지만 그들에게 카산드라는 파리스를 죽이라고 했다. 다시 만난 자식을 잃고 싶지 않았던 프리아모스 왕은 카산드라의 경고를 무시하였다.

"입 다물라. 카산드라. 나는 나의 아들을 죽이느니 차라리 잿더미에 휩싸인 트로이를 볼 것이다."

헬레네와 파리스
자크 루이 다비드(Jacques Louis David), 1788년, 루브르 박물관

카산드라는 파리스가 몰고 올 거대한 전쟁의 기운을 예견하고 그를 스파르타로 보내면 트로이에 재앙이 닥칠 것이라고 예언하였지만 그 말 역시 무시당하고 말았다. 결국 파리스는 두 나라를 10여 년의 전쟁의 소용돌이로 몰아넣을 메넬라오스의 아내 헬레네를 트로이로 데려온다.

카산드라의 예지력은 트로이의 운명의 순간마다 날카로운 빛을 발하였다. 그녀는 광기에 빠져 다가올 무서운 현실들을 예견하였지만 가족들조차 그녀가 미쳤다고 생각하고 그녀의 말에 귀를 기울이지 않았다. 사람들이 믿어주지 않는 예언과 현실을 변화시킬 수 없는 예지력은 그녀를 불행하게 하였다.

"아아, 아아, 이 참을 수 없는 고통! 참 예언자의 지독한 고통이 또
다시 덮쳐오고 불길한 징조를 보이며 나를 어지럽게 하는구나."

《아가멤논》

들을 귀가 있지만 카산드라의 외침을 듣지 않는 사람들에게 이렇게 길고 긴 트로이 전쟁은 시작되었다.

카산드라와 트로이의 목마

트로이의 영웅 헥토르가 그리스의 영웅 아킬레우스에게 죽음을 당하자 트로이의 운명은 바람 앞의 촛불이 되었다. 그때 아마조네스 여왕이 트로이를 도우러 참전하였다. 트로이의 운명의 시간이 조금 더 연장되는 듯했지만 아마조네스 여왕도 아킬레우스에게 죽고 말았다. 그러나 그리스의 걸출한 영웅 아킬레우스도 죽음을 피할 수 없었다. 파리스는 궁술의 신이기도 한 아폴론의 도움을 받아 아킬레우스의 유일한 약점인 발목을 화살로 쏘아 그를 죽였다. 이렇게 트로이와 그리스의 영웅들이 죽어가며 10년째 지속되던 전쟁은 막바지를 향해갔

다. 하지만 트로이의 패전에 결정적인 역할을 한 것은 트로이 내부의 적이었다. 다름 아닌 왕가의 일원인 헬레노스가 트로이를 결정적으로 무너뜨리는데, 그 발단은 헬레네였다. 그녀는 트로이 전쟁의 시작이자 전쟁의 끝이었던 것이다.

트로이를 전쟁의 광풍으로 몰아넣은 파리스도 죽자 헬레네가 남았다. 이제 그녀는 누구의 여자가 될까? 헬레노스는 헬레네와 결혼하고 싶어 하였다. 하지만 프리아모스 왕은 그녀를 데이포보스에게 주었고, 아버지에 대한 섭섭함으로 헬레노스는 트로이를 떠나 이다 산으로 들어갔다. 오디세우스는 헬레노스만이 트로이를 이길 방법을 알고 있다는 그리스의 예언자 칼카스의 말을 듣고 헬레노스를 찾아갔고, 오디세우스에게 잡힌 헬레노스는 그리스가 조국 트로이를 이길 방법을 알려주었다. 그는 트로이를 불행의 도가니로 빠트린 여자 때문에 다시 한번 트로이에 씻지 못할 상처를 준 것이다. 헬레노스는 펠롭스의 뼈를 가져오고 아테네의 팔라디온 상을 트로이 성 밖으로 빼내오고 아킬레우스의 아들 네오프톨레모스가 전쟁에 참여하면 승리의 기운이 그리스로 넘어간다고 말했다.

그리스군은 헬레노스의 말대로 다 이행했지만 어찌 된 일인지 트로이 성은 함락되지 않았다. 그래서 오디세우스는 계략을 생각해내었다. 그는 커다란 목마를 만들어 그 안에 그리스군을 매복시킨 후 목마를 트로이 성 앞에 세워놓고 짐짓 퇴각하는 척하였다. 트로이 사람들이 목마를 전리품으로 생각하고 성 안으로 옮기려고 하자 카산드라는 목마가 가져올 불길한 사태를 예견하고 그들을 만류하였지만 역시 아무 소용이 없었다. 제사장 라오코온만이 그녀를 지지하였다.

이윽고 목마의 문이 열리고 그리스의 정예군이 쏟아져 나왔다. 그들은 트로이에 치명타를 입혔고 트로이 전쟁은 막을 내렸다. 그러나 카산드라의 비극은 아직 끝나지 않았다.

트로이가 함락된 후 아이네이아스는 자신들이 얼마나 어리석었는지를 통탄했다. 베르길리우스의 『아이네이스』 2권에서 아이네이아스의 후회를 읽을 수 있는데, 그는 4번이나 목마가 성문 앞에서 멈췄고 4번이나 목마의 뱃속에서 무엇인가 부딪히는 소리가 났음에도 목마의 위험성을 깨닫지 못한 자신들의 어리석음을 통탄했다. 그리고 카산드라가 신의 계시를 전하였지만 트로이 백성들은 귀를 막고 카산드라의 말을 믿지 않았고 마치 트로이가 승리한 양 축제분위기였다고 회환의 말을 토해냈다.

신전을 모독하다: 카산드라와 아이아스

그리스에는 아이아스라는 이름을 가진 두 명의 전사가 있는데, '큰 아이아스'와 '작은 아이아스'이다. '큰 아이아스'는 그리스군 중에 아킬레우스 다음으로 용감한 전사라고 한다. 그는 텔라몬과 에리보이아 또는 페리보이아의 아들로 살라미스인들을 이끌고 트로이 전쟁에 참가했다. 또 한 명의 아이아스는 체구가 작아 '작은 아이아스'로 불렸다. 호메로스는 『일리아스』에서 그를 텔라몬의 아들 '큰 아이아스'에 비해 체구가 작지만 움직임이 날쌔고 창 솜씨가 뛰어난 인물로 묘사하고 있다. 그가 아테나 여신에게 반감을 갖게 된 사연은 이렇다.

파트로클로스를 추모하는 경기가 열리자 그와 오디세우스, 네스토르의 아들 안틸로코스가 달리기 시합에 참가했다. 아이아스가 선두에 서고 오디세우스가 그 뒤를 바싹 따랐다. 그때 오디세우스가 아테나 여신에게 도움을 요청하는 기도를 하자 아테나 여신은 아이아스를 넘어지게 했다. 그는 코앞에서 금메달을 도둑 맞은 것이다. 이로 인해 아이아스의 마음속에는 아테나 여신에 대한 반감이 자리를 잡았다.

두 인물 중 카산드라와 직접 관계있는 인물은 '작은 아이아스'인데, 그는 트로이가 함락되었을 때 카산드라를 겁탈한 인물이다. 그것도 겁도 없이 아테나 신전에서 그런 포악한 행동을 한 것이다. 카산드라는 트로이가 함락되고 도시가 화염에 싸여 있을 때 신전으로 도망가서

팔라스 아테나 여신상에 매달렸
는데 아이아스가 신전까지 쫓아
와 아테나 신 따위는 아랑곳하
지 않고 카산드라의 머리채를 잡
고 끌어내었고, 아테나의 제단에
서 그녀를 겁탈했다.

아테나 성상에 매달려 있는 카산드라를
아이아스가 머리채를 휘어잡고 끌어내고 있다
기원전 440년. 루브르 박물관

  인간이 신전에서 사랑을 나누
면 신성모독죄에 걸린다. 폭력적
인 행위가 더해진다면 더욱 말
할 것도 없다. 이런 사실을 알고
도 그리스인들이 '작은 아이아스'를 벌하지 않자 아테나 여신은 노여
움을 드러냈다. 그리스 함대가 그리스로 항해할 때 아테나 여신의 저
주가 내렸는데 바다에서 폭풍우를 만난 그리스 함대는 아가멤논의 배
를 제외하고 모두 난파당했다. 아테나 여신은 그리스군의 귀향길을 지
옥으로 만들어버렸다. 이로 인해 오디세우스는 10여 년 동안 인고의
세월을 보내게 된다. 카산드라는 오디세우스의 고난에 찬 앞날을 예
언하였고, 그가 자신 앞에 어떤 고난이 펼쳐질지 모르고 있음을 가엾
게 여겼다. 그가 트로이 전쟁으로 보낸 10년에 또 10년을 더해야 귀향
하게 될 것이라고 예언했다. 게다가 그 10년 동안 오디세우스는 비통
함에 몸서리 칠 만큼 고난으로 가득한 날들을 보내게 될 것이라고 말
했다. 산 사람은 갈 수 없는 하데스의 집에도 가게 될 것이고 항해를
끝내고 집으로 돌아가도 수천 가지의 재앙을 만날 것임을 예견했다.
그리고 카산드라는 그리스에서 기다리고 있는 자신의 운명이 얼마나
비참할 지도 예언했다.

피로 물든 아트레우스 가문을 보다: 카산드라와 아가멤논

  에우리피데스의 『트로이의 여인들』과 아이스킬로스의 『아가멤논』에

는 환영을 보며 무서운 앞날을 예언하는 카산드라의 절절한 심정을 읽을 수 있다. 우선『트로이의 여인들』을 보자.

트로이가 함락되고 트로이 여인들은 자신들이 누구의 전리품이 될지 천막 속에서 초조하게 기다렸다. 그때 카산드라가 횃불을 들고 천막을 뛰쳐나오며 자신과 아가멤논 왕이 어찌 될 지 큰 소리로 예언하였다. 그녀는 아가멤논 왕이 자신과의 결혼으로 헬레네와 파리스의 결혼보다 더 큰 재앙을 맞게 될 것이라고 외쳤다. 그녀는 울고 있는 어머니 헤카베를 달래며 아트레우스 가문이 몰락할 것이라고 말했다. 그리고 자신은 이미 저승으로 간 아버지와 형제들에게 비록 전쟁에는 패했으나 패배자가 아니라 승리자로 가게 될 것이라고 위로하였다.

카산드라는『아가멤논』에서『트로이의 여인들』에서와는 달리 아내에게 학살당할 아가멤논을 가여워했다. 그녀는 아가멤논을 "나의 주인"이고 자신은 그의 노예라고 말하면서 아가멤논에게 닥쳐올 불행을 안타까워했다.

그리스군의 총사령관 아가멤논은 트로이 전쟁이 10년째 접어든 여름에 아르고스로 돌아갔다. 그리스인들은 아가멤논 왕의 개선이 오롯이 기뻐할 일만은 아님을 알게 되었는데, 아테나 여신의 저주로 고국으로 돌아오는 그리스 함대가 폭풍에 난파되어 오로지 아가멤논 왕의 배 한 척만이 무사귀환한 것이었다. 아가멤논이 카산드라와 함께 전차를 타고 등장하였고, 카산드라는 자신과 아가멤논에게 닥칠 앞날을 내다보며 전율했다. 그녀는 아폴론이 도대체 자신을 어떤 집으로 인도한 것인지 경악하면서 그 집을 "신을 증오하는 집", "친족들을 끔찍하게 학살한 집", "도살장", "땅에 피를 뿌리는 곳"이라고 저주했다. 그녀는 아트레우스 가문의 피비린내 나는 역사(아가멤논의 아버지 아트레우스가 아내를 유혹한 아우 티에스테스를 초청하여 연회를 열었고, 그에게 복수하기 위해 아우의 자식들을 살해한 후 아우에게 먹게 했다. 티에스테스의 자식 중 아이기스토스만 유일하게 살아남았는데, 그가 바로 클리타임네스트라

아폴론 제단 앞에서 카산드라를 공격하는 클리타임네스트라
기원전 425~400년, 이탈리아 국립고고학박물관
©Sailko@wikimedia(CC BY-SA 3.0)

의 정부였다. 그들은 함께 아가멤논의 살해를 모의했다)와 곧 닥칠 처참한 아가멤논의 죽음과 자신의 죽음을 고통스럽게 이야기했다. 그녀는 일리온의 정복자인 아가멤논이 아내의 가증스런 표정과 그럴싸한 말에 넘어가 그것이 "저주의 인사"가 될 지 짐작도 하지 못하고 있음을 한탄했다.

카산드라는 아가멤논 왕의 아내 클리타임네스트라를 "불길한 여인", "쌍두사", "스킬라", "하데스의 어머니"라 부르며 그녀가 불러오게 될 무시무시한 재앙을 경고했다. 그녀는 클리타임네스트라가 잠자리를 같이한 남편을 욕실로 유혹해서 죽이려고 한다고 몸서리쳤다. 아가멤논이 아내와 궁전으로 먼저 들어가고 카산드라는 궁전을 향해 걸으며 왕비가 왕을 죽이려 한다고, 그리고 자신의 죽음도 임박했다고 절규했다. 카산드라의 절규는 결국 자신의 죽음을 애도하는 마지막 노래가 되었다. 아가멤논의 비명소리가 들려왔고 아가멤논과 카산드라의 핏빛 시신이 누워 있었다. 클리타임네스트라는 카산드라를 아가멤논의 "밤의 동반자"이자 "충실한 정부"라고 말하며 카산드라가 만가를 부르며 아가멤논 옆에서 죽었다고 증언했다.

> "그리고 그의 창으로 얻은 전리품이자 예언자이고 그의 밤의 동반자이자, 함선에서 그와 함께 뒹굴던 그의 충실한 정부였던 여인이 여기 죽은 채 누워 있소. (중략) 여기에 그가 죽어 널브러져 있다오. 그리고 그녀는 백조처럼 최후의 만가를 부르고 자신이 가장 사랑하는 남자 옆에 죽어 누워 있다오. 그것은 나의 밤들의 달콤한 기쁨을 더해주는 새로운 양념이 되었다오." (《아가멤논》)

신화해설

카산드라 콤플렉스(Cassandra Complex)

경제, 정치 등의 분야에 '카산드라 콤플렉스'라는 말이 있다. 진실을 말해도 아무도 믿지 않거나 혹은 믿고 싶어 하지 않는 상황을 말한다.

사실 카산드라는 그리스 신화에만 등장하는 인물이 아니다. 오늘날에도 카산드라는 있다. 다가올 불행을 경고하고 사회를 올바른 방향으로 이끌고자 하는 현대의 카산드라들. 우리는 도처에서 그들의 외침을 듣는다. 하지만 사람들은 두려운 현실에 직면하고 싶지 않거나 자신의 현실에 만족해서 혹은 나만 아니면 된다는 생각으로 절박한 변화의 경고를 무시한다. 현대는 카산드라 시대의 데쟈뷰이다. 카산드라는 아폴론의 저주로 사람들을 설득할 수 있는 능력을 잃어버렸다. 하지만 현대인들은 신의 저주가 아니라 사실은 정신의 무능으로 '하나의 입이 한 말'을 '두 귀가 듣지 않는', 올바른 말을 들을 귀를 스스로 닫아 버린 것은 아닌지 모르겠다. 아폴론의 저주를 풀 수 있는 능력은 우리 각자에게 있다.

카스탈리아 Castalia

요약

　그리스 신화에 나오는 델포이의 아름다운 님페이다.
　아폴론에게 쫓기다 샘에 몸을 던져 카스탈리아 샘이 되었다. 델포이의 아폴론 신전에서 신탁을 얻으려는 사람은 이 샘물에 몸을 씻어 정화해야 했다.

기본정보

구분	님페
상징	시적 영감의 원천
외국어 표기	그리스어: Καστλία
관련 지명	카스탈리아 샘
가족관계	아켈로오스의 딸, 델포스의 아내, 카스탈리오스의 어머니, 페모노에의 어머니

인물관계

　카스탈리아는 강의 신 아켈로오스의 딸로 델포스와 결혼하여 아들 카스탈리오스와 딸 페모노에를 낳았다.

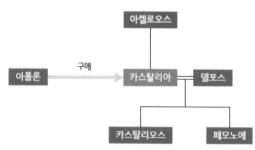

신화이야기

아폴론과 카스탈리아

　아름다운 님페 카스탈리아는 아폴론의 구애를 받았으나 거절하였다. 그럼에도 불구하고 아폴론이 계속해서 자신을 쫓아오자 샘에 몸을 던졌고 그때부터 그 샘은 카스탈리아 샘이라고 불리었다.

물의 님페 카스탈리아
존 윌리엄 워터하우스(John William Waterhouse), 1872년, 개인 소장

카스탈리아 샘

델포이 신전이 있는 파르나소스 산 기슭의 카스탈리아 샘은 아폴론

카스탈리아 샘
에드워드 도웰(Edward Dodwell), 1821년

과 무사 여신들에게 봉헌된 샘이다. 이곳의 샘물은 델포이 신전의 방문객들이 신탁을 얻기 위해 몸을 정화시킬 때 사용되었으며 샘물을 마신 사람은 무사 여신(뮤즈)을 통해 시적 영감을 얻을 수 있었다고 한다.

고대 그리스인들에게 이 샘은 아주 유명하여 오랫동안 델포이의 동의어로 쓰였다고 한다. 카스탈리아 샘은 아직도 마르지 않고 델포이를 찾는 사람들에게 시원한 샘물을 제공하고 있다.

헤르만 헤세의 카스탈리아

독일 작가 헤르만 헤세는 1943년에 발표한 장편소설 『유리알 유희』에서 카스탈리아를 소설 속 지명으로 사용하였다. 헤세의 카스탈리아는 모든 학문과 예술과 정신 수련을 종합적으로 연구하는 일종의 교육 유토피아이다. 이곳의 지식인들은 재능있는 청소년들을 위한 기숙학교를 운영하고 최고의 지적 게임인 유리알 유희를 보급하는 일을 수행하였다.

카스탈리아 샘
윌리엄 밀러(William Miller), 휴 윌리엄
(Hugh William Williams), 1829년

카스토르 Castor

요약

그리스 신화에 등장하는 영웅으로 '디오스쿠로이(제우스의 아들들)'라고 불렸던 쌍둥이 형제 중 한 명이다.

디오스쿠로이는 아르고호 원정, 칼리돈의 멧돼지 사냥, 헤라클레스의 12과업 등 그리스 신화의 유명한 모험에 단골로 이름을 올린 형제이다.

기본정보

구분	영웅
상징	형제간의 우애, 가족적 연대
외국어 표기	그리스어: Κάστωρ
별칭	디오스쿠로이(제우스의 아들들)
별자리	쌍둥이자리
관련 신화	아르고호 원정대, 레우키피데스의 납치

인물관계

카스토르와 폴리데우케스는 스파르타 왕 틴다레오스의 아내 레다가 백조로 변신한 제우스와 정을 통해서 낳은 알에서 태어났다고 한다. 이때 레다는 두 개의 알을 낳았는데 한 개에서는 헬레네가 태어나고 또 한 개에서는 디오스쿠로이라 불리는 쌍둥이 아들 카스토르와 폴리데우케스가 태어났다. 하지만 또 다른 이야기에 따르면 폴리데우케스

만이 제우스의 아들이고 카스토르는 틴다레오스의 아들이었다고도
한다.

　두 형제의 명목상 아버지인 틴다레오스는 오이발로스(혹은 페리에레
스)와 고르고포네 사이에 태어난 아들로 이카리오스, 아파레우스, 레
우키포스 등과 형제지간이다. 그러므로 카스토르와 폴리데우케스 형
제는 아내로 맞은 힐라에이라와 포이베 자매뿐만 아니라 서로 죽고
죽이는 싸움을 벌인 이다스와 린케우스 형제와도 사촌지간이다.

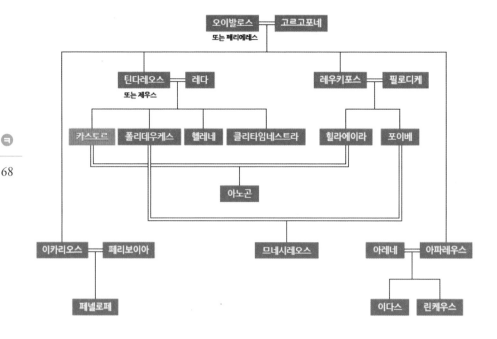

신화이야기

출생

　카스토르는 스파르타의 왕 틴다레오스의 아내인 레다가 백조로 변
신한 제우스와 사랑을 나누어 낳은 아들로 폴리데우케스, 헬레네, 클

리타임네스트라와 형제지간이다. 이들 네 형제의 탄생에 관해서는 여러 가지 이야기가 있다.

레다는 백조로 변신한 제우스에게 유혹되어 정을 통한 뒤 같은 날 밤 틴다레오스 왕과도 잠자리를 가졌다. 그리고 나서 두 개의 알과 두 명의 아기를 낳았는데 두 아기는 카스토르와 클리타임네스트라이고, 두 개의 알에서는 폴리데우케스와 헬레네가 태어났다. 그리하여 카스토르와 클리타임네스트라는 틴다레오스 왕의 자식이고 알에서 태어난 폴리데우케스와 헬레네는 백조로 변신한 제우스의 자식이라고 한다.

다른 이야기에 따르면 제우스와 관계한 뒤 두 개의 알을 낳았는데 한 쪽 알에서는 쌍둥이 형제 폴리데우케스와 카스토르가 태어났고 다른 알에서는 쌍둥이 자매 클리타임네스트라와 헬레네가 태어났다고 한다. 이 경우 넷 모두 제우스의 자식이다.

카스토르와 폴리데우케스
로마 시대 조각 복사품. 영국 박물관
©ketrin1407@Wikimedia(CC BY-SA)

또 다른 이야기에서는 클리타임네스트라만 틴다레오스의 딸이고 나머지는 모두 제우스의 자식이라고도 한다.

디오스쿠로이

아버지가 같든 다르든 카스토르와 폴리데우케스는 동시에 태어난 쌍둥이 형제로 디오스쿠로이(제우스의 아들들)라고 불리며 남다른 우애를 과시했다. 그들은 거친 모험을 즐기는 건장하고 용감한 청년으로 성장한 뒤 늘 함께 붙어다니며 신화 속의 각종 유명한 모험과 사건에 이름을 올렸는데, 이아손이 이끄는 아르고호 원정대의 일원이 되어 황금 양털을 찾으러 콜키스에 다녀왔고 칼리돈의 멧돼지 사냥에도 참가했다. 또 테세우스가 누이 헬레네를 납치해가자 아테네를 공격하여 직접 누이를 찾아오기도 했다. 이때 테세우스는 친구 페이리토오스와 함께 페르세포네를 얻기 위해 하계로 내려가 있던 중이었다. 디오스쿠로이 형제는 헬레네를 데려올 때 테세우스의 어머니 아이트라를 포로로 끌고 와서 헬레네의 시종으로 삼았으며 테세우스의 아들들을 쫓아내고 메네스테우스를 아테네의 왕위에 앉히기도 했다.

포이베와 힐라에이라의 납치

카스토르와 폴리데우케스는 숙부 레우키포스의 딸들(레우키피데스)인 사촌누이 포이베와 힐라에이라를 아내로 맞기를 원했다. 하지만 또 다른 숙부이자 메세네의 왕 아파레우스의 쌍둥이 아들 이다스와 린케우스가 이미 이들과 약혼한 사이였고, 두 처녀는 이미 메세네에서 살고 있었다. 하지만 카스토르와 폴리데우케스는 이에 개의치 않고 둘을 납치하여 스파르타로 데려와서 아내로 삼았다. 그리하여 힐라에이라는 카스토르의 아들 아노곤을 낳았고 포이베는 폴리데우케스의 아들 므네시레오스를 낳았다.

죽음

물론 이다스와 린케우스 형제도 가만히 있지 않았다. 그들은 약혼녀를 빼앗긴 것에 크게 개의치 않는 척하면서 디오스쿠로이 형제와 함께 소떼를 훔쳤는데 훔친 소떼를 분배하는 과정에서 문제를 일으켰다. 소를 한 마리 잡아서 넷이 함께 식사를 할 때 이다스가 느닷없이 한 가지 제안을 한 것이다. 자신의 몫인 소 4분의 1마리를 가장 빨리 먹어치우는 사람이 소떼의 반을 갖고 두 번째로 빨리 먹은 사람이 나머지 반을 갖도록 하자는 제안이었다. 그런데 이다스의 제안은 거의 선언에 가까운 것이었고 식성에 관한 한 이다스와 린케우스를 도저히

레우키포스 딸들의 납치
페테르 파울 루벤스(Peter Paul Rubens), 1617년, 알테피나코테크

따를 수 없었던 카스토르 형제는 고스란히 소떼를 빼앗기고 말았다.

화가 난 카스토르와 폴리데우케스는 얼마 뒤 이다스와 린케우스에게서 소떼를 다시 훔쳐서 달아났다. 하지만 둘은 곧 천리안을 자랑하는 린케우스의 눈에 발각되었고 사촌형제들 간에 피 튀기는 싸움이 벌어졌다. 이 싸움에서 카스토르는 천하장사로 알려진 이다스의 손에 죽음을 맞았다. 폴리데우케스는 그 사이 린케우스를 창으로 찔러 죽였지만 이미 몸에 큰 상처를 입은 탓에 이다스의 상대가 되지 못했다. 그러나 폴리데우케스가 죽음을 코앞에 둔 순간 제우스가 개입하였다. 제우스는 이다스를 벼락으로 내리쳐 죽인 뒤 폴리데우케스를 천상으로 데려가 불사신으로 만들려고 했다. 하지만 폴리데우케스는 카스토르가 하계의 어둠 속에 갇혀 있는데 자기만 불사의 행복을 누릴 수 없다며 아버지 제우스에게 그들이 함께 있을 수 있게 해달라고 간청했다. 제우스는 아들의 청을 받아들여 형제가 함께 절반은 하계에서 지내고 절반은 올림포스에서 지낼 수 있도록 허락하였다.

나중에 제우스는 이들 형제를 하늘에 올려 보내 별자리로 만들었다.(쌍둥이자리)

로마의 디오스쿠로이 숭배

로마인들은 기원전 5세기에 이미 디오스쿠로이 숭배를 받아들였다. 로마의 전설에 따르면 아우로스 포스푸미우스가 이끄는 젊은 공화제의 로마와 타르퀴니우스 스페르부스의 군대 사이에 벌어진 레기루스호(湖) 전투 때 이 쌍둥이 영웅이 나타나 로마 기병의 선두에 서서 적진으로 진격했다고 한다. 그 후 형제는 로마의 광장에도 똑같은 복장으로 나타나 베스타 신전 근처의 샘에서 말에게 물을 먹인 뒤 로마의 승리를 고했다고 한다. 이 일을 기념하여 광장에는 카스토르와 폴룩스(폴리데우케스의 로마식 명칭)의 신전이 세워졌고, 그들은 로마 기사단의 보호자가 되었다. 이 신전의 기둥은 아직도 그곳에 남아 있다.

로마에 남아있는 카스토르와 폴룩스 신전

관련 음악 작품

장 필립 라모: 〈카스토르와 폴룩스〉, 오페라, 1737년

카스토르와 폴룩스 신전
지오반니 바티스타 피라네시(Giovanni Battista Piranesi), 1748~1774년,
: 서쪽에서 바라본 풍경.

신화해설

제우스의 아들들인 디오스쿠로이 형제는 고대인들에게 누구보다 큰 사랑을 받았던 인물이다. 그 이유는 이들이 신화시대의 젊은 귀족 무사들의 삶을 누구보다 잘 보여주는 영웅이었기 때문이다. 이들은 늘 함께 붙어다니면서 온갖 모험에 주저없이 뛰어들고 재미로 소떼를 훔치거나 사랑하는 여인을 납치하여 아내로 삼는 등 모험과 위험을 즐기는 거칠고 낭만적인 사내들이었다. 이들의 열렬한 팬들이 생겨나기 시작했던 그리스 고전시대에는 이미 그와 같은 무사적 생활 양식은 흘러간 과거의 일이 되었지만 고대의 청소년들은 마치 오늘날의 청소년들이 중세의 기사를 꿈꾸듯 이들을 동경했다.

카시오페이아 Cassiopia

요약

에티오피아의 왕 케페우스의 아내로 안드로메다의 어머니이다.

카시오페이아의 오만함으로 인해 딸 안드로메다가 바다 괴물의 제물로 바쳐질 운명에 처했지만 영웅 페르세우스에 의해 구조되어 그의 아내가 되었다.

기본정보

구분	왕비
상징	허영, 오만
외국어 표기	그리스어: Κασσιόπεια, Κασσιέπεια
별칭	카시에페이아, 카시오피아(Cassiopia)
관련 신화	안드로메다, 케페우스, 페르세우스

인물관계

카시오페이아의 남편에 대해서는 여러 가지 이야기가 있는데 일반적으로 에티오피아의 왕 케페우스가 그녀의 남편이라고 한다. 케페우스와 사이에 무남독녀 안드로메다를 낳았다.

카시오페이아는 헤르메스의 아들인 아라보스의 딸이다.

신화이야기

개요

『비블리오테케』와 『변신이야기』에 의하면 에티오피아의 왕 케페우스의 아내 카시오페이아는 자신의 미모에 대해 대단한 자부심을 갖고 있어서 자신이 바다의 님페들 그 누구보다도 아름답다고 자랑하고 다녔다고 한다. 그러나 히기우스의 『신화집』에 의하면 카시오페이아가 자랑한 것은 자신의 딸 안드로메다의 미모였다고 한다.

네레이스라고 불리우는 바다의 님페들은 '바다의 노인'이라는 별명이 있는 네레우스와 대양의 신 오케아노스의 딸 도리스 사이에 태어난 딸들로 그 수는 50명에서 100명에 이른다. 네레이스의 복수형은

안드로메다와 페르세우스
페테르 파울 루벤스(Peter Paul Rubens), 1622년경, 예르미타시 미술관

네레이데스이다. 바다 속 깊은 곳에 있는 아버지의 궁전에서 살고 있
는 네레이데스는 모두가 아름답다고 알려져 있는데 이 중의 하나가
포세이돈의 정식 아내인 아름다운 암피트리테이다. 카시오페이아의
오만함과 허영심에 분노한 바다의 님페들과 암피트리테의 남편 포세
이돈은 해일을 불러일으키고 괴물을 보내 나라를 초토화시켰다.

이러한 재앙을 막기 위해서는 카시오페이아의 딸인 안드로메다 공
주를 괴물의 제물로 바쳐야 한다는 신탁이 내렸고, 어쩔 수 없이 신탁
을 따라야 하는 안드로메다의 아버지 케페우스는 애통한 심정으로
해변의 바위에 안드로메다를 쇠사슬로 묶어놓았다. 이렇게 해서 아무
죄도 없는 안드로메다는 어머니의 죗값을 치를 운명에 놓인다.

그런데 마침 메두사의 목을 베고 돌아가던 페르세우스가 해변의 바
위에 쇠사슬로 묶여있는 안드로메다를 보고 첫눈에 그녀의 아름다움
에 매혹되어 그녀에게 다가갔다. 안드로메다는 페르세우스에게 사연
을 모두 말해주었는데 말이 채 끝나기도 전에 바다에서 요란한 소리
를 내며 바다 괴물이 그 모습을 드러냈다. 안드로메다는 공포에 질려

비명을 질렀고 케페우스와 카시오페이아는 어찌할 바를 모르고 그저 애통한 심정으로 안드로메다의 몸을 껴안을 뿐이었다. 게다가 자기 대신 죗값을 치르는 무남독녀의 운명을 지켜보는 카시오페이아의 심정은 이루 말로 표현할 수가 없었다. 이때 페르세우스가 격렬한 싸움 끝에 괴물을 퇴치하였고, 안드로메다와 페르세우스는 결혼식을 올리게 되었다.

카시오페이아의 후손들

자신의 오만함 때문에 하마터면 무남독녀 안드로메다를 괴물의 먹이가 되게 할 뻔한 카시오페이아는 다행스럽게도 영웅 페르세우스의 도움으로 안드로메다를 구할 수 있었다. 페르세우스와 결혼한 안드로메다는 맏아들 페르세스가 태어나자 그를 아버지의 후계자로 부모 곁에 남기고 떠났다. 오비디우스가 쓴 『변신이야기』는 페르세우스를 집안의 "지주이자 구세주"라고 표현한다. 헤로도토스의 『역사』에 의하면 페르세스는 후에 페르시아 왕가의 조상이 되었다고 한다.

페르세우스에게 감사를 표하는 케페우스와 카시오페이아
피에르 미냐르(Pierre Mignard), 1679년, 루브르 박물관

고향을 떠난 후 카시오페이아의 딸 안드로메다는 페르세우스와의 사이에 아들 알카이오스, 스테넬로스, 헬레이오스, 메스트로, 엘렉트리온과 딸 고르고포네를 낳았다. 알카이오스의 아들이 암피트리온이고 엘렉트리온의 딸이 알크메네인데 이 두 사람이 결혼하여 쌍둥이 아들인 이피클레스와 헤라클레스를 낳았다. 이 쌍둥이 아들 중에서 제우스가 영웅을 만들기 위해 알크메네와 동침하면서 하룻밤을 3배로 늘려 낳은 자식이 바로 헤라클레스이다.

카시오페이아 별자리

카시오페이아는 죽은 후 남편 케페우스, 딸 안드로메다 등과 함께 하늘로 올라가 별자리가 되었다. 그러나 카시오페이아는 오만함과 허영심에 대한 벌로 의자에 앉아 거꾸로 매달려 있게 되었다.

별자리가 된 카시오페이아
목판화. 미국 해군관측소 도서관 서적
수록 삽화

카우노스 Caunus, Caunos

요약

그리스 신화에 등장하는 카우노스의 왕이다.

쌍둥이 누이 비블리스가 사랑을 고백하자 고향을 등지고 카리아로 가서 자신의 이름을 딴 왕국을 건설하였다. 비블리스는 거절당한 사랑에 절망하여 끝없이 눈물을 흘리다 죽어서 샘이 되었다.

기본정보

구분	카우노스의 왕
상징	남매간의 금지된 사랑
외국어 표기	그리스어: Καῦνος
관련 신화	비블리스
가족관계	비블리스와 남매, 프로노에의 남편, 아이기알로스의 아버지

인물관계

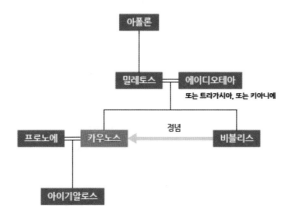

카우노스는 밀레토스 시의 건설자 밀레토스와 에이디오테아, 혹은 트라가시아, 혹은 키아니에 사이에서 태어난 아들로 비블리스와 쌍둥이 남매이다. 그런데 밀레토스의 아버지가 아폴론이므로 두 남매는 아폴론의 손자, 손녀이다. 카우노스는 물의 님페 프로노에와 결혼하여 아들 아이기알로스를 낳았다.

신화이야기

오라버니 카우노스를 사랑한 비블리스

카우노스의 쌍둥이 여동생 비블리스는 결혼할 나이가 되자 수많은 남자들로부터 청혼을 받았지만 아무에게도 마음을 허락하지 않았다. 그녀에게는 이미 사랑하는 남자가 있었는데 다름 아닌 자신의 오빠 카우노스였다. 처음에는 그녀 스스로도 카우노스를 향한 자신의 마음에 당혹스러워하며 아무도 모르게 정념을 가라앉히려 애를 썼다. 하지만 시간이 갈수록 욕망은 더욱 커져만 갔다. 더 이상 견딜 수 없게 된 비블리스는 카우노스에게 고백하고 말았다.

비블리스
윌리엄 아돌프 부그로(William Adolphe Bouguereau),
1884년, 아트리뉴얼센터

카우노스는 누이의 어처구니 없는 욕망에 저주를 퍼부으며 퇴짜를 놓았다. 하지만 비블리스의 정념은 더욱 뜨거워졌고 누이의 마음을 도저히 되돌릴 수 없다고 판단한 카우노스는 고향을 등지고 말았다.

샘으로 변신한 비블리스

　카우노스가 떠나버린 뒤 슬픔을 이기지 못한 비블리스는 미쳐버리고 말았다. 그녀는 사람들이 보는 앞에서 자기 옷을 찢으며 절규하더니 카우노스의 행방을 찾겠다며 온 나라를 헤매고 다녔다. 마치 디오니소스 추종자들인 마이나데스처럼 산과 들을 온통 휘젓고 다니던 비블리스는 마침내 탈진하여 쓰러지고 말았다. 그녀는 말없이 누운 채 냇물처럼 흘러내리는 눈물로 풀밭을 적셨다. 이것을 본 물의 요정들은 그녀를

샘으로 변하는 비블리스
장 자크 헤너(Jean Jacques Henner), 1867년
디종미술관

불쌍히 여겨 그녀의 눈물처럼 절대로 마르지 않는 샘으로 변신시켰고 샘에는 그녀의 이름이 붙여졌다.

신화의 또 다른 결말

　하지만 다르게 전해지는 이야기에 따르면 비블리스는 오빠 카우노스에게 자신의 마음을 차마 고백하지 못하고 가슴만 끓이다가 절벽에서 스스로 몸을 던졌다고도 한다.

　또 남매 사이의 금지된 사랑을 키운 것이 비블리스가 아니라 카우노스였다는 이야기도 있다. 이에 따르면 카우노스가 자신의 마음을 어찌지 못하고 고향을 등지자 비블리스는 이를 자신의 잘못이라고 여기고 참나무에 목을 매고 죽었다.

카우노스 왕국

　고향을 떠난 카우노스는 남쪽으로 내려가 카리아 지방에 자신의 이름을 딴 왕국을 건설하고 그곳의 왕이 되었다. 그는 물의 님페 나이아

스의 하나인 프로노에와 결혼하여 아들 아이기알로스를 낳았다. 아이
기알로스는 아버지에 뒤이어 카우노스의 왕이 되었다.

카우노스를 추적하는 비블리스
프랑소아 샤보(Francois Chaveau), 17세기
: 동생의 사랑이 버거워 달아나는 오빠의 뒤를 애타게 쫓는 비블리스. 거부하는 오빠의
손짓과 오빠의 옷자락이라도 잡으려고 급박하게 손을 내미는 비블리스. 비블리스 머리
위의 에로스도 오빠에게 사랑의 화살을 쏘려고 하나 여의치 않은 모습이다

카이네우스 Caineus, Caeneus

요약

그리스 신화에 등장하는 라피타이족의 용사이다.

원래는 라피타이족의 왕 엘라토스의 딸이었는데 포세이돈에 의해 남성으로 성이 바뀌었다. 켄타우로스들에 의해 죽임을 당하고 저승에서 새로(혹은 다시 여성으로) 변신하였다.

기본정보

구분	영웅
상징	성전환
외국어 표기	그리스어: Καινεύς
어원	새로운 모습으로 변하다
관련 신화	켄타우로마키아, 아르고호 원정대

인물관계

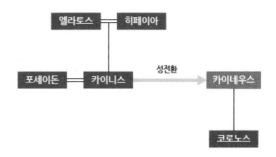

카이네우스는 엘라토스와 히페이아 사이에서 태어난 딸(카이니스)인데 포세이돈에 의해 남성이 되었으며 라피타이족의 왕 코로노스가 그의 아들이다.

신화이야기

남자로 변신한 카이니스

카이네우스는 원래 라피타이족의 왕 엘라토스의 딸로 카이니스라는 이름이었다. 카이니스는 매우 아름다운 처녀였지만 아무와도 결혼

카이니스와 포세이돈
비르길 졸리스(Virgil Solis), 16세기
오비디우스의 『변신이야기』에 실린 삽화

할 마음이 없었다. 그런데 어느 날 바닷가를 거닐다 그녀를 보고 반해버린 바다의 신 포세이돈에게 겁탈을 당하고 말았다. 포세이돈은 그녀를 달래기 위해 무엇이든 소원을 말해보라고 하였고 카이니스는 포세이돈에게 당한 굴욕을 다시는 되풀이하지 않으려고 자신을 남자로 변신시켜 달라고 하였다. 포세이돈은 이를 받아들여 카이니스를 남자로 변신시키고 누구도 상처를 입힐 수 없는 강한 용사로 만들어주었다. 남자가 된 카이니스는 이름을 카이네우스로 바꾸었다. 그 후 카이네우스는 아르고호 원정과 칼리돈의 멧돼지 사냥 등에 이름을 올렸다.

　카이네우스는 페이리토오스의 결혼식에서 술에 취한 켄타우로스족
과 라피타이족 사이에 싸움이 벌어졌을 때 라트레오스를 비롯한 여러
명의 켄타우로스들을 때려죽이는 등 용맹을 떨쳤다. 켄타우로스들은
무기로 아무리 공격해도 카이네우스에게 상처를 입힐 수 없음을 깨닫
고는 전나무와 바위로 짓눌러버렸고 땅 속에 처박힌 카이네우스는 그
대로 타르타로스로 떨어졌다고 한다.

　오비디우스에 따르면 저승에 간 카이네우스는 찬란한 황금빛 날개
를 지닌 새로 변했으며 이 광
경을 예언자 몹소스와 네레우
스가 목격하였다고 한다. 하지
만 베르길리우스에 따르면 아
이네이아스가 저승으로 내려
갔을 때 그가 다시 본래의 모
습인 여성으로 돌아간 것을
보았다고 한다.

　카이네우스의 죽음에 관해
서는 또 다른 이야기도 있다.
그에 따르면 그는 남자로 변신
한 뒤 교만해져서 광장에 자
신의 창을 세워놓고 사람들에

켄타우로스와 싸우는 카이네우스
아티카 항아리 그림. 기원전 490년경
루브르 박물관

게 그것을 신처럼 숭배하도록 강요했다고 한다. 이에 분노한 제우스가
켄타우로스들에게 그를 죽일 수 있는 방법을 가르쳐주었고, 그는 앞
서 이야기한 것과 같은 방식으로 죽임을 당하게 되었다.

카일루스 Caelus

요약

로마 신화에 나오는 하늘의 신이다.

카일루스는 하늘을 뜻하는 보통명사를 남성형으로 바꾼 것으로 그리스 신화의 우라노스를 라틴어로 옮긴 이름이다. 하지만 카일루스는 천상을 지배하는 신으로서 주신(主神) 유피테르(제우스)와 동일시되기도 하였다.

기본정보

구분	개념이 의인화된 신
상징	하늘, 으뜸
어원	하늘
가족관계	아이테르의 아들, 무사이의 아버지, 유피테르의 아버지, 야누스의 아버지

인물관계

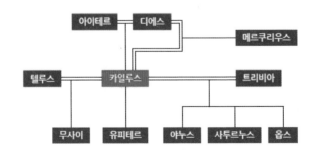

신화이야기

천상의 신 카일루스

카일루스는 하늘을 뜻하는 보통명사인 카일룸(caelum)의 남성형으로 하늘을 인격화한 신이다.(라틴어에서 카일룸은 중성이다) 카일루스는 로마의 고유한 신이라기보다는 그리스 신화의 우라노스를 라틴어로 옮긴 이름에 불과하다는 것이 일반적인 견해이며, 로마에서 카일루스에 대한 숭배가 이루어진 흔적도 찾아 볼 수 없다. 하지만 학자들 중에는 카일루스를 로마의 토착신인 천둥의 신 숨마누스와 연결짓는 이들도 있다.

카일루스가 로마 신화에 본격적으로 등장하는 것은 아우구스투스 시대부터이다. 천상의 신으로서 카일루스는 때때로 유피테르와 동일시되어 그의 별칭으로 쓰이기도 했다.('옵티무스 막시무스 카일루스 아이테르누스 유피테르[지고지선 영원무궁 천상의 신 유피테르]'는 로마에서 사용하는 유피테르의 공식 명칭 중 하나이다)

프리마 포르타의 아우구스투스 상 갑옷에 표현된 카일루스(Augustus of Prima Porta)

신들의 아버지

키케로와 히기누스에 따르면 카일루스는 대기의 신 아이테르와 낮의 여신 디에스(그리스 신화의 헤메라) 사이에서 태어난 자식이다. 카일루스는 다시 디에스와 결합하여 전령의 신 메르쿠리우스(헤르메스)를 낳았고, 트리비아(헤카테)와 사이에서 로마의 신 야누스, 사투르누스, 옵스 등을 낳았다. 카일루스는 또한 유피테르의 세 가지 형상 중 하나의 아버지라고 하며 유피테르의 나머지 두 형상을 낳은 아버지는 사투르누스와 아이테르로 간주된다. 또 다르게 전해지는 이야기에 따르면 카일루스는 땅의 여신 텔루스와 사이에서 무사이(뮤즈) 여신들을 낳았다고도 한다.

카일루스와 관련된 그밖의 신화와 예술 작품들은 대체로 그리스 신화의 우라노스와 일치한다.

하늘의 신 우라노스와 대지의 여신 테라(가이아)
로마 시대 모자이크, 2세기

카트레우스 Catreus

요약

그리스 신화에 등장하는 크레타의 왕이다.

자식의 손에 죽으리라는 신탁의 예언을 피하기 위해 자식을 나라에서 추방하고 노예 상인에게도 넘겼지만 결국 운명을 피하지 못하고 아들 알타이메네스의 손에 죽고 말았다.

기본정보

구분	크레타의 왕
상징	피할 수 없는 운명
외국어 표기	그리스어: Κατρεύς
관련 신화	트로이 전쟁
가족관계	미노스의 아들, 알타이메네스의 아버지, 아리아드네의 남매, 글라우코스의 형제

인물관계

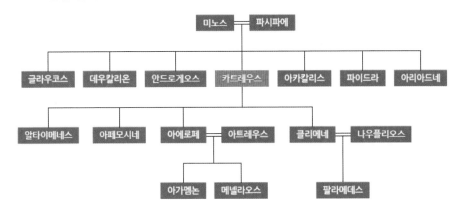

카트레우스는 크레타의 왕 미노스와 파시파에 사이에서 태어난 아들로 글라우코스, 데우칼리온, 안드로게오스, 아카칼리스, 파이드라, 아리아드네 등과 형제이다.

카트레우스는 슬하에 아들 알타이메네스와 세 딸 아에로페, 클리메네, 아페모시네를 두었다.

신화이야기

신탁을 피하려 자식들을 쫓아낸 카트레우스

미노스에 이어 크레타의 왕이 된 카트레우스는 친자식의 손에 죽게 되리라는 신탁을 받았다. 그는 신탁의 내용을 자식들에게 비밀로 하였지만 사실을 알게 된 알타이메네스와 아페모시네는 신탁이 예언한 운명을 피하기 위해 크레타를 떠나 로도스로 갔다.(혹은 카트레우스에 의해 로도스로 추방되었다) 두 사람은 로도스 섬에 도시를 건설하고 이름을 크레테니아라고 지었다.

하지만 점차 신탁의 실현을 두려워하게 된 카트레우스는 남은 두 딸 아에로페와 클리메네를 노예상 나우플리오스에게 넘겨 노예로 팔아 버리게 하였다. 그러나 나우플리오스는 카트레우스의 두 딸을 노예로 파는 대신에 아에로페는 미케네의 왕 아트레우스에게 아내로 주고 클리메네는 자신의 아내로 삼았다. 아에로페는 아트레우스와 사이에서 아가멤논과 메넬라오스를 낳았고 클리메네는 나우플리오스와 사이에서 팔라메데스를 낳았다.

신탁의 실현

카트레우스는 노년에 이르자 아들에게 왕국을 물려주고 싶은 마음에 로도스로 직접 아들을 찾아갔다. 하지만 로도스 주민들은 카트레우스의 일행을 해적으로 착각하고 공격하였다. 카트레우스가 자신의 정체를 말해보았지만 개들이 짖어대는 소리에 묻히고 말았고 해적이 나타났다는 소리를 듣고 달려온 아들 알타이메네스가 던진 창에 찔려 죽고 말았다.

나중에 자신이 아버지를 죽인 사실을 알게 된 알타이메네스는 차라리 땅 속으로 꺼지게 해달라고 신들에게 빌었는데 실제로 그렇게 되었다고 한다.

카트레우스가 죽은 뒤 아에로페의 아들이자 카트레우스의 외손자인 메넬라오스가 할아버지의 장례식에 참석하기 위해 크레타로 갔는데 그 사이 메넬라오스의 집에 손님으로 와 있던 트로이의 왕자 파리스가 집주인의 아내 헬레네를 유괴하여 트로이로 떠나버리는 바람에 트로이 전쟁이 시작되었다.

카파네우스 Capaneus

요약

그리스 신화에 등장하는 테바이 공략 7장군 중 한 명이다.

테바이를 공격할 때 제우스도 자신의 테바이 입성을 막을 수 없으리라고 큰소리치다 제우스의 벼락에 맞아 죽었다.

기본정보

구분	영웅
상징	오만, 불경
외국어 표기	그리스어: Καπανεύς
어원	전차를 모는 전사
관련 신화	테바이 공략 7장군

인물관계

카파네우스는 히포노오스와 아스티노메(혹은 라오디케) 사이에서 태어난 아들이다. 그는 아르고스 왕 이피스의 딸 에우아드네와 결혼하여 아들 스테넬로스를 낳았다.

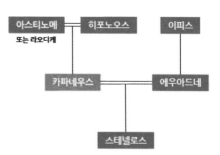

신화이야기

테바이 공략 7장군

오이디푸스는 자신의 혈통을 미처 알지 못한 채 생부를 살해하고 생모와 결혼하여 자식까지 낳았다. 사실을 알고 난 오이디푸스가 제 손으로 눈알을 도려내고 테바이를 떠난 뒤 두 아들 폴리네이케스와 에테오클레스 사이에 왕권 다툼이 벌어졌다. 에테오클레스가 1년씩 번갈아가며 테바이를 다스리자 는 약속을 깨고 왕좌에서 내려오 려 하지 않자 폴리네이케스는 아 르고스로 가서 아드라스토스 왕 의 지원을 얻어 다시 테바이로 쳐들어왔다. 아드라스토스 왕과 폴리네이케스는 테바이 성의 일 곱 개 성문을 격파하기 위해 일 곱 명의 장군이 이끄는 병력으로 군대를 편성하였는데 이들을 '테 바이 공략 7장군'이라고 부른다.

7장군의 리더 카파네우스
지로데 드 로시 트리오종(Girodet de Roussy Trioson)

일곱 명의 장군은 아드라스토 스 왕과 폴리네이케스 그리고 티데우스, 파르테노파이오스, 카파네우 스, 히포메돈, 암피아라오스였다. 하지만 전승에 따라 아드라스토스 대신 이피스의 아들 에테오클로스, 폴리네이케스 대신 아드라스토스 의 동생인 메키스테우스가 7장군에 포함되기도 한다.

제우스의 벼락을 맞은 카파네우스

7장군의 한 명인 카파네우스는 힘이 세고 기골이 장대한 맹장이었 는데 신을 전혀 두려워하지 않았다. 테바이를 공격할 때 그는 자신의 방패에 손에 횃불을 들고 성벽을 기어오르는 사내의 그림과 '나는 이 도시를 불질러버리겠다'는 글씨를 새겨 넣고는 설사 제우스가 막더라도 자신은 기필코 테바이 성을 함락시키겠다고 호언장담하였다.

하지만 그의 이런 오만한 행동은 제우스의 진노를 샀고 카파네우스는 테바이 성벽을 기어오르다 제우스가 던진 벼락에 맞아 죽고 말았다. 카파네우스의 아내 에우아드네는 남편의 시신을 화장하는 불길에 몸을 던져 스스로 목숨을 끊었다.

고대 그리스의 서정 시인 스테시코로스에 따르면 카파네우스는 의술의 신 아스클레피오스에 의해 다시 소생했다고 한다.

제우스의 벼락을 맞는 카파네우스
윌리엄 블레이크(William Blake), 1824~1827년

칼라모스 Calamus, Kalamos

요약

그리스 신화에서 갈대가 의인화된 인물이다.
강의 신 마이안드로스의 아들인 칼라모스는 사랑하는 친구 카르포스가 물에 빠져 죽자 슬픔을 이기지 못하고 갈대로 변하였다.

기본정보

구분	신화 속 인물
상징	갈대
외국어 표기	그리스어: Κάλαμος
어원	갈대, 갈대 펜
관련 지명	멘데레스 강
관련 신화	카르포스

인물관계

칼라모스는 하신 마이안드로스의 아들이다. 마이안드로스에게는 그 밖에 두 딸 키아니에와 사미아가 있었다. 프리기아의 또 다른 강의 신 마르시아스도 마이안드로스의 아들로 칼라모스와 형제지간이라는 이

야기도 있다. 그는 제피로스와 클로리스의 아들 카르포스와 둘도 없는 친구 사이다.

신화이야기

칼라모스와 카르포스

칼라모스는 프리기아 지방의 강의 신(河神) 마이안드로스의 아들이다. 그는 서풍 제피로스와 계절의 여신 호라이 자매 중 하나인 클로리스 사이의 아들인 아름다운 청년 카르포스를 사랑했다.

어느 날 칼라모스와 카르포스가 마이안드로스 강에서 물놀이를 했는데 둘이서 수영 시합을 하다가 그만 카르포스가 물에 빠져 죽고 말았다. 칼라모스는 사랑하는 친구의 죽음을 하염없이 슬퍼하다가 몸이 말라서 갈대가 되었다.(혹은 슬픔을 이기지 못하고 자신도 강물에 몸을 던졌는데 아버지인 하신 마이안드로스가 갈대로 변신시켰다고도 한다)

강변에 바람이 불 때 갈대에서 나는 소리는 카르포스의 죽음을 슬퍼하는 칼라모스의 울음소리라고 한다. 하지만 카르포스는 매년 죽었다가 다시 살아나는 들판의 열매가 되었다.

사행천의 대명사 마이안드로스 강

마이안드로스 강(지금의 멘데레스 강)은 소아시아 남서부 카리아 지방을 흐르는 강으로 굴곡이 심하기로 유명하다. 물줄기가 뱀처럼 구불구불 휘어져 흐르는 사행천(蛇行川)을 뜻하는 영어 단어 '미앤더(meander)'는 여기서 유래하였다.

전설의 장인 다이달로스가 크레타 왕 미노스를 위해 지은 미궁(迷宮) 라비린토스는 통로가 너무 복잡하여 한 번 들어가면 다시는 나오지 못하는 것으로 유명한데 오비디우스는 "그 구불구불하기가 마치 마이안드로스 강 같다"고 표현하였다.

칼라이스 Calais

요약

북풍의 신 보레아스와 인간 오레이티이아 사이에서 태어난 쌍둥이 형제 중의 한 명이다. 다른 쌍둥이 형제의 이름은 제테스이다. 쌍둥이 형제 칼라이스와 제테스의 총칭으로 '보레아다이'가 종종 사용된다. 쌍둥이 형제는 둘 다 날개를 가지고 있다.

기본정보

구분	영웅
상징	바람처럼 빠른 용사
외국어 표기	그리스어: Κάλαϊς, 라틴어: Kalais, 영어: Calais
관련 신화	보레아다이, 아르고호 원정대, 하르피이아의 퇴치

인물관계

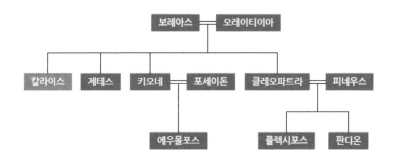

보레아스와 오레이티이아의 아들로 제테스와 쌍둥이 형제로 태어났다. 여자형제는 키오네와 클레오파트라이다. 조카 에우몰포스는 키오네와 포세이돈 사이에서, 플렉시포스와 판디온은 클레오파트라와 피네우스 사이에서 태어났다.

신화이야기

칼라이스의 탄생

칼라이스의 아버지는 북풍의 신 보레아스이고 어머니는 아테네의 왕 에렉테우스의 딸 오레이티이아이다. 보레아스는 미모의 오레이티이

아에게 마음을 빼앗겨 그녀의 사랑을 구하였다. 그러나 오레이티이아는 보레아스의 구애를 받아들이지 않았고, 그러자 그는 본색을 드러내며 그녀를 납치했다. 그런 다음 그는 폭력을 사용하여 오레이티이아를 자신의 아내로 삼고 자식들을 낳았다.

칼라이스는 다른 쌍둥이 형제 제테스와 함께 종종 '보레아다이'라는 이름으로 불렸다.

보레아다이와 피네우스
암포라 도기 세밀화, 기원전 460년경
루브르 박물관

칼라이스의 여자형제 중 키오네는 제우스의 형제인 바다의 신 포세이돈과 사이에서 에우몰포스를 낳았고, 또다른 여자형제 클레오파트라는 트라키아 지방의 왕이자 예언자인 피네우스와 결혼하여 두 아들 플렉시포스와 판디온을 낳았다.

날개를 가진 쌍둥이 아들

칼라이스와 제테스 쌍둥이 형제의 외모에 있어 가장 큰 특징은 날개이다. 그들은 날개를 가지고 있어 어디든지 재빨리 날아갈 수 있었다. 그들은 아버지 북풍의 신 보레아스의 날개를 유전자로 물려받은 것으로 해석할 수 있다. 그러나 전승 문헌에 따르면 쌍둥이 형제는 날개를 제외하면 아버지의 모습을 닮지 않고 아름다운 어머니 오레이티이아의 모습을 많이 닮았다. 그리고 칼라이스와 제테스는 날개를 달고 태어난 것이 아니라 그들이 성장하면서 자랐다.

아르고호 원정대에 동참하는 칼라이스

칼라이스는 제테스와 함께 황금 양털을 찾기 위한 아르고호 원정대에 참여하였다. 원정 도중 쌍둥이 형제는 장님이 된 늙은 매부 피네우스가 불행에서 벗어나도록 도와주었다. 피네우스는 식사 때마다 하르피이아이에게 음식을 몽땅 빼앗기거나 하르피이아이가 조금 남겨놓은 심한 악취로 진동하는 음식물을 배고픔 때문에 먹어야 하는 고통을 겪었다. 그는 아르고호의 영웅들 중 칼라이스와 제테스가 자신을 이런 불행한 운명에서 구해준다는 신탁을 받았다. 신탁에 따라 쌍둥이 형제는 매부의 불행을 동정하여 그를 도왔다.

**칼라이스와 제테스의 도움으로
하르피이아이로부터 해방된 피네우스**
동판화, 베르나르 피카르(Bernard Picart),
1731년

칼라이스는 제테스와 함께 피네우스 앞에 음식을 차려 놓고 그것을 미끼로 하르피이아이를 유인한 뒤 하르피이아이가 음식물을 잽싸게 낚아채 날아가자 이오니아 해의 섬까지 그 뒤를 쫓았다. 그곳에서 쌍둥이 형제가 하르피이아이를 칼로 내리쳐 죽이려는 순간 무지개의 여신 이리스가 나타나 만류하였다. 여신은 하르피이아이가 피네우스를 괴롭히는 일이 더 이상 없을 것이라고 약속을 했고 그 약속을 들은 칼라이스와 제테스는 '전환점이 된 섬'이란 뜻의 스트로파데스 섬에서 추격을 멈추고 하르피이아이를 살려주었다.

피네우스는 자신을 하르피이아이로부터 구해준 은혜의 보답으로 아르고호 원정대가 두 개의 부딪히는 바위 심플레가데스 사이를 무사히 통과할 수 있는 방법을 일러주었다.

헤라클레스에게 죽임을 당한 칼라이스

아르고호의 영웅들은 여러 모험을 겪으며 원정의 목적인 황금 양털을 얻은 후 각자 고향으로 돌아갔다. 칼라이스와 제테스도 원정을 마치고 고향으로 돌아가려고 길을 떠났는데, 그들은 고향으로 가는 도중 테노스 섬에서 죽음을 맞이하였다. 히기누스의 『이야기』와 아폴로니오스의 『아르고나우티카』에 따르면 헤라클레스가 쌍둥이 형제를 죽였는데 그 이유는 쌍둥이 형제가 아르고호 원정 도중에 배에 오르지 못한 헤라클레스를 그대로 놔둔 채 항해를 계속해야 한다고 권했기 때문이었다.

칼리돈 Calydon

요약

 그리스 신화에 나오는 아이톨로스의 아들로 아이톨리아에 도시를
건설하고 자신의 이름을 붙여 칼리돈이라고 불렀다.
 칼리돈과 관련된 가장 유명한 신화는 오이네우스 왕 치세에 벌어진
칼리돈의 멧돼지 사냥이다.

기본정보

구분	칼리돈의 왕
외국어 표기	그리스어: Καλυδών
관련 상징	멧돼지
관련 신화	칼리돈의 멧돼지 사냥
가족관계	아이톨로스의 아들, 프로노에의 아들, 플레우론의 형제

인물관계

칼리돈은 아이톨로스와 프로노에의 아들로 플레우론과 형제이다. 칼리돈은 멜람푸스의 누이 아이올리아와 결혼하여 두 딸 에피카스테와 프로토게네이아를 낳았다.

신화이야기

개요

칼리돈은 아이톨리아의 시조 아이톨로스와 프로노에의 아들이다. 그는 아이톨리아 지역에 한 도시를 건설하고 자신의 이름을 따서 칼리돈이라 불렀다. 칼리돈의 형제인 플레우론 역시 아이톨리아 지역에 도시를 건설하여 플레우론이라 칭하였다. 칼리돈은 아이올리아와 결혼하여 두 명의 딸을 낳았는데 한 명은 나중에 아게노르와 결혼한 에피카스테이고 또 한 명은 프로토게네이아이다.

칼리돈 아크로폴리스
©William Neuheisel@wikimedia(CC BY-SA 2.0)

칼리돈이란 이름은 그가 건설한 도시로 더 유명하다. 칼리돈 유적은 아르킨토스 산맥의 남쪽 끝 에베노스 강 윗자락에 남아있는데 이는 현대의 에벤쵸리 지역에서 약 2킬로미터 떨어진 곳이다.

도시 칼리돈은 호메로스 시대부터 유명했는데 『일리아스』에는 아이톨로스의 도시로 나온다. 칼리돈은 그리스 신화에서 매우 중요한 도시로 여겨진다. 이곳에서 칼리돈과 플레우론, 두 도시의 왕 오이네우스에 관한 전설들이 유래한다. 오이네우스와 이 도시에 관한 가장 유명한 이야기는 칼리돈의 멧돼지 사냥 일화이다.

칼리돈의 멧돼지 사냥

전례 없는 풍년을 맞은
칼리돈의 왕 오이네우스
는 모든 신들에게 감사
의 제사를 드렸으나 깜
빡 잊고 아르테미스 여신
을 빠뜨렸다. 이에 격분
한 아르테미스는 난폭한
멧돼지를 보내 칼리돈의
논과 밭을 온통 쑥대밭

칼리돈의 멧돼지 사냥
레기우스(Regius). 오비디우스의 『변신이야기』의 삽화

으로 만들어놓았다. 온몸이 창과 같은 날카로운 흰 털로 뒤덮인 이 멧
돼지는 코끼리 상아와 같은 송곳니를 갖고 있었고 몸집은 마치 황소
와도 같았다.

이 멧돼지를 잡기 위해 오이네우스는 그리스 전역의 영웅들을 불러
모았다. 사냥에 참가한 인물들은 그야말로 그리스 신화에서 내로라하
는 불세출의 영웅들이었다. 우선 오이네우스의 아들 멜레아그로스를
위시하여 아르카디아 출신의 여성 사냥꾼 아탈란테, 아테네의 테세우
스, 이올코스의 이아손 등 이아손이 이끄는 황금 양털 원정대의 참가
자들이 대부분 이 사냥에 참가하였다.(헤라클레스는 에리만토스의 멧돼지
라는 또 다른 괴물을 처리하느라 이 사냥에 참가할 수 없었다)

칼리돈의 멧돼지 사냥에서 단연 돋보였던 인물은 유일한 여성 참가
자인 아탈란테였다. 남자 영웅들이 멧돼지에게 고전을 면치 못하는
사이에 그녀가 쏜 화살이 제일 먼저 적중하여 멧돼지가 비틀거리자
멜레아그로스가 창으로 최후의 일격을 가하여 멧돼지를 해치웠다. 이
후 아탈란테에게 연정을 품고 있던 멜레아그로스가 그녀에게 멧돼지
퇴치의 공을 돌리며 포획물의 가죽을 포상하려 하자 그의 외삼촌이
었던 플렉시포스와 톡세우스가 강렬히 반대를 했다. 이에 격분한 멜

칼리돈의 멧돼지 사냥
대리석 부조, 1872년, 카피톨리노 박물관

레아그로스는 두 외삼촌을 죽여버렸다. 이 사실을 들은 멜레아그로스의 어머니 알타이아는 슬픔에 잠겨 멜레아그로스의 생명줄인 나무를 불태워 아들을 죽게 한 후 양심의 가책으로 자살하였다.

또 다른 칼리돈

다르게 전해지는 이야기에 의하면 칼리돈은 테스티오스의 아들이다. 오랜 기간의 여행을 마치고 집에 돌아온 테스티오스는 아들 칼리돈이 아내 곁에서 잠들어 있는 것을 발견하였다. 순간 두 사람이 근친상간을 저질렀다는 생각에 그만 그는 둘 모두를 살해했다. 후에 자신이 오해했다는 사실을 깨달은 그는 악세노스 강에 몸을 던져 생을 마감했다. 이후 그 강은 테스티오스 강이라 불리다가 후에 아켈로오스 강이라 불리게 되었다.

칼리돈에 관한 또 다른 전승은 아레스와 아스티노메의 아들이라는 이야기이다. 아르테미스 여신이 목욕하는 모습을 본 그는 아켈로오스 강 옆에 있는 칼로돈 산의 바위로 변했다고 전해진다.

칼리로에 Kallirhoe, Callirrhoe, 나이아데스

요약

그리스 신화에 등장하는 강의 신 스카만드로스의 딸로 나이아데스 (단수형 나이아스) 중의 한 명이다.

기본정보

구분	님페, 나이아데스
외국어 표기	그리스어: Καλλιρρόη, 라틴어: Callirhoe, 영어: Callirrhoe
어원	칼리로에는 '아름답게'란 뜻을 지닌 고대 그리스어 kalli-와 '흐르는'이란 뜻을 지닌 고대 그리스어 rhoos에서 유래하였다. 따라서 어원은 '아름답게 흐르는 여인'이다.
관련 신화	스카만드로스, 트로스, 가니메데스, 클레오파트라

인물관계

아버지는 강의 신 스카만드로스이며 남편은 트로이인의 조상 트로스이다. 3남1녀를 낳았는데 딸은 클레오파트라이고 아들들은 일로스, 아사라코스와 가니메데스이다.

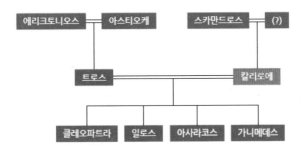

신화이야기

칼리로에는 그리스 신화에 등장하는 샘물의 님페이다. 아폴로도로스의 『비블리오테케』에 따르면 그녀는 강의 신 스카만드로스의 딸인데 어머니에 대한 언급은 없다. 트로이인의 조상 트로스와 결혼하여 3남1녀를 낳았다. 딸은 클레오파트라이고 아들은 일로스, 아사라코스, 가니메데스이다.

> "다르다노스는 일로스와 에리크토니오스를 낳았다. 두 아들 중에서 일로스는 자식을 남기지 않고 죽었다. 에리크토니오스는 왕위를 계승한 뒤 시모에이스의 딸 아스티오케와 결혼하여 트로스를 낳았다. 트로스는 왕위를 계승하자마자 나라를 자신의 이름을 따라 트로이라고 불렀고 스카만드로스의 딸 칼리로에와 결혼했다. 그들 사이에서 딸 클레오파트라와 세 아들 일로스, 아사라코스 그리고 가니메데스가 태어났다." (『비블리오테케』)

칼리로에의 남편 트로스는 다르다니아 왕 에리크토니오스와 강의 신 시모에이스의 딸인 아스티오케 사이에서 태어났는데 트로스는 아버지로부터 왕위를 물려받고 나라의 이름을 자신의 이름을 따 트로이 아라고 정했다. 이렇게 해서 트로스는 트로이아의 이름난 조상이 되었다.('트로스' 참조)

한편 하르카르나소스의 디오니시오스는 칼리로에가 에리크토니오스와 사랑을 나눠 트로스를 낳았다고 적고 있다.

칼리로에 Kallirrhoe, Callirrhoe, 오케아니데스

요약

그리스 신화에서 티탄 신족에 속하는 대양의 신 오케아노스와 바다의 여신 테티스 사이에서 태어난 3000명에 이르는 오케아니데스(단수형 오케아니스) 중의 한 명이다.

기본정보

구분	님페, 오케아니데스
외국어 표기	그리스어: Καλλιρρόη, 라틴어: Callirhoe, 영어: Callirrhoe
어원	'아름답게'란 뜻을 지닌 고대 그리스어 kalli-와 '흐르는'이란 뜻을 지닌 고대 그리스어 rhoos에서 유래하였다. 어원은 '아름답게 흐르는 여인'이다.
관련 신화	오케아노스, 테티스, 크리사오르, 게리온

인물관계

아버지와 어머니는 둘 다 하늘의 신 우라노스와 대지의 여신 가이아 사이에서 태어난 자식들로 티탄 신족에 속한다. 아버지는 대양의 신 오케아노스이며 어머니는 바다의 여신 테티스이다.

포세이돈과 메두사 사이에서 태어난 괴물 크리사오르와 사이에서 게리오네우스(게리온)를 낳았다.

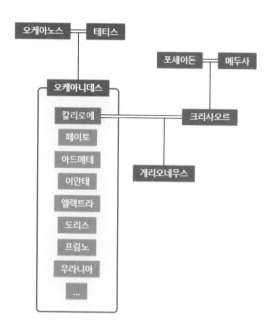

신화이야기

오케아니스 칼리로에의 탄생

『신들의 계보』에 의하면 칼리로에의 부모는 하늘의 신 우라노스와 대지의 여신 가이아 사이에서 태어난 오케아노스와 테티스이다. 따라서 칼리로에는 남매 사이의 근친상간에 의해 태어난 딸이다.

오케아노스와 테티스는 칼리로에를 포함하여 3000명의 딸들 오케아니데스를 낳았다. 『신들의 계보』는 41명의 오케아니데스 이름을 열거하고 있다.

"테티스는 신성한 님페들을 낳았다. 그 님페들은 주인인 아폴로 신과 강들과 함께 지상의 곳곳에서 젊은이들을 키워냈다. 이런 권능은 제우스가 바다의 님페들에게 부여했던 것이다. 바다의 님페들로는 페이토, 아드메테, 이안테, 엘렉트라, 도리스, 프림노, 신과 같

바다의 님페 오케아니데스
귀스타브 도레(Paul Gustave Dore), 1860~1869년

은 우라니아, 힙포, 클리메네, 로데아, 칼리로에, 제욱소, 클리티에, 이디이아, 파시토에, 플렉사우라, 갈락사우라, 사랑스런 디오네, 멜로보시스, 토에, 아리따운 폴리도라, 사랑스런 몸매의 케르케이스, 부드러운 눈을 가진 플루토, 페르세이스, 이아네이라, 아카스테, 크산테, 금발에 피부가 흰 페트라이에, 메네스토, 에우로페, 메티스, 에우리노메, 사프란 색의 옷을 입은 텔레스토, 크리세이스, 아시아, 매혹적인 칼립소, 에우도라, 티케, 암피로, 오키로에 그들 중에서도 가장 뛰어난 스틱스 등이 있다. 이들이 오케아노스와 테티스 사이에서 태어난 맏딸들이다. 이들 이외에도 많은 다른 딸들이 있다. 오케아노스에게는 복사뼈가 날씬한 삼천 명의 딸들이 있다."

칼리로에의 남편과 자식들

오케아니스 칼리로에의 남편은 날개 달린 말 페가수스와 형제지간인 크리사오르이다. 그들 사이에서 태어난 아들이 게리오네우스(게리온)이다. 그의 외모는 전승 문헌에 따라 약간의 차이가 난다. 게리오네우스는 『신들의 계보』에 따르면 몸 하나에 머리가 셋 달린 거인이다. 한편 『비블리오테케』와 『이야기』에 따르면 몸뚱이 셋에 머리가 셋 달린 거인이다.

> "오케아노스의 딸 칼리로에는 부유한 아프로디테의 사랑으로 용감한 크리사오르와 결합하여 모든 인간 중에서 가장 강력한 아들 게리오네우스를 낳았다." (헤시오도스, 『신들의 계보』)

> "크리사오르는 눈부시게 아름다운 오케아노스의 딸인 칼리로에와 사랑으로 결합하여 머리가 셋인 게리오네우스를 낳았다."
>
> (『신들의 계보』)

> "그 섬[에리테이아 섬]에 크리사오르와 오케아노스의 딸인 칼리로에 사이에서 태어난 게리오네우스가 살고 있었다. 그는 세 사람의 몸뚱이를 갖고 있었다. 그 몸뚱이는 허리에서 하나로 합쳐졌다가 엉덩이와 넓적다리에서 다시 셋으로 나뉘었다."
>
> (아폴로도로스, 『비블리오테케』)

> "크리사오르와 칼리로에 사이에서 몸뚱이를 셋 가진 게리우네우스가 태어난다." (히기누스, 『이야기』)

게리오네우스는 머나먼 서쪽 바다에 있는 에리테이아 섬에 살면서 멋진 소떼를 소유하고 있었는데 헤라클레스는 에우리스테우스의 명령에 따라 게리오네우스에게서 황소를 빼앗는 10번째 과업을 부여받았다.

헤라클레스의 뒤를 쫓던 게리오네우스는 안테무스 강가에서 접전을 벌이지만 결국 그의 화살에 맞아 죽었다.('게리온' 참조)

오케아니스 칼리로에는 크리사오르와의 사이에서 아들 게리오네우스 이외에도 상반신은 아름다운 여인이고 하반신은 징그러운 뱀의 모습을 한 딸 에키드나를 낳았다는 이야기가 있다.

게리오네우스와 오르트로스
아티카 흑색 도기, 기원전 540년
프랑스 메달 박물관

칼리스토 Callisto

요약

　그리스 신화에서 아르테미스 여신을 섬기는 아름다운 숲의 님페이다. 처녀로 남기로 맹세했으나 아르테미스로 변신한 제우스에게 순결을 잃고 아들 아르카스를 낳았다. 헤라의 질투로 곰으로 변했다가 나중에 하늘의 별자리가 되었다.

기본정보

구분	님페
외국어 표기	그리스어: Καλλιστώ
어원	가장 아름다운
별자리	큰곰자리(북두칠성), 목성의 위성
관련 동물	곰
가족관계	리카온의 딸, 아르카스의 어머니

인물관계

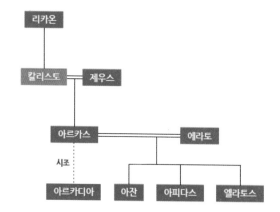

칼리스토는 아르카디아의 왕 리카온의 딸로 사냥의 여신 아르테미스를 섬기는 숲의 님페이다. 제우스와의 사이에서 나중에 아르카디아의 시조가 되는 아들 아르카스를 낳았다

칼리스토를 본 제우스
니콜라스 베르헴(Nicolaes Pieterszoon Berchem), 1640〜1683년

신화이야기

곰이 된 칼리스토

칼리스토는 아르테미스를 섬기는 숲의 님페이다. 처녀신 아르테미스의 시종들은 누구나 그렇듯 그녀 역시 영원히 순결을 지키기로 맹세한 몸이다. 하지만 너무나 빼어난 미모를 지닌 탓에 어느 날 바람둥이 제우스의 눈에 띄고 말았다. 그녀를 차지하고픈 욕망에 사로잡힌 제우스는 섣부른 유혹이 통하지 않자 아르테미스 여신으로 변신하여 접근하였다. 제우스를 아르테미스인 줄로만 알고 경계를 풀었던 칼리스토는 그만 제우스에게 순결을 빼앗기고 임신까지 하게 되었다.

칼리스토는 아르테미스 여신의 처벌이 두려워 사실을 감추었다. 하지만 더운 여름날 사냥을 끝내고 목욕을 할 때 그만 들키고 말아 여신의 무리에서 추방당했다. 칼리스토는 홑몸으로 동굴에서 아들 아르카스를 낳아 길렀다. 그러던 어느 날 숲을 거닐다 이번에는 질투의 화신 헤라의 눈에 띄는 바람에 어린 아들을 혼자 둔 채 곰으로 변하고 말았다.

별자리가 된 칼리스토

동굴 속에 홀로 남은 칼리스토의 어린 아들 아르카스는 제우스에 의해 외조부 리카온에게 맡겨져 자랐다. 세월이 흘러 건장한 청년으로 성장한 아르카스는 리카온에 뒤이어 아르카디아의 왕이 되었다. 그리고 어느 날 칼리스토는 숲으로 사냥을 나온 아르카스와 마주쳤다.

아르테미스와 칼리스토
티치아노(Tiziano Vecellio), 1566년, 빈 미술사 박물관

악타이온과 칼리스토가 있는 아르테미스 여신의 목욕 장면
렘브란트 반 레인(Rembrandt Harmenszoon van Rijn), 1635년
바서부르크 안홀트 미술관

칼리스토가 아들을 알아보고 다가가려 했지만 아르카스에게 그녀는 위협적인 곰일 뿐이었다. 아르카스는 칼리스토를 향해 화살을 겨누었다. 하늘에서 이 모습을 지켜보고 있던 제우스는 두 모자를 함께 하늘로 끌어올려 별로 만들어버렸다. 북쪽 하늘에 있는 큰곰자리와 작은곰자리가 그들이다.

　헤라는 칼리스토를 그냥 제 아들의 손에 죽게 내버려두지 않고 하늘의 별자리로 만들어 준 남편 제우스의 처사가 못마땅했다. 헤라는 어린 시절 자신을 길러준 대양의 신 오케아노스와 테티스를 찾아가 칼리스토의 별자리가 바다에서 휴식을 취하지 못하게 해달라고 부탁했다. 오케아노스와 테티스는 사랑스런 헤라의 부탁을 들어주었고 칼리스토와 아르카스의 별자리는 쉬지 않고 북극성 주변을 돌며 하늘을 헤매게 되었다.

신화해설

헤라의 질투

칼리스토는 바람둥이 제우스의 애정 행각으로 헤라 여신의 분노를 산 불쌍한 여인들 중 한 명이다. 그리스 신화에서 헤라는 가정생활의 수호신으로 남편 제우스가 바람을 피울 때마다 불타는 질투심으로 그 대상이 된 여인들을 벌하였다. 어찌보면 잘못은 남편 제우스에

제우스와 칼리스토
카사르 반 에베르딩겐(Caesar van Everdingen),
1655년. 스웨덴 국립미술관

게 있는데 헤라의 분노가 여인들에게만 쏟아지는 것이 부당하게 여겨질 수도 있지만 만물을 탄생시키고 풍요롭게 하는 제우스의 왕성한 번식력을 결혼이라는 제도의 테두리 안에 가두어 가정과 사회에 질서와 안정을 가져오려면 불가피한 일이라 하겠다.

목성의 위성

목성은 태양계에서 가장 큰 행성으로 영어식 이름은 주피터, 즉 제우스다. 칼리스토는 그 목성의 주위를 도는 4대 위성 중 하나의 이름으로 채택되었다. 갈릴레이가 발견했다고 해서 갈릴레이 위성군으로도 불리는 이들 4대 위성의 이름은 이오, 에우로페, 가니메데스, 칼리스토이다. 모두 그리스 신화에서 제우스에게 유괴되어 사랑을 받은 인물들이다. 그중 가니메데스는 유일하게 남성인 미소년으로 독수리로 변한 제우스에게 납치되어 천상에서 신들의 연회가 벌어질 때마다 술을 따르는 시동이 되었지만 둘의 관계를 동성애로 보는 시각도 있다.

칼리오페 Calliope

요약

　그리스 신화에 나오는 예술의 여신 무사이(뮤즈) 중 한 명으로 서사시를 관장한다. 항상 손에 든 명판에 무언가를 기록하고 있는 모습으로 등장하며 아폴론 혹은 오이아그로스와의 사이에서 노래와 시의 명인 오르페우스를 낳았다.

기본정보

구분	무사이
상징	서사시, 노래, 지혜로운 중재
외국어 표기	그리스어: Καλλιόπη
어원	아름다운 목소리
관련 상징	두루마리, 책, 펜, 명판
가족관계	제우스의 딸, 아폴론의 아내, 오르페우스의 어머니

인물관계

　칼리오페는 우라노스와 가이아의 딸인 티탄 신족 므네모시네가 제우스와 관계하여 낳은 아홉 명의 무사이 자매 중 맏이다. 아폴론(혹은 트라키아의 왕 오이아그로스)과의 사이에서 두 아들 오르페우스와 리노스를 낳았다.

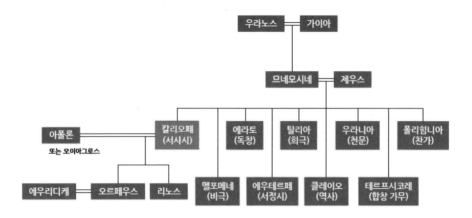

신화이야기

아도니스를 둘러싼 분쟁의 중재

헤시오도스는 『신들의 계보』에서 칼리오페가 무사이 중에서 가장 빼어나고 또 현명하여 큰 분쟁도 금세 능숙하게 해결한다고 하였다. 칼리오페가 아도니스를 둘러싼 아프로디테와 페르세포네의 다툼을 중재한 일은 유명하다.

아름다운 청년 아도니스는 아프로디테의 분노를 사서 나무로 변신한 미르라의 몸에서 태어났다. 아프로디테는 아기 아도니스를 하데스의 아내 페르세포네에게 맡겨 기르게 하였다. 아도니스가 아름다운 청년으로 자라나자 아프로디테는 그를 되찾으려고 하계로 갔지만 마찬가지로 아도니스에게 마음을 빼앗긴 페르세포네가 내주려 하지 않았다. 두 여신은 서로 아도니스를 차지하려고 다투기 시작했고 급기야는 제우스에게 중재를 요청하기에 이르렀다.

칼리오페
로마 시대의 대리석상, 2세기,
작자 미상, 바티칸 미술관

칼리오페가 설치된 마차를 이용해 서커스를 광고하는 선전물(1874)

제우스는 지혜로운 무사(뮤즈) 칼리오페를 중재자로 보냈고 칼리오페는 두 여신에게 아도니스와 함께 보낼 시간을 균등하게 배분해주었다. 칼리오페는 아도니스를 1년의 3분의 1은 아프로디테와 보내도록 하고 다른 3분의 1은 페르세포네와 보내도록 했으며 나머지 3분의 1은 아도니스 자신이 원하는 곳에서 지내도록 했다. 그러자 아도니스는 1년의 3분의 2를 아프로디테와 보냈다.

오르페우스의 탄생

칼리오페는 아폴론과의 사이에서 두 아들 오르페우스와 리노스를 낳았다. 어머니에게서 노래와 시를 배운 오르페우스와 리노스는 모두 음악의 신으로 불리었다. 특히 오르페우스는 리라의 선율로 짐승과 초목까지도 감동시켰으며 죽은 아내를 찾아 저승으로 내려가서는 하데스마저도 감동시켜 아내 에우리디케를 지상으로 데려가도 좋다는 허락을 받아내기도 했다.

다른 이야기에 따르면 오르페우스의 아버지는 아폴론이 아니라 트라키아 왕 오이아그로스인데 그는 선택받은 자들에게만 비밀스럽게 전해진다는 디오니소스의 비의(秘儀)를 물려받은 인물이었다. 오이아그로스는 아들 오르페우스에게 집안의 전통으로 내려오는 디오니소스 비의를 전해주었다고 한다.

오르페우스에게 음악을 가르치는 칼리오페
오귀스트 이르슈(Auguste Alexandre Hirsch), 1865년, 페리고르드 고고학박물관

119

신화해설

무사이

칼리오페는 아홉 명의 무사이 자매 중 맏이로 태어났다. '무사이'는 '무사(뮤즈)'의 복수형으로 아홉 자매를 통칭할 때 쓰이는 표현이다. 무사이는 기억의 여신 므네모시네와 제우스와의 사이에서 난 딸들인데 므네모시네는 올림포스 산 동쪽 피에리아에서 제우스와 9일 밤낮을 관계를 맺어 이들을 낳았다고 한다. 아홉 명의 무사이는 음악, 미술, 문학, 철학, 역사 등 광범위한 지적 활동을 관장하는 여신들로 시인, 음악가, 미술가 등에게 영감을 불어넣는 역할을 했다.

처음에 무사이는 멜레테(수행), 므네메(기억), 아오이데(노래) 3명이었는데, 헤시오도스가 이들을 9명으로 언급한 뒤로 이들 자매의 숫자는 9명으로 굳어졌다. 더 후대로 가면 이들 아홉 자매가 관장하는 영역도 구체적으로 지정되었다.

예를 들어 칼리오페는 서사시를 관장하는 여신으로서 호메로스에게 트로이 전쟁의 노래를 들려주어 『일리아스』와 『오디세이아』를 탄생시킨 장본인으로 간주된다. 나머지 무사이를 열거하자면 클레이오는 역사, 에우테르페는 서정시, 탈리아는 희극, 멜포메네는 비극, 테르프시코레는 합창 가무, 에라토는 독창, 폴리힘니아는 찬가, 우라니아는 천문을 담당하였다.

무사이는 음악과 예언의 신으로서 그녀들의 지도자 격인 아폴론 신과 자주 함께 묘사되고 올림포스에서 열리는 신들의 연회에서 우미의 세 여신 카리테스, 계절의 여신 호라이 등과 함께 춤을 추기도 한다.

칼립소 Kalypso

요약

신비의 섬 오기기아에 사는 바다의 님페이다.

트로이 전쟁을 승리로 이끌고 귀향하는 도중에 풍랑을 만나 표류하게 된 오디세우스를 사랑하여 그를 여러 해 동안 자신의 섬인 오기기아에 붙잡아두었다. 그러나 제우스의 명령에 따라 오디세우스를 떠나보내야 했다.

흔히 티탄족인 아틀라스의 딸이라고 한다.

텔레마코스와 멘토르를 맞이하는 칼립소
윌리엄 해밀턴(William Hamilton), 18세기경

기본정보

구분	님페
상징	돌고래
외국어 표기	그리스어: Καλυψώ, 라틴어: Kalypso, 영어: Calypso
어원	'숨기다', '덮다'란 뜻을 지닌 그리스어 칼립토(καλύπτω, kalypto)에서 유래되어 이름의 어원은 '숨기는 자' 또는 '감추는 자'이다.
관련 신화	오디세우스
가족관계	아틀라스의 딸, 테티스의 딸, 오케아노스의 딸

인물관계

```
                        가이아
                        (대지)
   모자이자 부부                                          모자이자 부부
        우라노스          우레아          폰토스
        (하늘)          (산들)          (바다)

                              네레우스  타우마스  포르키스  케토  에우리비아

   키클로페스        헤카톤케이레스

    브론테스          브리아레오스
    스테로페스         기게스
    아르게스          코토스
```

티탄 12신

티타네스	티타니데스
테티스	오케아노스
포이베	코이오스
테이아	히페리온
레아	크로노스
테미스	이아페토스
므네모시네	크리오스

오케아니데스

칼립소
페이토
아드메테
이안테
엘렉트라
도리스
프림노
...

신화이야기

아틀라스의 딸 칼립소

호메로스의 『오디세이아』, 아폴로니오스의 『아르고나우티카』, 아폴로도로스의 『비블리오테케』 그리고 히기누스의 『이야기』는 전설의 섬 오기기아에 거처하는 바다의 님페 칼립소가 아틀라스의 딸이라고 기술한다. 이들 문헌은 칼립소의 어머니에 대한 언급은 없다.

> "바다 가운데 외딴 오기기아 섬에는 머리를 곱게 땋은, 아틀라스의 딸 칼립소가 살고 있는데 그녀는 무시무시한 여신이다."
> (『오디세이아』, 제7권)

> "멀리 떨어져 있는 님파이에에는 아틀라스의 딸 칼립소가 살고 있었다." (『아르고나우티카』, 제4권)

칼립소의 자식들

호메로스는 칼립소의 자식에 대해 어떤 언급도 하지 않았다. 그러나 호메로스 이후의 몇몇 전승 문헌들은 칼립소와 오디세우스 사이에 자식(들)이 있었다고 적고 있다. 『신들의 계보』에 따르면 칼립소는 오디세우스에게서 나우시토오스와 나우시노오스라는 두 자식들을 낳았다. 고대 그리스 서사시 모음집 『서사 사이클』은 칼립소가 오디세우스에게서 텔레고노스 또는 텔레다모스란 아들을 낳았다고 전한다. 한편 『비블리오테케』에 따르면 칼립소와 오디세우스 사이에서 라티노스란 아들이 태어났다.

> "여신들 중에서도 두드러지게 빛나는 칼립소가 오디세우스와 기쁨으로 가득 찬 사랑을 나눴다. 여신 칼립소는 오디세우스에게 나우

시토오스와 나우시노오스를 낳았다." (『신들의 계보』)

"『텔레고니』의 저자인 한 키레나이안인은 오디세우스가 칼립소에
게서 아들 텔레고노스 또는 텔레다모스를 낳았다고 말한다."

(『서사 사이클』)

"오기기아 섬에서 아틀라스의 딸 칼립소가 오디세우스를 맞이하
고, 그와 잠자리를 같이 했다. 칼립소는 오디세우스에게서 아들 라
티노스를 낳았다." (『비블리오테케』)

오디세우스와의 첫 만남

트로이 전쟁을 승리로 이끈 영웅 오디세우스는 고향 이타케로 돌아
가는 도중 헬리오스의 신성한 소떼들이 풀을 뜯고 있는 트리나키아
섬에 이르렀다. 오디세우스의 부하들은 금지령에도 불구하고 굶주림
으로 헬리오스의 소떼 중 일부를 잡아먹었다. 그러자 헬리오스는 제
우스에게 자신의 소를 죽인 자들을 벌줄 것을 요청했다. 헬리오스의
요청을 받아들인 제우스는 오디세우스 일행이 다시 항해에 나서자
돌풍을 일게 하고 번개로 배를 난파시켰다. 이 과정에서 오디세우스
를 제외한 나머지 전우들은 모두 죽고 유일하게 생존한 오디세우스는
난파된 배의 잔해에 매달려 표류하다 전설의 섬 오기기아에 도착하였
다. 그곳에서 오디세우스는 칼립소를 만났고 그녀의 환대를 받았다.
오디세우스는 『오디세이아』에서 칼립소와의 첫 만남을 다음과 같이
말한다.

"바다 가운데 외딴 오기기아 섬에는 머리를 곱게 땋은 아틀라스의
딸 칼립소가 살고 있는데 그녀는 무시무시한 여신이었습니다. 그래
서 신들이든 필멸의 인간들이든 그 누구도 그녀와 관계를 맺지 않

았습니다. 그런데 지독하게 불운한 저의 운명이 저를 홀로 그녀의 화롯가로 데려갔습니다. 이는 제우스 신께서 그의 번쩍이는 번개로 저의 날랜 배를 세게 내리치셔 포도주 색깔의 바다 한가운데에서 저의 배를 산산이 부숴버리셨기 때문입니다. 그때 저의 훌륭하고 충실한 전우들이 모두 다 죽었고 저 혼자만 양쪽 끝이 휜 배의 용골을 두 팔로 꽉 움켜잡았습니다. 그런 상태로 저는 아흐레를 떠다녔습니다. 그러다가 열흘째 되던 날 칠흑같이 깜깜한 밤에 신들께서 저를 오기기아 섬으로 데려다주셨습니다. 그 섬에는 머리를 곱게 땋은 무시무시한 여신인 칼립소가 살고 있었습니다. 그녀는 저를 그녀의 집으로 데려갔고 환대해주었습니다. 그녀는 저에게 음식을 주었습니다. 또한 그녀는 저를 죽지도 늙지도 않게 만들어주겠다고 말했습니다."

『비블리오테케』에서는 칼립소와 오디세우스의 첫 만남이 다음과 같이 기술된다.

"오디세우스가 태양의 신 헬리오스의 섬인 트리나키아에 이르렀을 때 그곳에서는 소떼가 풀을 뜯고 있었다. 그런데 그는 배를 띄울 바람을 만나지 못해 섬에 발이 묶였다. 오디세우스의 전우들은 식량이 떨어지자 소떼 중 몇 마리를 잡아 잔치를 벌이고 포식했다. 헬리오스가 이 사실을 제우스에게 알리자 제우스는 오디세우스가 출항했을 때 그에게 벼락을 던졌다. 배가 난파하자 오디세우스는 돛대에 매달려 카립디스로 표류했다. 카립디스가 돛대를 삼켜버리자 그는 길게 뻗어있는 야생 무화과나무를 붙잡고 기다렸다. 다시 돛대가 수면 위로 솟아오르자 그는 그 위로 다시 몸을 던졌다. 그러고 나서 그는 오기기아 섬으로 실려 갔다. 그 섬에서 아틀라스의 딸 칼립소가 오디세우스를 맞이하고 그와 잠자리를 같이 했다."

오디세우스를 놓아주지 못하는 칼립소

칼립소는 난파된 배의 잔해에 간신히 몸을 의지한 채 겨우 목숨을 구한 오디세우스를 구해줄 뿐만 아니라, 그를 자신의 거처인 환상적인 동굴로 데려와 극진히 대접했다. 오디세우스를 향한 칼립소의 일방적인 사랑은 오디세우스의 귀향을 방해하였다. 칼립소가 온갖 회유로 오디세우스를 붙잡아두려고 했기 때문이다. 오디세우스가 칼립소의 동굴에서 얼마 동안 머물러야 했는지에 대해서는 전승 문헌에 따라 차이가 있다.

『오디세이아』에 따르면 오디세우스는 칼립소의 곁에서 7년 동안 머물렀다. 오디세우스는 이렇게 말한다.

"칼립소는 저를 죽지도 늙지도 않게 만들어주겠다고 말했습니다. 그러나 그녀는 내 가슴속의 마음을 설득시킬 수는 없었습니다. 그곳에서 저는 7년 내내 머물렀습니다. 그 기간 동안 저는 칼립소가

오디세우스와 칼립소가 함께 있는 환상적인 동굴 풍경
얀 브뤼헐 더 아우더(Jan Brueghel de Oude), 1616년경, 조니 반 해프텐 미술관
: 칼립소와 오디세우스가 파라다이스와 같은 오기기아 섬의 풍경 가운데 앉아 있다

제게 준 불멸의 옷을 눈물로 적시곤 했습니다."

『비블리오테케』에서는 오디세우스가 칼립소와 5년 동안 함께했다고 전한다.

"오디세우스는 5년 동안 칼립소 곁에 머물다가 뗏목을 만들어 그
것을 타고 오기기아 섬을 떠났다."

한편 『이야기』에 따르면 칼립소가 오디세우스의 외모에 마음을 빼앗겨 그를 1년 동안 붙잡아두었다고 전한다.

"칼립소는 오디세우스의 잘생긴 외모에 반해 그를 1년 내내 자신
의 곁에 두었다. 그러다가 헤르메스가 칼립소에게 오디세우스를 놓
아주라고 제우스의 명령을 전하자 그녀는 마지못해 오디세우스를
놓아주었다."

오디세우스를 떠나보내야 하는 칼립소

칼립소는 오디세우스가 자신의 곁에 머무른다면 그를 불사신의 몸으로 만들어주겠다고 약속했다. 그러나 그는 칼립소의 제안에 아랑곳하지 않고 고향에 있는 아내 페넬로페와 아들 텔레마코스를 그리워할 뿐이었다.('오디세우스-칼립소의 섬' 참조)

"칼립소는 오디세우스를 남편으로 삼으려는 욕망에 사로잡혀 자신
의 속이 텅 빈 동굴에 그를 붙잡아두고 보살폈다. 그녀는 그에게
그를 영원히 죽지도 않고 늙지도 않게 해주겠노라고 말했다. 그러
나 그녀는 그의 가슴 안에 있는 마음을 설득시킬 수 없었다."

(『오디세이아』)

『오디세이아』에는 오디세우스가 칼립소의 달콤한 제안에도 얼마나 고향으로 돌아가고 싶어 했는지가 잘 묘사되어 있다.

"칼립소는 오디세우스가 바닷가에 앉아 있는 모습을 발견했다. 그의 두 눈에는 눈물이 마를 날이 없었고 그의 달콤한 삶은 서서히 사그라졌다. 그는 고향으로 돌아가지 못하는 것을 슬퍼했다. 그에게 님페 칼립소는 이제 더 이상 마음에 들지 않았다. 그러나 밤이 되면 그는 속이 텅 빈 동굴 안에서 어쩔 도리 없이 그녀의 곁에서 잠을 자곤 했다. 그는 잠자리를 원하는 님페 옆에서 마지못해 잠을 자곤 했다. 그러나 낮이 되면 그는 바닷가의 바위 위나 모래 위에 앉아 눈물과 신음과 슬픔으로 자신의 영혼을 괴롭히곤 했다. 그는 눈물을 흘리며 끊임없이 일렁이는 바다를 바라보곤 했다."

오디세우스와 칼립소
목판에 그린 유화, 아르놀트 뵈클린(Arnold Bocklin), 1883년, 바젤 미술관
: 바닷가의 바위 위에서 고향을 그리워하는 오디세우스(왼쪽)를 반나체로 자신의 동굴 앞에서 애처롭게 바라보는 칼립소(오른쪽). 오디세우스의 뒷모습이 실루엣으로 묘사되어 고향과 가족에 대한 사무치는 그리움과 달리 대안이 없어 괴로워하는 심정이 잘 드러난다

지혜와 전쟁의 여신인 아테나 여신이 칼립소에게 붙잡혀 있는 오디세우스의 처지를 올림포스 신들에게 말하며 그의 귀향을 도와줄 것을 호소하였다. 아테나 여신은 제우스에게 다음과 같이 말했다.

"오디세우스는 어떤 섬에서 심한 고통을 참아가며 머무르고 있습니다. 그는 자신을 억지로 붙잡고 있는 요정 칼립소의 동굴 속에서 지내고 있습니다. 그는 고향 땅으로 돌아갈 수 없습니다. 그에게는 노를 갖춘 배가 없으며 바다의 광활한 등을 넘어갈 수 있도록 도와줄 전우들도 없습니다."(『오디세이아』)

아테나 여신의 간청을 들은 제우스는 자신의 아들이자 전령의 신인 헤르메스를 칼립소에게 보내 오디세우스를 떠나보내라는 명령을 전하였다. 제우스는 헤르메스에게 다음과 같이 말했다.

"헤르메스야, 너는 다른 때에도 우리의 전령이었다. 그러니 의지가 굳은 오디세우스의 귀향이 우리 신들의 확고한 결정이라고 머리를 곱게 땋은 요정에게 가서 알려라."(『오디세이아』)

제우스의 명령을 전해들은 칼립소는 그토록 사랑하는 오디세우스를 어쩔 도리 없이 떠나보내야 했다. 그녀는 최선을 다해 오디세우스의 항해 준비를 도왔다. 칼립소는 오디세우스에게 이렇게 말했다.

"불행한 그대여! 저는 그대에게 간청해요. 이제 더 이상 이곳에서 슬퍼하지 마세요. 그대는 슬픔에 젖어 그대의 삶을 보내지 마세요. 저는 이제 그대가 그대의 길을 가도록 기꺼이 보내드릴게요. 자, 그대는 도끼로 키가 큰 나무를 베어 널찍한 뗏목을 만드세요. 그리고 뗏목 위에 갑판으로 십자가 모양의 나무판자를 잘 짜 맞추세

칼립소에게 오디세우스를 놓아주라고 명령하는 헤르메스

제라르 드 래레스(Gerard de Lairesse), 1670년경, 클리브랜드 미술관

: 헤르메스(가운데 궁중에 떠 있는)가 칼립소(가운데 반라의 여인)에게 오디세우스(칼립소를 안고 있는)를 놓아주라는 제우스의 명령을 전하고 있다.

요. 그것이 그대를 안개가 자욱한 깊은 바다 위로 실어다 줄 수 있도록 말예요. 그러면 저는 그 뗏목 안에 굶주림으로부터 그대로 구해줄 빵과 물과 적포도주를 넉넉히 넣어드릴게요. 그리고 저는 그대에게 옷을 입혀주고 그대 뒤에서 순풍을 보내줄 거예요. 그대는 아무 탈 없이 그대의 고향 땅으로 되돌아가게 될 거예요. 이는 넓은 하늘에 사는 신들의 뜻이지요. 저보다 강력한 그들이 이를 계획하고 이루기를 원해요." (『오디세이아』)

칼립소의 최후

히기누스의 『이야기』는 '자살한 여인들'에 관해 적고 있는데 바로 여기에 칼립소의 최후에 대한 슬픈 결과가 언급된다.

"아틀라스의 딸 칼립소는 오디세우스를 너무도 사랑한 나머지 자살했다."

칼키오페 Chalciope

요약

그리스 신화에 나오는 콜키스의 왕 아이에테스의 딸이다.

황금 숫양을 타고 그리스에서 날아온 아타마스의 아들 프릭소스와
결혼하여 아들 넷을 낳았다. 남편 프릭소스가 부친 아이에테스 왕에
게 죽임을 당한 뒤 아들들이 콜키스를 떠나 그리스로 가는 것을 도
왔다.

기본정보

구분	공주
외국어 표기	그리스어: Χαλκιόπη
관련 신화	아르고호 원정대와 황금 양털

인물관계

칼키오페는 콜키스의 왕 아이에테스가 오케아노스의 딸 이디아와 사이에서 낳은 딸로 메데이아와 자매지간이다. 칼키오페는 보이오티아 왕 아타마스의 아들인 프릭소스와 결혼하여 네 아들 아르고스, 멜라스, 프론티스, 키티소로스를 낳았다.

신화이야기

콜키스의 황금 양털

보이오티아의 왕 아타마스와 님페 네펠레의 아들 프릭소스는 계모 이노의 박해를 피해 황금빛 털을 지닌 숫양을 타고 칼키오페의 아버지 아이에테스 왕이 다스리는 콜키스로 왔다.('프릭소스' 참조) 아이에테스는 황금빛 숫양을 타고 하늘에서 내려온 프릭소스를 환대하고 칼키오페와 결혼시켰다.

이아손과 황금 양털
1540년, 신시내티 미술관

이에 프릭소스는 어머니 네펠레가 일러준 대로 숫양을 죽여 제우스 신께 제물로 바치고 황금 양털은 아이에테스 왕에게 선사했다. 아이에테스 왕은 이 신비한 물건을 신성한 아레스의 숲에 있는 떡갈나무에 걸어놓고 결코 잠들지 않는 용을 시켜 지키게 하였다.

아르고호 원정대의 길잡이가 된 칼키오페의 네 아들

프릭소스와 칼키오페 사이에는 아르고스, 멜라스, 프론티스, 키티소로스 등 네 아들이 태어났다. 그런데 아이에테스 왕은 그리스에서 온 이방인을 조심하라는 신탁을 듣고 두려운 마음이 들어 프릭소스를 죽이고 그와 칼키오페의 아들들을 할아버지 아타마스의 나라로 추방하였다. 하지만 또 다른 이야기에 따르면 칼키오페의 아들들은 외조부 아이에테스가 자신들마저 죽이려 한다고 여겨 스스로 콜키스를 탈출했다고 한다. 사형제는 배를 타고 그리스로 가다가 황금 양털을 찾아 콜키스로 가는 이아손과 아르고호 원정대를 만나 이들의 길잡이가 되어 함께 콜키스로 되돌아왔다.

그리스로 귀환

하지만 순순히 황금 양털을 내줄 생각이 없었던 아이에테스 왕은 이아손과 원정대 일행에게 도저히 실행할 수 없는 어려운 조건을 내걸었다. 그러자 칼키오페는 원정대와 함께 온 아들들이 무사히 다시 콜키스를 떠날 수 있게 하기 위해 자매인 메데이아를 설득하여 원정대를 돕게 하였다. 메데이아가 이미 이아손에게 마음을 빼앗겼다는 걸 알고 있었기 때문이었다. 결국 이아손과 아르고호 원정대는 메데이아의 도움으로 황금 양털을 손에 넣었고 칼키오페의 네 아들은 원정대와 함께 부친의 나라 그리스로 돌아갈 수 있었다.

캄페 Campe

요약

그리스 신화에 나오는 상체는 여인이고 하체는 뱀인 거대한 괴물이다. 크로노스의 명에 따라 하계 타르타로스에서 기간테스족인 키클로페스와 헤카톤케이레스를 지키다 이들을 풀어주러 온 제우스의 손에 목숨을 잃었다.

기본정보

구분	
외국어 표기	그리스어: Κάμπη
어원	굽은, 애벌레
별칭	타르타로스의 님페
관련 신화	티타노마키아

신화이야기

개요

캄페는 머리와 상체는 아름다운 여인이고 하체는 비늘이 덮인 뱀의 형상에 전갈의 꼬리를 달고 있는, 전반적으로 에키드나와 비슷한 모습이다.('에키드나' 참조) 기간테스와 같은 거대한 몸통에는 각종 동물의 형상을 한 머리가 50개나 솟아 있으며 갈고리 모양의 손가락에는 낫처럼 날카롭게 휘어진 손톱이 자라나 있고, 등에는 검은 날개가 달려 있으며, 머리에는 메두사와 같이 독사들이 주렁주렁 매달려 있다.

타르타로스의 님페라고 불렸던 캄페는 티탄족의 우두머리이자 우주의 지배자인 크로노스의 가장 충성스러운 종복이었다. 크로노스는 캄페에게 우라노스가 하계 타르타로스에 가두어놓은 기간테스 족속인 키클로페스와 헤카톤케이레스를 지키는 임무를 맡겼다.

티타노마키아와 캄페의 죽음

크로노스는 자기 자식에 의해 천상의 왕좌에서 쫓겨날 것이라는 가이아의 예언 때문에 아내 레아가 자식을 낳는 족족 삼켜버렸는데 결국 제우스가 태어나는 것을 막지는 못했다.

제우스는 예언대로 아버지의 왕권에 도전하여 크로노스가 이끄는 티탄족과 전쟁(티타노마키아)을 벌였다. 가이아는 제우스에게 전쟁에서 이기려면 타르타로스에 갇혀 있는 키클로페스와 헤카톤케이레스의 도움이 필요하다고 조언하였다. 이에 제우스는 직접 타르타로스로 쳐들어가 캄페를 죽이고 키클로페스와 헤카톤케이레스를 풀어주었고 결국 이들의 도움으로 티탄족과의 싸움에서 승리하여 크로노스를 내쫓고 천상의 왕좌에 앉았다.

또 다른 전승에 따르면 캄페는 제우스가 아니라 디오니소스의 손에 죽었다고 한다.

케레스 Keres

요약

그리스 신화에서 삶을 빼앗는 파괴적인 죽음이 의인화된 신이다.

밤의 여신 닉스의 딸로 모로스, 타르타로스와 함께 죽음을 상징한다. 피로 물든 옷을 걸치고 전쟁터를 누비며 뾰족하고 커다란 발톱으로 부상당한 자들을 낚아채서 가차 없이 저승으로 끌고 가는 무시무시한 여신이다.

기본정보

구분	개념이 의인화된 신
상징	죽음, 파멸, 숙명
외국어 표기	그리스어: Κῆρες, 단수형 케르(Κήρ)
어원	죽음, 죽음의 운명
관련 신화	천지창조, 트로이 전쟁
가족관계	닉스의 딸, 에레보스의 딸, 힙노스의 남매, 네메시스의 자매

인물관계

케레스는 밤의 여신 닉스가 홀로, 혹은 어둠의 신 에레보스와 결합하여 낳은 딸로 모로스, 힙노스, 타나토스, 모라이, 네메시스, 아파테, 필로테스, 게라스, 에리스, 헤스페리데스 등과 형제이다.

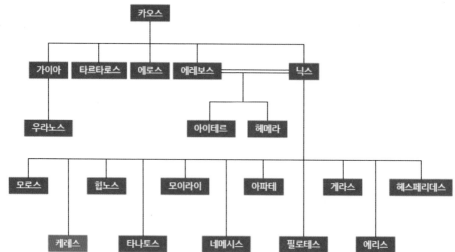

신화이야기

밤의 여신 닉스의 자녀들

『신들의 계보』에 따르면 태초에 세상을 감싸고 있던 카오스(혼돈)에서 생겨난 밤의 여신 닉스는 마찬가지로 카오스에서 곧바로 생겨난 어둠의 신 에레보스와 결합하여 창공의 밝은 대기 아이테르와 환한 대낮 헤메라를 낳은 뒤, 남성의 도움 없이 혼자 힘으로 케레스(파멸)를 비롯하여 모로스(숙명), 힙노스(잠), 타나토스(죽음), 모이라이(운명), 네메시스(복수), 아파테(기만), 필로테스(우정), 게라스(노화), 에리스(불화), 헤스페리데스(석양) 등 여러 개념이 의인화된 신들을 낳았다.

헤시오도스는 닉스의 딸 케레스를 단수형과 복수형으로 지칭하며 다음과 같이 기술하였다.

"밤(닉스)은 가증스런 운명(모로스)과 검은 죽음의 여신(케르)과 죽음(타나토스)을 낳았다. 밤은 또 잠(힙노스)을 낳고 꿈의 부족(오네이로이)을 낳았다.

그 다음 어두운 밤은 신들 가운데 어느 누구와도 눕지 않고 비난
(모모스)과 고초(오이지스)를 낳고 헤스페리데스들도 낳으니(…)
밤은 또 운명의 여신들(모라이)과 무자비하게 응징하는 죽음의 여
신들(케레스)을 낳으니 이 여신들은 인간들과 신들의 범법을 추적
하되 죄지은 자들을 응징하기 전에는 무서운 노여움을 결코 풀지
않는다. 파멸을 가져다주는 밤은 또 필멸의 인간들에게 고통이 되
도록 응보(네메시스)를 낳고, 그 다음에 기만(아파테), 정(필로테), 저
주스런 노년(게라스)을 낳고, 마음이 모진 불화(에리스)도 낳았다."

죽음의 신 케레스

그리스 신화에서 케레스는 모로스, 타나토스와 함께 죽음을 상징하
는 신으로 등장한다. 하지만 이 셋이 대변하는 죽음은 조금 다른 양
상을 띤다. 케레스가 모든 것을 허물어버리는 폭력적이고 파괴적인 죽
음을 의미한다면 모로스는 인간의 숙명으로서 필연적인 죽음을 뜻하
고 타나토스는 잠의 신 힙노스와 쌍둥이 형제로 생명이 사라진 상태
로서의 죽음을 뜻한다.

호메로스는 『일리아스』에서 케레스를 피투성이 옷을 걸치고 전쟁터
에서 생명을 앗아가는 파괴적인 죽음으로 묘사하고 있다.

"그녀(케르)는 갓 부상당한 자들을 산 채로 붙잡는가 하면 부상을
입지 않은 자도 붙잡았고 또 죽은 자의 발을 잡고 혼전 속을 끌고
다녔다. 그리하여 그녀가 어깨에 걸치고 있던 옷은 사람의 피로 붉
게 물들었다."

헤시오도스의 『헤라클레스의 방패』에서도 케레스는 전쟁터에서 부
상당한 병사들을 가차없이 저승으로 끌고 가는 무시무시한 죽음의 여
신으로 등장한다.

"그러나 아들들은 전투를 계속하고 있었다. 그들 뒤에서 거무스름한 죽음의 여신들이 하얀 이를 갈고 있었다.

눈길이 사납고 무시무시하고 피로 얼룩지고 접근할 수 없는 죽음의 여신들은 쓰러진 자들을 두고 서로 다투었으니 그들은 모두 검은 피를 마시기를 열망했던 것이다.

누구든 방금 부상당하여 눕거나 쓰러지는 것을 보자마자 그들 중 한 명은 큰 발톱으로 그를 움켜잡았고 그러면 그 혼백은 소름끼치는 타르타로스로 내려가는 것이었다.

그들은 사람의 피를 실컷 마시고 나서 죽은 자는 뒤로 던져버리고 다시 혼잡과 전쟁의 노고 속으로 뛰어들었다."

하지만 호메로스의 케레스는 삶을 앗아가는 폭력적인 죽음 또는 죽음의 운명 그 자체이기도 하다. 예를 들어 『일리아스』에서 아킬레우스는 두 케르(케레스의 단수형) 중 하나를 선택해야 했다. 하나는 명성과 영광을 포기하고 제 나라에서 행복한 삶을 누리다 맞이하는 케르였고 또 하나는 트로이 전쟁에 참여하여 불멸의 명성을 얻는 케르였다.

또 제우스는 아킬레우스와 헥토르의 싸움에서 누가 죽어야 하는지 알기 위해 신들 앞에서 두 영웅의 케르를 저울에 달아보았다. 헥토르의 케르를 얹은 저울이 하데스 쪽으로 기울자 아폴론은 헥토르를 포기하고 불가피한 운명에 내맡겼다.

케르베로스 Cerberus

요약

  하데스의 지하세계를 지키는 개 케르베로스는 지하세계, 즉 저승의 입구에서 죽어서 지하세계에 들어온 영혼이 나가지 못하도록 감시하는 역할을 한다. 그리고 살아있는 사람이 지하세계에 들어가는 것도 허용하지 않았다.

기본정보

구분	괴물
상징	지하세계, 저승
외국어 표기	그리스어: Κέρβερος
어원	암흑 세계에 있는 죽음의 화신
관련 신화	헤라클레스, 하데스, 에키드나
가족관계	티폰의 아들, 에키드나의 아들, 키마이라의 남매, 히드라의 형제

인물관계

  티폰과 에키드나 사이에 태어난 자식이다. 형제자매들로 키마이라, 오르트로스, 히드라가 있다.

```
                    ┌─────────────┐
                    │   고르고네스  │
                    │ 그중│ 메두사 │──────────┐포세이돈│
                    └─────────────┘
```

고르고네스 그중 메두사 ── 포세이돈

칼리로에 ── 크리사오르

티폰 ══ 에키드나

오르트로스   케르베로스   레르네의 히드라   키마이라

신화이야기

지하세계를 지키는 괴물개

케르베로스는 하데스의 지하세계를 지키는 거대한 괴물 개이다. 케르베로스는 지하세계 즉 저승의 문을 지키며 죽어서 지하세계에 들어온 영혼을 나가지 못하게 감시하는 역할을 하였다. 이에 대해 『신들의 계보』는 다음과 같이 전한다.

케르베로스
크레타 이라클리오 고고학박물관
©Tom Oates@wikimedia(CC BY-SA 3.0)

"냉혹하고 교활한 그 개는 들어오는 사람들에게는 꼬리와 귀를 살랑거리며 아첨을 하지만 도로 나가는 것은 결단코 허용하지 않으며 지키고 있다가 어느 누구라도 (막강한 하데스와 근엄한 페르세포네의) 문 밖으로 나오다 잡히면 그 자리에서 잡아먹는다."

케르베로스는 또한 살아있는 사람이 지하세계에 들어가는 것도 막았다.

케르베로스의 외모

케르베로스의 외모에 관해서는 여러 가지 이야기들이 전해온다.

『신들의 계보』에 의하면 "청동과 같이 울리는 목소리에 머리가 50개

헤라클레스와 케르베로스
흑색 도기, 기원전 525년경, 루브르 박물관

달린" 개로 어느 누구에게도 겁먹지 않는 막강한 힘을 가졌다고 한다. 그러나 일반적인 이야기에 의하면 케르베로스는 머리가 3개 달린 개라고 한다.

『비블리오테케』는 케르베로스의 외모에 대해 다음과 같이 묘사한다.

> "케르베로스는 개의 머리가 3개 달려있고 용의 꼬리를 갖고 있으며 등에는 온갖 종류의 뱀의 머리들이 있었다."

그런데 케르베로스가 지하세계의 문 앞에서 지키고 있음에도 불구하고 이 지하세계에 온 사람들이 있다. 그 중의 하나가 헤라클레스인데 그는 심지어 이 개를 지상세계로 데리고 갔다.

헤라클레스의 과업

제우스가 다른 여자, 즉 알크메네와 관계를 맺어 태어난 헤라클레스는 헤라에게는 태어나기 전부터 증오의 대상이었다. 헤라클레스가 태어나기 직전에 제우스는 곧 태어날 페르세우스의 후손이 미케나이를

다스리게 될 것이라 선언했
다. 이에 헤라는 친딸인 출
산의 여신을 부추겨 헤라클
레스의 출산을 늦추고 에우
리스테우스의 출산을 앞당
기게 했다. 이렇게 해서 제
우스가 말한 예언의 혜택은
헤라클레스가 아니라 에우
리스테우스가 누리게 되었
다. 그러나 권력은 있으나
그 권력을 유지할 만한 힘

케르베로스를 제압하는 헤라클레스
1606년에 이탈리아에서 출판된 『Cereberum domat
Hercules』 시리즈에 수록된 에칭화
로스앤젤레스 카운티 미술관

과 자격이 없는 에우리스테우스는 칠삭둥이로 태어나 정신적으로나
육체적으로 허약한 상태에서 헤라클레스에 대한 증오와 시기심, 열등
감과 공포심 속에서 평생을 살아갔다. 그런데 헤라클레스는 평생 동
안 헤라에게는 증오의 대상이었고 그는 헤라의 술수로 광기에 빠져
자식들을 죽이게 된다. 그 죄에 대한 벌로 헤라클레스는 나약한 에우
리스테우스에 복종하면서 그가 시키는 12개의 과업을 수행해야 했는
데 그 과업들 중 마지막 과업이 지하세계를 지키는 케르베로스를 데
려오는 것이었다.('에우리스테우스' 참조)

　헤라클레스가 지하세계를 다스리는 하데스에게 케르베로스를 데려
가게 해달라고 청하자 하데스는 무기를 쓰지 않고 케르베로스를 제압
한다면 데려가도 좋다고 말했다. 아폴로도로스는 『비블리오테케』에서
헤라클레스가 케르베로스를 제압하는 장면을 다음과 같이 묘사하고
있다.

　"헤라클레스가 아케론의 문에서 케르베로스를 발견하자 가슴보호
　대를 입고 사자 가죽을 두른 다음 두 손으로 케르베로스의 머리

를 잡았다. 헤라클레스는 꼬리 부분에 있는 용에게 끌려가면서도 그 야수를 놓지 않았고 이에 케르베로스는 마침내 제압되었다."

드디어 케르베로스를 에우리스테우스 앞에 데려다 놓자 에우리스테우스는 겁에 질려 도로 지하세계로 데려다 놓으라고 지시하였다. 이렇게 해서 케르베로스는 다시 지하세계로 돌아오게 되었다.

부모와 형제 자매

케르베로스는 그리스 신화에서 가장 강하고 무서운 힘을 가지고 있다고 전해지는 티폰이 에드키나와 사이에 낳은 자식이다. 티폰은 상반신은 인간이지만 어깨와 팔에는 눈에서 불을 뿜어내는 100개의 뱀(혹은 용)의 머리가 솟아나 있고 하반신은 똬리를 튼 거대한 뱀의 모습을 하고 있다. 티폰의 아내이자 키마이라의 어머니인 에키드나 또한 반은 인간이고 반은 괴물이다.

『신들의 계보』에서 에키드나는 "몸의 반은 속눈썹을 깜빡이는 예쁜 볼을 가진 소녀이고 나머지 반쪽은 성스러운 대지의 깊은 곳에서 반짝거리며 닥치는 대로 먹어 치우는 무시무시하고 거대한 뱀"으로 나타난다.

티폰과 에키드나는 여러 괴물들을 낳는데 지하세계를 지키는 개 케르베로스를 비롯하여 사자와 양과 뱀의 모습을 모두 가진 전설의 괴물 키마이라, 게리온의 맹견 오르트로스, 레르나의 습지에 사는 물뱀 히드라 등이 이들의 자식들이다.

케르베로스는 헤라클레스에 의해 시달림을 당하고 키마이라는 벨레로폰과 페가소스에 의해 죽고 나머지 형제자매들은 헤라클레스에 의해 처단되었다.

케르코페스 Cercopes

요약

  그리스 신화에 나오는 원숭이를 닮은 난쟁이 형제이다.
  헤라클레스가 잠든 사이 그의 갑옷을 훔치려다 발각되어 막대기 양쪽에 대롱대롱 매달리는 신세가 되었다. 하지만 특유의 재담으로 헤라클레스를 웃게 만들어 풀려났다.

기본정보

구분	신화 속 인물
외국어 표기	그리스어: Κέρκωπες
어원	꼬리
관련 동물	원숭이
관련 신화	헤라클레스

인물관계

  '원숭이 형제'라는 뜻을 지닌 케르코페스는 오케아노스와 테이아 사이에서 태어난 쌍둥이 형제를 가리킨다. 하지만 이들의 원래 이름은 에우리바테스와 올로스, 실로스와 트리발로스, 파살로스와 아크몬 등 전승에 따라 각기 다르다.

또는 실로스와 트리발로스
또는 파살로스와 아크몬

신화이야기

검은 엉덩이의 사나이

케르코페스는 테르모필라이 골짜기, 혹은 에우보이아 섬 출신의 난장이 형제로 속임수에 능하고 거짓말을 잘하는 말썽꾸러기들이었다. 그들은 세상을 돌아다니며 도둑질을 일삼고 지나가는 나그네의 목숨을 빼앗기도 했다.

헤라클레스가 실수로 이피코스를 죽인 죄를 씻기 위해 옴팔레 여왕의 노예가 되어 리디아에 있을 때 이들에게 도둑질을 당할 뻔했다. 케르코페스 형제는 길가에 잠들어 있는 헤라클레스를 보고 몰래 그의 갑옷을 훔치려다 그만 잡히고 말았다. 헤라클레스는 두 형제를 시장에 팔러 가는 염소처럼 긴 막대기 양쪽에 하나씩 거꾸로 매달아 어깨에 짊어졌다. 막대기에 거꾸로 매달린 두 형제는 헤라클레스의 엉덩이를 보고는 웃기 시작했다. 헤라클레스가 왜 웃느냐고 묻자 그들은 어머니의 말씀이 생각나서 그런다고 대답했다.

케르코페스를 옮기는 헤라클레스
고대 그리스 벽면 부조, 파에스툼 국립고고학박물관
©Velvet@wikimedia(CC BY-SA 3.0)

그들의 어머니 테이아는 말썽꾸러기 두 아들에게 멜람피고스(검은 엉덩이를 가진 사나이)를 조심하라고 말했는데 헤라클레스의 엉덩이가 온통 시커먼 털로 뒤덮여 있는 걸 보고 웃음이 났다는 것이다. 그러자 헤라클레스는 웃음을 터뜨리며 두 형제를 풀어주었다.

원숭이의 섬 피테쿠사

케르코페스는 티탄 신 오케아노스와 테이아의 자식이었지만 제우스가 아버지 크로노스를 상대로 티탄 전쟁을 벌였을 때 제우스를 도왔다. 하지만 이들 형제가 끊임없이 자신을 웃음거리로 만들면서 못된 짓을 그치지 않자 보다 못한 제우스는 그들을 원숭이로 만들어 나폴리 앞바다의 프로스키다 섬과 이스키아 섬에 데려다 놓았다. 그 후로 그들의 자손들은 계속 그곳에서 살았고 고대 그리스인들은 두 섬을 '피테쿠사'라고 불렀다. 피테쿠사는 '원숭이의 섬'이라는 뜻이다. 하지만 케르코페스 형제는 원숭이로 변하기 전부터 이미 원숭이와 비슷한

외모를 지니고 있었다고 한다.

케르코페스는 꿈 속에도 자주 나타나 사람들을 괴롭히곤 했는데 그럴 때는 헤라클레스를 큰 소리로 부르면 악몽이 사라진다고 했다.

케르코페스를 옮기는 헤라클레스
적색 도기 그림
©alijava@wikimedia(CC BY-SA 2.0)

케르키라 Cercyra

요약

그리스 신화에 등장하는 님페이다.

케르키라 섬(오늘날의 코르푸 섬)의 이름이 그녀에게서 유래하였다. 포세이돈과 사이에서 전설적인 해양 부족인 파이아케스족의 시조 파이악스를 낳았다. 파이아케스족은 오디세우스의 귀향을 도운 것으로 유명하다.

기본정보

구분	님페
외국어 표기	그리스어: Κέρκυρα, 혹은 Κόρκυρα
별칭	코르키라(Corcyra, Korkyra)
관련 지명	케르키라 섬(오늘날의 코르푸 섬)
관련 신화	오디세우스의 귀향
가족관계	포세이돈의 아내, 아소포스의 딸, 메토페의 딸, 파이악스의 어머니

인물관계

케르키라는 강의 신 아소포스와 메토페 사이에서 난 딸로 아이기나, 테베, 살라미스, 시노페, 페이레네, 테스피아, 칼키스 등과 자매이다. 아소포스와 메토페 사이에서는 두 명의 아들 이스메노스와 펠라스고스도 태어났다.

케르키라는 포세이돈과 사이에서 아들 파이악스를 낳았으며 파이악스는 두 아들 알키노오스와 로크로스를 낳았다. 알키노오스는 아버지 파이악스에 뒤이어 파이아케스족의 왕이 되었고 로크로스는 이탈리아로 건너가 새로운 도시를 건설하였다고 한다.

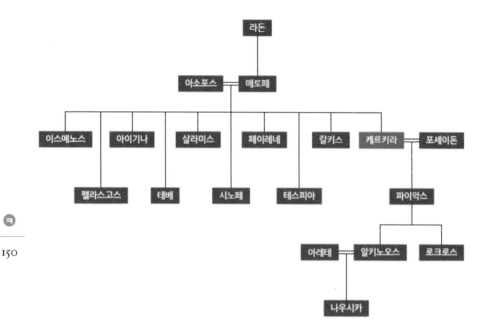

신화이야기

포세이돈에게 납치된 케르키라

강의 신 아소포스는 또 다른 강의 신 라돈의 딸 메토페와 결혼하여 많은 딸을 낳았는데 케르키라는 그중 한 명이다. 어느 날 케르키라는 해신 포세이돈에 의해 이오니아 해의 한 섬으로 납치되어 그와 사이에서 파이악스라는 아들을 낳게 되었다. 이때부터 섬은 그녀의 이름을 따서 케르키라 섬으로 불리게 되었다.

파이아케스족의 시조 파이악스

파이악스는 자라서 섬의 통치자가 되었다. 섬은 그의 이름을 따서 파이아키아라고 불리기도 했으며 섬의 주민들은 파이아케스족이라고 불리었다. 호메로스의 『오디세이아』에 묘사된 파이아케스족이 사는 스케리아 섬은 케르키라 섬과 동일한 곳으로 여겨진다.

알키노오스 왕과 파이아케스족

『오디세이아』에서 파이아케스족의 섬은 오디세우스가 트로이 전쟁을 끝마치고 고향 이타카로 돌아가는 오랜 여행의 마지막 경유지이다. 당시 파이아케스족은 파이악스의 아들 알키노오스가 다스리고 있었다. 갖은 고난 끝에 배와 부하들을 모두 잃고 홀로 판자 조각에 의지하여 섬에 표착한 오디세우스는 알키노오스의 딸 나우시카 공주에게 발견되어 알키노오스의 왕궁으로 들어갔다.

파이아케스족의 섬을 떠나는 오디세우스
클로드 로랭(Claude Lorrain), 1646년, 루브르 박물관

알키노오스 왕과 파이아케스인들은 오디세우스를 환대하고 많은 선물과 함께 그를 이타카까지 직접 데려다주었다. 하지만 오디세우스를 미워하는 포세이돈은 파이아케스족의 이와 같은 처사에 분노하여 오디세우스를 이타카에 데려다주고 돌아오는 그들의 배를 섬의 항구 앞에서 돌로 바꾸어놓았다.

　아폴로니오스의 『아르고나우티카』에 따르면 알키노오스 왕과 파이아케스족은 이아손과 아르고호 원정대가 그들의 섬에 도착했을 때도 따뜻하게 맞아주었다. 알키노오스 왕과 그의 아내 아레테 왕비는 이아손 일행이 콜키스의 왕 아이에테스의 추격을 피할 수 있도록 도와주었을 뿐만 아니라 이아손과 메데이아의 결혼식도 거행해주었다.('아레테' 참조)

케릭스 Ceryx

요약

    그리스 신화에서 데메테르 여신을 섬기는 엘레우시스 비교의 사제이다. 전령의 신 헤르메스의 아들이라고도 하고 엘레우시스 비교의 창시자로 알려진 에우몰포스의 아들이라고도 한다.

    엘레우시스 비교의 대표적인 사제 가문 케리케스의 시조이다.

기본정보

구분	사제(司祭)
상징	전도, 복음전파
외국어 표기	그리스어: κήρυξ
어원	전령, 전달자
관련 신화	엘레우시스 비교

153

인물관계

케릭스는 에우몰포스의 아들이거나 헤르메스와 케크롭스의 딸 아글라우로스, 혹은 판드로소스 사이에서 난 아들로 케리케스 일족의 시조이다.

신화이야기

개요

케릭스는 엘레우시스에서 행해지던 데메테르 여신의 제사를 집전하는 사제로 에우몰피다이와 함께 엘레우시스 비교의 대표적인 사제 가문인 케리케스 일족의 시조로 꼽힌다.

케릭스는 고대 그리스어로 '전달하는 자'라는 뜻이며 제사에서 의식이 행해지고 있음을 사람들에게 알리는 '전령' 역할을 하였다. 엘레우시스 비교 의식을 집전하는 '히에로케릭스(Hierokeryx)', 즉 성스러운 전령은 항상 케리케스 일족에서 선출되었다. 케리케스 일족은 케릭스를 전령의 신 헤르메스가 케크롭스 왕의 딸인 아글라우로스 혹은 판드로소스와 관계하여 낳은 아들이라고 주장하였다.

하지만 파우사니아스 같은 학자들은 케릭스가 엘레우시스 비교의 창시자 중 하나로 언급되는 에우몰포스의 아들이라고 기록하고 있다.

엘레우시스로 간 에우몰포스

케릭스의 아버지로 알려진 트라키아의 왕 에우몰포스는 보레아스의 딸 키오네가 포세이돈과 몰래 정을 통하여 낳은 아들이라고 한다. 키오네는 아버지의 노여움이 두려워 아이를 낳자마자 바다에 던져버렸는데 포세이돈이 아이를 구해서 에티오피아로 데려가 자신의 딸 벤테시키메에게 양육을 맡겼다.

에우몰포스가 성장하자 벤테시키메의 남편인 에티오피아의 왕은 자기 딸들 중 한 명을 그와 결혼시켰고 둘 사이에서는 아들 이스마로스가 태어났다. 하지만 에우몰포스는 아내의 자매를 범하려 하다가 에티오피아에서 추방되었다.

에우몰포스는 아들 이스마로스를 데리고 트라키아의 왕 테기리오스를 찾아가 몸을 의탁했다. 테기리오스 왕은 에우몰포스를 극진히 환대했을 뿐만 아니라 그의 아들 이스마로스를 사위로 삼았다. 하지만 에우몰포스는 테기리오스 왕에 반대하는 음모에 가담했다가 발각되는 바람에 다시 트라키아를 떠나야 했다.

에우몰포스가 그 다음으로 찾아간 곳이 바로 엘레우시스였다. 이곳에서 그는 엘레우시스인들에게 큰 호감을 얻었을 뿐만 아니라 켈레오스 왕과 함께 엘레우시스 비교를 창설하는 일에도 기여하게 된다.

엘레우시스에 데메테르 여신을 숭배하는 비교가 생겨나게 된 연유는 다음과 같다.

엘레우시스 비교(秘敎)의 탄생

켈레오스 왕이 엘레우시스를 다스리고 있을 때 대지의 여신 데메테르는 하데스에게 납치되어 하계로 끌려간 딸 페르세포네를 찾아 노파의 모습을 하고서 온 세상을 헤매고 있었다. 엘레우시스 땅을 지나던 데메테르 여신이 우물가의 올리브나무 아래서 쉬고 있는데 이를 본 켈레오스의 딸들이 불쌍히 여겨 자기 집으로 데려가 극진히 대접하였다. 켈레오스 왕은 노파가 크레타에서 해적들에게 가진 것을 모두 빼앗기고 간신히 도망쳐 나왔다는 소리를 듣고는 궁에서 갓 태어난 자신의 아들 데모폰을 돌보며 함께 지내자고 하였다. 노파의 모습을 한 데메테르 여신은 켈레오스 왕의 제안을 받아들여 데모폰의 유모가 되었다.

데메테르는 데모폰을 불사의 몸으로 만들어주기로 했다. 여신은 아이에게 암브로시아를 발라주고 밤마다 아궁이의 불 속에 넣어 아이의 몸 안에 있는 사멸의 요소를 태워 없애는 의식을 행하였다. 그러던 어느 날 밤 잠에서 깬 데모폰의 어머니 메타네이라가 이 광경을 보고는 미친 노파가 아이를 죽이려는 줄 알고 놀라 비명을 질렀다. 그 바람에 여신은 아이를 바닥에 떨어뜨렸고 의식은 미완성인 채로 끝나고 말았다. 데메테르 여신은 본모습을 드러내고는 메타네이라를 꾸짖은 뒤 켈레오스 왕에게 엘레우시스에 자신의 신전을 지으라고 명령했다. 그녀는 또 켈레오스와 그 딸들에게 자신을 섬기는 비의(秘儀)를 가르쳐주었다.

에우몰포스는 엘레우시스에서 켈레오스의 딸들과 함께 데메테르 신전의 사제가 되었다. 그는 헤라클레스가 켄타우로스들을 죽였을 때 그 죄를 씻어주기도 했다. 엘레우시스 비교의 사제 가문인 에우몰피다이는 그의 후손들이다. 파우사니아스가 전하는 것처럼 케릭스가 에우몰포스의 아들이라면 엘레우시스 비교의 대표적인 두 사제 가문 에우몰피다이와 케리케스가 모두 에우몰포스의 후손인 셈이다.

기독교에서 하느님의 말씀을 전한다는 뜻으로 쓰이는 '케리그마(Kerygma)'는 케릭스에서 유래한 말이다.

엘레우시스 성소에서 발견된 엘레우시스 신비의 가르침을 묘사한 봉헌패
4세기 중반
©Carole Raddato@wikimedia(CC BY-SA 2.0)

케이론 Chiron

요약

  그리스 신화에 숱한 영웅들을 가르친 스승이다.

  반인반마 종족인 켄타우로스족의 하나로 의술, 궁술, 예술에 모두 능하고 예언의 능력도 가진 현자이다. 불사의 몸으로 태어났지만 히드라의 맹독을 바른 헤라클레스의 화살에 맞아 신음하다가 제우스에게 죽음을 간청하여 숨을 거두었다.

기본정보

구분	켄타우로스(반은 사람, 반은 동물)
상징	현자, 조언자
외국어 표기	그리스어: Χείρων
어원	손, 손길
별자리	궁수자리, 켄타우로스의 소행성 키론(Chiron)
관련 상징	말, 활과 화살
가족관계	크로노스의 아들, 필리라의 아들, 카리클로의 남편, 카리스토스의 아버지

인물관계

  테살리아의 왕 익시온과 구름의 님페 네펠레의 자손인 다른 켄타우로스들과 달리 케이론은 크로노스와 오케아노스의 딸 필리라 사이에서 태어난 아들이다. 물의 님페 카리클로와 결혼하여 히페, 엔데이스, 오키로에 세 딸과 아들 카리스토스를 낳았다.

```
                    ┌──────────┐
                    │ 오케아노스 │
                    └────┬─────┘
                         │
          ┌────────┐  ┌──────┐
          │ 크로노스 │──│ 필리라 │
          └────────┘  └──────┘
               │
  ┌────────┐  ┌──────┐        제자        ┌──────────────────────────────┐
  │ 카리클로 │──│ 케이론 │───────────────▶│ 헤라클레스, 이아손, 아스클레피오스, │
  └────────┘  └──┬───┘                  │ 아킬레우스, 디오스쿠로이, 악타이온 등등 │
                 │                       └──────────────────────────────┘
   ┌──────┬──────┼──────┬──────────┐
┌─────┐┌───────┐┌────────┐┌──────────┐
│ 히페 ││ 엔데이스 ││ 오키로에 ││ 카리스토스 │
└─────┘└───────┘└────────┘└──────────┘
```

신화이야기

출생

　케이론은 반인반마의 종족인 켄타우로스족의 한 명이지만 다른 켄타우로스들이 테살리아의 왕 익시온과 구름의 님페 네펠레 사이에서 태어난 자식들인데 비해 그는 크로노스와 필리라의 아들로 태어났다.

아폴론, 케이론, 아스클레피오스
폼페이 벽화, 1세기, 나폴리 국립고고학박물관

대양의 신 오케아노스의 아름다운 딸 필리라에게 반한 크로노스는 아내 레아를 속이려고 필리라를 말로 변하게 한 다음 사랑을 나누었다. 얼마 뒤 필리라는 반인반마의 모습을 한 케이론을 낳았다. 다른 이야기에 따르면 필리라는 크로노스의 구애를 피해 말로 변신하여 도망치다가 겁탈을 당하여 케이론을 낳았다고도 한다.

영웅들의 스승

케이론은 거칠고 난폭한 다른 켄타우로스들과 달리 선량하고 지혜롭고 온화한 성품을 지녔다. 그는 친구인 아폴론으로부터 의술과 궁술을 전수받았을 뿐만 아니라 음악과 예언에도 뛰어나 헤라클레스, 이아손, 아스클레피오스, 아킬레우스, 디오스쿠로이, 악타이온 등 숱한 영웅들을 가르친 스승이 되었다. 그리스 신화에 등장하는 최고의 영웅들

어린 아킬레우스를 가르치는 케이론
로마의 고대 도시 헤르쿨라네움에서 출토된 벽화, 나폴리 국립고고학박물관

중 그의 제자로 언급되지 않는 사람은 테세우스가 유일하다.

펠레우스와 케이론

테살리아 펠리온 산의 동굴에서 살던 케이론은 인간들과도 아주 친했는데 특히 펠레우스와의 친분이 유명하다. 그는 펠레우스가 아카스토스 왕의 계략으로 목숨을 잃을 위기에 처했을 때 그의 칼이 숨겨진 곳을 알려주어 죽음을 면하게 해주었다. 그는 또 펠레우스가 테티스 여신과 결혼할 수 있도록 조언도 해주었다.

아킬레우스에게 활쏘기를 가르치는 케이론
지오반니 바티스타 시프리아니(Giovanni Battista Cipriani), 1776년경, 필라델피아 미술관

창던지기를 배우는 아킬레우스
지오반니 바티스타 시프리아니(Giovanni
Battista Cipriani), 1776년경

케이론에게 교육받는 아킬레우스
장 밥티스트 레그노(Jean Baptiste
Regnault), 1782년경, 루브르 박물관

테티스는 남편 펠레우스와 사이에서 낳은 아들 아킬레우스를 불사
의 몸으로 만들려다 남편의 방해로 실패한 적이 있는데 이때 못쓰게
된 아킬레우스의 다리에 켄타우로스의 뼈를 이식하여 다시 건강하게
만들어준 것도 케이론이었다. 펠레우스는 아킬레우스의 교육도 케이
론에게 맡겼고 그는 아킬레우스를 그리스 최고의 영웅으로 길러냈다.

케이론의 죽음

케이론은 원래 크로노스의 피를 물려받아 불사의 몸이었지만 자신
의 제자였던 헤라클레스에 의해 죽음을 맞게 된다. 케이론이 죽음에
이르게 된 연유는 다음과 같다.

헤라클레스는 미케네의 왕 에우리스테우스가 부과한 12과업 중 하
나인 에리만토스의 멧돼지를 퇴치하러 가던 길에 켄타우로스 친구인
폴로스의 집에 들렀다. 사티로스의 지혜로운 우두머리 실레노스의 아
들인 폴로스도 케이론과 마찬가지로 온순하고 현명한 켄타우로스였
다. 오랜 여행길에 지쳐 목이 말랐던 헤라클레스가 마실 것을 달라고
청했다. 마침 폴로스에게는 디오니소스가 다른 켄타우로스들과 함께

아킬레우스의 교육
도나토 크레티(Donato Creti), 1714년
볼로냐 팔라초 다쿠시오 미술관

마시라고 준 신성한 포도주가 있었다. 하지만 그 포도주는 때가 되기 전에는 열면 안 되는 것이었다.

망설이는 폴로스에게 헤라클레스는 무례한 손님 대접을 힐책하였고 폴로스는 하는 수 없이 포도주 항아리의 뚜껑을 열고 말았다. 통이 열리자 신성한 포도주의 강한 향기가 사방으로 퍼져나갔다. 냄새를 맡은 켄타우로스들이 몰려들었고, 켄타우로스들은 디오니소스가 자기들에게 선사한 포도주를 헤라클레스가 마시고 있는 것을 보고는 격분하여 덤벼들었다. 하지만 그들은 영웅 헤라클레스의 상대가 되지 못했다.

헤라클레스는 화살을 쏘며 켄타우로스들을 물리쳤다. 화살에는 히드라의 맹독이 발라져 있었기 때문에 화살에 맞은 켄타우로스들은 모두 죽었다. 그런데 그 와중에 공격에 가담하지 않았던 케이론도 실수로 화살에 무릎을 맞고 말았다. 그러나 그는 불사의 몸이었으므로 죽지는 않고 엄청난 고통만 받았다. 히드라의 맹독이 온몸에 퍼지는 끔찍한 고통을 죽지도 못하고 영원히 받게 된 케이론은 제우스에게 제발 죽을 수 있게 해달라고 빌었다. 제우스는 그의 청을 받아들여 편안한 죽음을 맞게 해주었고 대신 케이론에게 주어졌던 영생은 프로메테우스에게 부여하여 독수리에게 영원히 간을 쪼아 먹히는 고통을 받게 하였다. 케이론이 죽은 뒤 제우스는 그를 하늘로 올려 보내 별자리로 만들었다.(궁수자리)

케크롭스 Cecrops

요약

그리스 신화에 등장하는 아테네의
전설적인 왕이다.

부모 없이 아티카의 대지에서 태어
났다고 하며 인간의 몸과 뱀의 꼬리
를 가졌다고 알려져 있다.

아테네의 소유권을 놓고 아테나와
포세이돈이 경합할 때 아테나 여신을
도시의 수호신으로 선택하였고 제우스
에게 인간을 제물로 바치는 풍습을 없
애고 결혼제도를 정착시켰다고 한다.

케크롭스
팔레르모에서 출토된 화병 그림

기본정보

구분	아테네의 왕
외국어 표기	그리스어: Κέκροψ
관련 신화	아테네의 건국
가족관계	에리시크톤의 아버지, 아글라우로스의 남편, 헤르세의 아버지

인물관계

케크롭스는 부모 없이 대지에서 태어났다고 하며 아테네의 제1대 왕

악타이오스의 딸 아글라우로스와 결혼하여 장인이 다스리던 나라(당시에는 '아크테'라고 불리었다)를 물려받았다.

케크롭스와 아글라우로스 사이에서는 아들 에리시크톤과 세 딸 판드로소스, 아글라우로스, 헤르세가 태어났다. 아들 에리시크톤이 케크롭스보다 먼저 죽는 바람에 아테네의 왕위는 지방의 유력자 크라나오스에게로 넘어갔다.

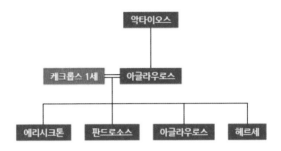

신화이야기

아테네를 둘러싼 아테나와 포세이돈의 경합

케크롭스가 아티카를 다스리던 시절에 신들은 자신의 지배권을 확대하기 위해 도시들을 놓고 경쟁을 벌였다. 아테네 도시는 아테나와 포세이돈이 경합했다. 케크롭스와 아테네의 시민들은 누가 도시에 더 이로운 선물을 주는지 여부로 수호신을 결정하기로 했다. 그러자 포세이돈은 삼지창으로 땅을 찔러 아크로폴리스 언덕에 바닷물이 샘솟게 하였고(일설에는 말을 데려왔다고도 한다) 아테나는 올리브나무가 자라게 하였다. 아테네인들은 올리브 열매가 소금물 샘보다 더 유용하다고 판단하여 아테나를 자신들의 수호신으로 결정했다. 아테네라는 도시명은 아테나 여신에게서 유래하였다.

아테네를 둘러싼 아테나와 포세이돈의 경쟁에 관한 다른 이야기의 신화도 있다. 이에 따르면 케크롭스 치세에 아크로폴리스 언덕에 갑자기 올리브나무와 샘이 동시에 솟아났다고 한다. 올리브나무는 아테나 여신을 상징하고 샘은 포세이돈을 상징하였으므로 아테네인들은 이 두 신들 중 한 명의 이름을 따서 도시 이름을 정하기로 하였다.

당시 아테네에서는 남자와 여자가 모두 선거권을 가지고 있었으므로 함께 투표하였는데 한 표 차이로 여자들이 지지하던 아테나 여신이 승리하였다. 그러자 포세이돈이 화가 나서 바닷물로 아티카를 뒤덮어버렸고 아테네 여인들은 포세이돈을 달래기 위해 하는 수 없이 자신들의 선거권을 포기해야 했다고 한다.

이 신화는 남자들에게만 선거권이 있었던 아테네의 정치 제도를 정당화하기 위해 훗날 변형된 것으로 보인다.

케크롭스의 세 딸들과 에리크토니오스

에리크토니오스는 대장장이 신 헤파이스토스가 아테나 여신에게 욕정을 품어 태어난 아들이다. 아테나 여신이 전쟁에 쓸 무기를 얻기 위해 헤파이스토스의 대장간을 찾아갔는데 마침 아프로디테에게 버림받은 헤파이스토스가 아테나를 보자 욕정이 끓어올라 그녀를 끌어안으려 했다. 하지만 아테나는 그를 밀쳐냈고 욕정을 주체하지 못한

에리크토니오스를 발견한 케크롭스의 딸들
헨드릭 헤르쇼프(Hendrick Heerschop)
1650~1672년, 암스테르담 국립미술관

에리크토니오스를 발견한 케크롭스의 딸들
빅토르 볼프보에트(Victor Wolfvoet),
1639~1652년, 개인 소장

헤파이스토스는 아테나의 다리에 정액을 쏟고 말았다. 아테나는 불쾌해하면서 양털로 헤파이스토스의 정액을 닦아서 땅에 던졌는데 이로 인해 대지(가이아)가 임신하여 에리크토니오스가 태어난 것이다.

에리크토니오스를 발견한 케크롭스의 딸들
야코프 요르단스(Jakob Jordaens), 1640년
빈 미술사 박물관

하지만 대지의 여신 가이아는 뜻밖에 생긴 아이를 달가워하지 않았고 아테나는 가이아의 성화에 못 이겨 아이를 거두어 아들로 삼았다. 여신은 아이를 불사신으로 만들기 위해 뱀이 지키는 바구니에 넣어 케크롭스의 딸들에게 맡기며 절대로 열어보지 말라고 당부했지만 호기심을

헤르메스와 케크롭스의 딸들
헨드릭 홀치우스(Hendrik Goltzius), 1590년
로스앤젤레스 카운티 미술관

이기지 못한 케크롭스의 딸들은 바구니를 열어보았다. 바구니 안에는 뱀들이 아기를 휘감고 있었다.

아테나 여신은 자신의 지시를 따르지 않은 케크롭스의 딸들을 미치게 만들어 아크로폴리스 언덕에서 투신하게 하였다. 다른 이야기에 따르면 아이는 하반신이 뱀이었다고 한다. 케크롭스의 딸들이 바구니를 열자 아이가 뱀의 다리로 기어 나와 아테나의 방패 뒤에 숨었고 이를 본 처녀들이 공포에 질려 실성하여 투신했다는 것이다.

케크롭스의 치적

악타이오스에 이어 아테네의 2대 왕으로 알려진 케크롭스는 나라

에리크토니오스의 발견
페테르 파울 루벤스(Peter Paul Rubens), 1615년, 리히텐슈타인 박물관

를 평화롭게 다스리며 많은 유익한 제도와 문명을 정착시켰다.

그는 도시를 건설하는 법과 죽은 자를 매장하는 법을 아테네인들에게 가르쳐주었고, 일부일처의 결혼제도를 뿌리내리게 하였으며, 제우스에게 인간을 제물로 바치는 풍습을 없애고 대신 과자(페라노이)를 제물로 바치게 하였다. 그는 또 소유권에 대한 법률을 제정하고, 문자를 발명하고, 처음으로 인구조사도 실시하였다고 한다.

또 다른 케크롭스

아테네 왕가의 연대기에는 또 한 명의 케크롭스가 등장한다. 에레크테우스와 프락시테아의 아들로 아테네의 제8대 왕에 오른 케크롭스다. 두 케크롭스를 구별하기 위해 앞서의 2대 왕은 케크롭스 1세, 8대 왕은 케크롭스 2세로 표기하기도 한다. 케크롭스 2세는 질녀 메티아두사와 결혼하여 아들 판디온 2세를 낳았다. 판디온 2세는 아테네 최고의 영웅 테세우스의 할아버지이다.

케토 Ceto

요약

그리스 신화에 등장하는 바다의 여신으로 폰토스와 가이아의 딸이다. 케토라는 이름은 거대한 바다 괴물, 고래 등을 뜻한다. 케토는 같은 부모에게서 태어난 바다의 신(海神) 포르키스와 결합하여 일명 '포르키데스'라고 불리는 수많은 괴물들을 낳았다.

기본정보

구분	바다의 신
상징	거대하고 막강한 바다
외국어 표기	그리스어: Κητώ
어원	바다 괴물, 고래
별칭	크라타이이스, 트리에노스
로마 신화	크라타이이스, 트리에노스
가족관계	가이아의 딸, 폰토스의 딸, 포르키스의 아내

인물관계

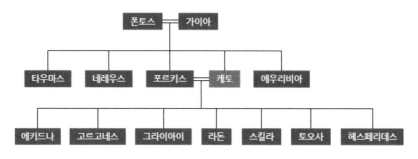

케토는 바다인 폰토스와 대지인 가이아 사이에서 태어난 딸로 포르키스, 네레우스, 타우마스, 에우리비아 등과 형제간이다.

남매 사이인 포르키스와 결혼하여 에키드나, 고르고네스, 그라이아이, 라돈 등 포르키데스로 불리는 괴물들과 스킬라, 토오사, 헤스페리데스 등을 낳았다.

신화이야기

개요

케토는 폰토스(바다의 의인화)와 가이아(대지의 의인화) 사이에서 태어난 딸로 포르키스, 네레우스, 타우마스, 에우리비아 등과 형제이다. 케토라는 이름은 '바다 괴물', '고래' 등을 뜻하는 케토스에서 유래한 것으로 여겨진다. 하지만 페르세우스의 신화에서 에티오피아의 공주 안드로메다를 잡아 먹으려다 페르세우스에 의해 죽임을 당하는 바다 괴물 케토스와는 구별되어야 한다. 이때의 '케토스'는 그냥 바다의 괴물이라는 뜻이다.('안드로메다' 참조)

케토는 크라타이이스(거대한 존재)나 트리에노스(3년생) 같은 별명으로 불리기도 하며 종종 마녀 헤카테와 동일시되기도 한다.

케토는 같은 부모 밑에서 태어난 바다의 신(海神) 포르키스와 결합하여 괴물 같은 자식들을 많이 낳았는데 이들은 통칭 포르키데스(포르키스의 자식들)라고 불린다.

포르키데스

헤시오도스는 『신들의 계보』에서 포르키스와 케토 사이에서 태어난 자식으로 에키드나, 고르고네스, 그라이아이, 라돈 등을 꼽았다.

에키드나는 뱀의 모습을 한 괴물로 거대한 반인반수의 괴물 티폰과 결합하여 저승의 개 케르베로스, 히드라, 키마이라 등 그리스 신화에 등장하는 수많은 괴물을 낳았으며 고르고네스와 그라이아이는 괴물 자매들로 페르세우스의 신화에 등장한다. 머리카락이 뱀이고 누구든 쳐다보는 사람을 돌로 만들어버리는 무시무시한 괴물 메두사가 바로 고르고네스 자매 중 한 명이다. 라돈은 세상의 서쪽 끝에 있는 헤스페리데스의 정원에서 헤라 여신의 사과나무를 지키는 용으로 나중에 헤라클레스에게 죽임을 당했다.

그리고 전승에 따라 바다 괴물 스킬라, 포세이돈과 사이에서 외눈박이 거인 폴리페모스를 낳은 토오사 그리고 세상 끝의 정원에서 라돈과 함께 헤라의 사과나무를 지키는 헤스페리데스 자매 등도 포르키스의 자식으로 언급되기도 한다. 스킬라는 오디세우스와 헤라클레스의 전설에 등장하는 상체는 처녀이지만 하체는 여섯 마리의 사나운 개가 삼중의 이빨을 드러내고 굶주림에 짖어대는 모습을 한 바다 괴물이다.

하지만 다른 전승에 따르면 에키드나는 메두사의 아들 크리사오르와 칼리로에 사이에서 태어났다고도 하고, 라돈은 에키드나와 티폰의 자식이라고도 하며, 스킬라는 헤카테와 포르바스 혹은 에키드나와 티폰 사이에서 태어났다는 등 의견이 분분하다.

포르키스(가운데)와 케토(오른쪽)
로마 시대 모자이크, 바르도 국립 박물관
©Dennis Jarvis@wikimedia(CC BY-SA 2.0)

케팔로스 Cephalus

요약

그리스 신화에 등장하는 미남 사냥꾼이다.

새벽의 여신 에오스의 사랑을 받았지만 사랑하는 아내 프로크리스를 잊지 못해 그녀에게로 돌아갔다. 하지만 덤불 속에 숨어 있던 아내를 짐승으로 잘못 알고 창을 던져 죽이고 말았다.

기본정보

구분	신화 속 인물
상징	의심, 질투
외국어 표기	그리스어: Κέφαλος
어원	머리, 우두머리
관련 신화	에오스, 프로크리스

인물관계

케팔로스는 아테네 왕 케크롭스의 딸 헤르세가 전령의 신 헤르메스와 관계하여 낳은 아들이다. 일설에는 포키스의 왕 데이온과 디오메데 사이에서 태어난 아들이라고도 하고 아테네 왕 판디온의 아들이라고도 한다.

케팔로스는 아테네 왕 에레크테우스의 딸 프로크리스와 결혼했으며 새벽의 여신 에오스와 관계하여 아들 파에톤을 낳았다. 케팔로스는 실수로 아내 프로크리스를 죽인 뒤 아테네에서 추방되어 케팔로니아 섬으로 가서 그곳의 왕이 되었고 미니아스의 딸 클리메네와 결혼하여 아들 이피클로스를 낳았다. 케팔로스는 또 신탁에 따라 암곰과 결합하여 아들 아르키시오스를 낳았는데 아르키시오스는 오디세우스의 아버지인 라에르테스의 아버지이다.

신화이야기

에오스에게 유괴당한 케팔로스

케팔로스는 아테네 왕 에레크테우스의 딸 프로크리스와 결혼하면서 영원한 사랑을 맹세했다. 사냥을 몹시 좋아하는 케팔로스는 늘 아침 일찍 사냥에 나서곤 했는데 그의 아름다운 용모가 새벽의 여신 에

케팔로스와 에오스
니콜라 푸생(Nicolas Poussin), 1624~1625년, 호빙햄 홀, 요크셔

오스의 마음을 사로잡았다. 아프로디테 여신에 의해 오직 인간과만 사랑에 빠지도록 저주를 받은 에오스는 케팔로스를 못 견디게 사랑하게 된 나머지 그를 유괴하여 자신의 궁으로 데려갔다.('에오스' 참조) 하지만 아내를 깊이 사랑하는 케팔로스는 에오스의 구애를 끝내 받아들이지 않았다. 일설에 의하면 이때 케팔로스는 에오스와 8년을 함께 지내며 아들 파에톤도 낳았다고 한다.

아내 프로크리스를 시험한 케팔로스

아내를 향한 케팔로스의 마음을 꺾을 수 없었던 에오스는 프로크리스와의 결혼을 후회하게 될 거라며 그의 마음에 아내에 대한 의심을 불어넣었고 케팔로스는 프로크리스의 정절을 의심하며 아테네로 돌아갔다. 케팔로스는 낯선 사람으로 변장하여 아내의 정절을 시험해보려 했다. 에오스의 도움으로 완전히 다른 사람으로 변신한 케팔로스는 아름다운 외모와 막대한 선물 공세로 집요하게 유혹한 끝에 결국 프로크리스의 마음을 얻는데 성공하였다. 나중에 사실을 알게 된 프로크리스는 분노와 수치심으로 남편의 곁을 떠났다.

남편 곁을 떠난 프로크리스

그 후 프로크리스는 세상과 단절하고 숲으로 들어가 아르테미스 여신과 함께 사냥을 하며 지냈다. 한편 케팔로스는 곧 자신의 행동을 후회하고 아내를 찾아나섰고, 우여곡절 끝에 간신히 아내를 찾아낸 케팔로스는 프로크리스에게 다시 돌아와 달라고 필사적으로 간청하였다. 여전히 남편을 사랑하고 있었던 프로크리스는 결국 케팔로스와 화해하였다.

케팔로스를 납치하는 에오스
아티카 적색 도기 그림, 기원전 470~460년
스페인 국립고고학박물관
©Jastrow@wikimedia(CC BY-SA 2.5)

173

다시 남편의 곁으로 돌아온 프로크리스는 아르테미스 여신으로부터 선물 받은 절대로 과녁을 빗나가는 법이 없는 마법의 창과 한 번 쫓기 시작한 사냥감은 결코 놓치지 않는 불사의 사냥개 라일라프스를 남편 케팔로스에게 주었다. 하지만 다른 설에 따르면 마법의 창과 사냥개 라일라프스는 아르테미스 여신이 아니라 크레타의 왕 미노스가 프로크리스에게 준 선물이라고 한다. 크레타의 왕 미노스에게는 한 번 동침한 여자는 반드시 죽게 되는 기이한 병이 있었는데, 이는 남편의 숱한 애정행각에 몹시 화가 난 파시파에 왕비가 마법을 걸어 왕이 여인을 안을 때마다 그의 몸에서 뱀과 전갈이

케팔로스와 프로크리스
필립 드 샹페뉴(Philippe de Champaigne), 1630년경

나와 여인을 잡아먹게 하였기 때문이었다. 때마침 남편과 다투고 크레타 섬으로 온 프로크리스는 키르케에게서 얻은 마법의 풀뿌리로 미노스 왕의 병을 고쳐주었고, 왕은 그 답례로 마법의 창과 사냥개를 선물하였다. 실제로 프로크리스는 마법의 힘으로 미노스 왕과 잠자리가 가능한 유일한 여인이었다고 한다. 하지만 왕과 그녀의 관계를 의심한 파시파에의 질투로 인해 프로크리스는 곧 크레타 섬을 떠나 케팔로스에게 돌아가야 했다.

프로크리스의 죽음

다시 결합한 두 사람은 한 동안 행복한 시간을 보냈다. 하지만 얼마 후에 프로크리스가 점점 더 사냥에만 열중하는 남편 케팔로스를 의심하는 일이 벌어져 결국 두 사람은 비극적인 이별을 하게 된다. 어느날 사냥을 나간 케팔로스가 숲에서 땀을 식히며 혼잣말로 "아우라여, 이리 와서 피로한 나를 위로해다오."라고 중얼거렸는데, 이 소리를 들은 숲의 정령 사티로스가 연인과 속삭이는 것으로 오해하여 이를 프로크리스에게 고자질했다. 아우라가 케팔로스의 연인이었던 새벽의 여신 에오스(라틴어로 '아우로라')의 이름이라고 생각했기 때문이다. 하지만 아우라는 그냥 '산들바람'을 뜻하는 말이었다. 케팔로스는 사냥을 하느라 뜨거워진 자기 몸을 산들바람에게 식혀달라고 중얼거리고 있던 것이다.

프로크리스는 당장 숲으로 달려가 자신의 두 눈으로 직접 확인하

케팔로스와 프로크리스
알렉산더 마코(Alexander Macco), 1793년
파리 국립고등미술학교

려고 했다. 그녀는 남편이 사냥하는 근처의 덤불에 숨어 있었는데, 케팔로스는 그녀를 사냥감으로 착각하고는 절대로 빗나가는 법이 없는 창을 아내를 향해 던졌다. 프로크리스는 놀라서 달려온 남편에게 절대로 에오스와 결혼하지 말라는 말을 남기고 숨을 거두었다.

아테네에서 추방된 케팔로스

케팔로스는 아내를 살해한 죄로 아테네의 아레오파고스 법정에 섰다. 아테네인들은 그에게 추방령을 내렸다. 아테네를 떠난 케팔로스는 암피트리온과 함께 타포스 원정에 참여하여 승리를 거둔 뒤 케팔로니아 섬을 차지하고 그곳의 왕이 되었다. 케팔로

케팔로스와 에오스
니콜라 푸생(Nicolas Poussin), 1630년경
런던 내셔널갤러리

175

니아라는 섬 이름은 케팔로스의 이름에서 유래한 것이다. 케팔로니아의 왕이 된 케팔로스는 미니아스의 딸 클리메네와 결혼하여 아들 이피클로스를 낳았다.

케팔로스는 오디세우스 집안의 시조로 간주되기도 한다. 그에 따르면 케팔로스가 아들을 얻기 위해 델포이의 신탁에 문의한 결과 신탁소를 나선 뒤 처음 마주치는 암컷과 관계하라는 답을 들었다고 한다. 그런데 그가 처음 마주친 이는 암곰이었다. 그는 신탁을 따르기 위해 암곰과 정을 통했고, 그러자 암곰은 아리따운 여인으로 변하여 아들 아르키시오스를 낳았는데, 아르키시오스는 오디세우스의 아버지인 라에르테스의 아버지이다. 하지만 다른 설에 따르면 아르키시오스는 케팔로스와 프로크리스 사이에서 태어난 아들이라고도 한다.

케페우스 Cepheus, 에티오피아의 왕

요약

그리스 신화에 등장하는 에티오피아의 왕이다.

아내 카시오페이아의 허영심 때문에 무남독녀 안드로메다를 바다 괴물 케토에게 제물로 바쳐야 했지만 영웅 페르세우스가 나타나 딸을 구해주었다. 케페우스는 페르세우스를 사위로 삼았고 그와 안드로메다 사이에서 태어난 외손자 페르세스에게 왕위를 물려주었다.

기본정보

구분	에티오피아의 왕
외국어 표기	그리스어: Κηφεύς
어원	정원을 가꾸는 자
별자리	케페우스자리, 카시오페아자리, 안드로메다자리
관련 신화	페르세우스의 모험
가족관계	벨로스의 아들, 아이깁토스의 형제, 카시오페이아의 남편, 안드로메다의 아버지

인물관계

케페우스는 벨로스와 안키노에 사이에서 태어난 아들로 다나오스, 아이깁토스와 형제이다. 카시오페이아와 결혼하여 외동딸 안드로메다를 얻었고, 안드로메다는 페르세우스와 결혼하여 페르세스를 비롯한 여러 자녀를 낳았다.

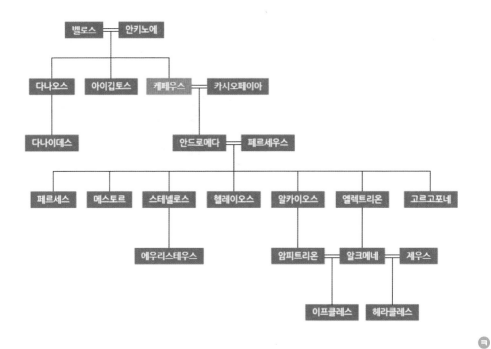

신화이야기

바위에 묶인 안드로메다

케페우스의 아내 카시오페이아는 자기 딸 안드로메다의 미모가 아름답기로 정평이 난 바다의 님페 네레이데스(네레우스의 딸들)를 모두 합친 것보다 더 아름답다고 뽐내다가 바다의 신 포세이돈의 진노를 샀다. 포세이돈의 아내가 네레이데스의 하나인 암피트리테였던 것이다. 포세이돈은 바다 괴물 케토를 보내 케페우스의 나라를 유린하였다. 신탁에 문의하니 케페우스 왕의 딸 안드로메다를 제물로 바쳐야 재앙이 멎을 것이라고 하였다.

백성들의 성화에 케페우스는 하는 수 없이 딸을 희생시키기로 결정하였고, 안드로메다는 바다 괴물 케토에게 제물로 바쳐지기 위해 바닷가 바위에 묶이는 신세가 되었다. 그런데 때마침 메두사의 머리를 잘라 고향으로 돌아가던 페르세우스가 이 광경을 보았다. 아름다운 안드로메다에게 반한 페르세우스는 케페우스에게 딸을 아내로 준다면 바다 괴물을 물리쳐주겠다고 제안하였다. 케페우스는 안드로메다가 이미 자신의 동생 피네우스

케페우스와 페르세우스와 안드로메다
피에르 미냐르(Pierre Mignard), 1679년
루브르 박물관

와 약혼한 사이였지만 딸을 살리기 위해 페르세우스의 제안을 받아들였다. 페르세우스는 바위에 묶인 안드로메다 곁에 있다가 케토가 나타나자 메두사의 머리를 꺼내 돌로 만들어버렸다.

돌로 변하는 피네우스
루카 지오다노(Luca Giordano), 1680년경, 런던 내셔널갤러리

피네우스의 난동

케페우스는 약속대로 안드로메다와 페르세우스를 결혼시키기로 했다. 그런데 결혼식 날 피네우스가 부하들을 이끌고 나타나 페르세우스를 죽이고 안드로메다를 빼앗아가려 하였다. 케페우스는 안드로메다가 죽을 위험에 처해 있을 때는 나몰라라 하다가 뒤늦게 나타나 난동을 부리는 동생을 비난했지만 피네우스는 아랑곳하지 않고 페르세우스를 공격하였다.

이에 페르세우스는 다시 메두사의 머리를 꺼내 피네우스와 그 패거리들을 모두 돌로 만들어버렸다.

별자리가 된 케페우스 일가

케페우스는 나중에 왕위를 물려줄 아들이 없이 임종을 맞았고, 에티오피아의 왕위는 페르세우스와 안드로메다의 맏아들 페르세스에게 돌아갔다.

아테네 여신은 케페우스를 카시오페이아, 안드로메다, 페르세우스와 함께 하늘의 별자리로 만들었다.(케페우스자리)

케페우스 자리
시드니 홀(Sidney Hall), 1825년

케페우스 Cepheus, 테게아의 왕

요약

그리스 신화에 등장하는 아르카디아 지방 테게아의 왕이자 아르고
호 원정대에 참가한 영웅이다.

헤라클레스의 스파르타 원정을 돕다가 아들과 함께 목숨을 잃었다.

기본정보

구분	테게아의 왕
외국어 표기	그리스어: Κηφεύς
어원	정원을 가꾸는 자
관련 신화	헤라클레스

인물관계

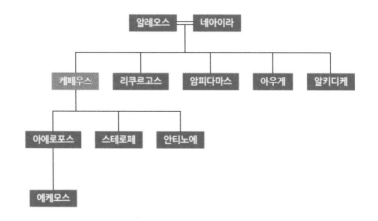

케페우스는 테게아의 왕 알레오스가 사촌누이 네아이라와 결혼하여 낳은 아들로 리쿠르고스, 암피다마스, 아우게, 알키디케 등과 형제지간이다. 케페우스의 아내는 알려지지 않았으며 자식으로는 아들 아에로포스, 딸 스테로페와 안티노에가 있다.

신화이야기

헤라클레스의 스파르타 원정

헤라클레스가 스파르타 원정에 나서기로 결정했을 때 스파르타는 히포콘이 정식 왕위 계승자인 이카리오스와 틴다레오스를 쫓아내고 스무 명의 아들들(히포콘티다이)과 함께 다스리고 있었다. 헤라클레스가 스파르타를 공격하는 공식적인 명분은 이카리오스와 틴다레오스의 왕권을 되찾아주는 것이었다. 하지만 여기에는 또한 개인적인 원한도 작용하고 있었다. 히포콘은 헤라클레스가 넬레우스와 전쟁을 벌였을 때 넬레우스를 도왔을 뿐만 아니라 그의 아들들이 헤라클레스의 외삼촌 리킴니오스의 아들 오이오노스를 때려죽인 사건도 있었기 때문이다. 헤라클레스는 자신의 군대를 아르카디아에 소집한 뒤 테게아의 왕 케페우스에게 도움을 청했다.

메두사의 머리카락으로 케페우스의 참전을 설득한 헤라클레스

케페우스는 헤라클레스의 요청에 난색을 표했다. 자신이 전쟁에 나간 사이 이웃나라 아르고스가 침입해올 것을 두려워했기 때문이다. 헤라클레스는 케페우스의 우려를 덜어주기 위해 그의 딸 스테로페에게 자신이 아테나 여신으로부터 받은 메두사의 머리카락을 맡겨두겠다고 했다. 그러면 케페우스가 없는 사이 적이 침입하더라도 성벽에 올라가 메두사의 머리카락을 세 번만 흔들어주면 어떠한 적도 테게아에서 몰아낼 수 있다는 것이었다.

헤라클레스의 말에 안심이 된 케페우스는 병사들을 이끌고 스파르타 원정에 참여했다. 든든한 지원군을 얻은 헤라클레스는 전쟁에 승리하여 히포콘과 그 아들들을 죽이고 틴다레오스를 스파르타의 왕위에 앉혔다. 하지만 케페우스는 이 전쟁에서 아들과 함께 전사하고 말았다.

에케모스와 힐로스의 결투

그 후 테게아의 왕위는 케페우스의 동생인 리쿠르고스의 차지가 되었다가 나중에 다시 아에로포스의 아들이자 케페우스의 손자인 에케모스에게로 넘어갔다. 에케모스는 훗날 헤라클레이다이(헤라클레스의 후손들)가 펠로폰네소스로 쳐들어왔을 때 헤라클레스의 맏아들 힐로스와 이 지역의 운명을 걸고 일대일 결투를 벌여 그를 죽이고 펠로폰네소스 반도를 지켰다. 이 싸움에서 진 헤라클레이다이는 3세대가 지나고 나서야 비로소 펠로폰네소스 반도를 정복할 수 있었다.('헤라클레이다이' 참조)

켄타우로스 Centaur

요약

　그리스 신화에 등장하는 반인반마 종족이다.

　상체는 인간이고 가슴 아래부터 뒷부분은 말이다. 테살리아의 펠리온 산에서 날고기를 먹으며 살고, 성질이 난폭하고 호색적인 종족이다. 하지만 켄타우로스족의 현자 케이론은 영웅들의 스승으로도 유명하다.

기본정보

구분	전원의 신
상징	거칠고 저급한 본성, 난폭함
외국어 표기	그리스어: Κένταυρος, 복수형: 켄타우로이(Κένταυροι)
어원	소를 찌르다, 구름을 찌르다
별자리	궁수자리
관련 신화	켄타우로마키아, 케이론, 헤라클레스
가족관계	네펠레의 자식, 익시온의 자식

인물관계

　켄타우로스족은 테살리아의 왕 익시온과 구름의 님페 네펠레의 결합으로 태어난 자식으로 알려져 있다. 또 다른 전승에 따르면 켄타우로스족은 아폴론과 나이아데스 중 한 명인 스틸베 사이에서 태어난 아들 켄타우로스의 자손이라고도 한다.

신화이야기

일반적으로 켄타우로스족은 테살리아 왕 익시온이 구름의 님페 네펠레와 결합하여 낳은 자식들로 알려져 있다. 제우스는 신들의 만찬에 초대받은 익시온이 자신의 아내 헤라에게 불경한 욕망을 품자 구름(네펠레)으로 헤라의 형상을 만들어 익시온을 속였다. 익시온은 이 구름을 헤라로 여기고 정을 통했는데 이 결합에서 켄타우로스들이 태어났다는 것이다. 제우스는 신성모독의 죄를 범한 익시온을 불타는 수레바퀴에 묶어 허공으로 던져버렸고, 익시온은 그대로 타르타로스(저승)로 떨어져 불타는 수레바퀴에 묶인 채 영원한 고통을 받게 되었다고 한다.

익시온과 네펠레
페테르 파울 루벤스(Peter Paul Rubens), 1615년
루브르 박물관

또 다른 전승에 따르면 켄타우로스족은 아폴론과 나이아데스 중 한 명인 스틸베 사이에서 태어난 아들 켄타우로스의 자손이라고 한다. 아폴론과 스틸베 사이에서는 또 다른 아들 라피토스도 태어났는데, 그는 라피타이족의 조상이 되었다.

하지만 켄타우로스족의 현자로 꼽히는 케이론과 폴로스는 다른 켄타우로스들과 혈통이 다르다. 케이론은 티탄 신 크로노스와 오케아니데스의 하나인 필리라 사이에서 태어났고, 폴로스는 실레노스와 물푸레나무의 님페 멜리아데스 사이에서 태어났다고 한다. 케이론과 폴로스는 난폭한 다른 켄타우로스들과 달리 인간에게 호의적이고 친절하며 폭력을 싫어하였다.

켄타우로마키아

   익시온의 또 다른 아들로 라피타이족을 다스리던 페이리토오스는 부테스의 딸 히포다메이아와 결혼하면서 친구 테세우스와 네스토르를 비롯한 많은 손님들을 초대하였다. 초대 받은 손님 중에는 반인반마족 켄타우로스들도 있었다. 켄타우로스들 역시 익시온의 자식들이므로 페이리토오스와는 가까운 친척이었던 것이다. 그런데 술을 잘 마시지 못하는 켄타우로스들이 잔칫상의 포도주를 너무 많이 마시는 바람에 몹시 취하고 말았다.

   술에 취한 켄타우로스들은 자제력을 잃고 테살리아의 처녀들을 겁탈하려 하였다. 켄타우로스 중 하나인 에우리티온은 심지어 신부 히포다메이아에게 달려들었고, 결혼식장은 순식간에 아수라장이 되었다. 테세우스가 에우리티온을 꾸짖으며 사태를 수습하려 하였으나 에우리티온은 오히려 테세우스를 공격하였다. 화가 난 테세우스는 옆에 있던 항아리를 들어 에우리티온의 머리를 내리쳤고 에우리티온은 그 자리에서 즉사하고 말았다. 그러자 다른 켄타우로스들이 일제히 반격

히포다메이아를 납치해가려는 켄타우로스족 에우리티온을 막는 페이리토오스
아풀리아 적색 도기 그림, 기원전 350~340년, 영국 박물관
©Marie-Lan Nguyen@Wikimedia(CC BY-SA 2.5)

에 나서면서 페이리토오스가 다스리는 라피타이족과 켄타우로스족 사이에 커다란 싸움이 벌어졌다. 이 싸움은 흔히 켄타우로마키아(켄타우로스 전쟁)라고 불린다.

테세우스도 가담한 이 싸움은 수많은 켄타우로스들이 라피타이족의 손에 목숨을 잃은 뒤 끝이 났다. 이 일로 켄타우로스들은 테살리아에서 추방되어 펠로폰네소스로 갔고, 싸움에 가담하지 않았던 켄타우로스족의 현자 케이론만이 계속 테살리아의 펠리온 산에 남을 수 있었다.

영웅들의 스승 케이론

케이론은 대양의 신 오케아노스의 아름다운 딸 필리라에게 반한 크로노스가 아내 레아를 속이려고 필리라를 말로 변하게 한 다음 사랑을 나누어 낳은 아들이다. 케이론은 거칠고 난폭한 다른 켄타우로스들과 달리 선량하고 지혜롭고 온화한 성품을 지녔다.

그는 친구인 아폴론으로부터 의술과 궁술을 전수받았을 뿐만 아니라 음악과 예언에도 뛰어나 헤라클레스, 이아손, 아스클레피오스, 아킬레우스, 디오스쿠로이, 악타이온 등 숱한 영웅들을 가르친 스승이 되었다. 그리스 신화에 등장하는 최고의 영웅들 중 그의 제자로 언급되지 않는 사람은 테세우스가 유일한 정도이다.

폴로스의 포도주와 케이론의 죽음

켄타우로스족과 관련하여 또 다른 신화로는 헤라클레스와 켄타우로스족의 싸움이 유명하다.

헤라클레스는 미케네의 왕 에우리스테우스가 부과한 12과업 중 하나인 에리만토스의 멧돼지를 퇴치하러 가던 길에 켄타우로스 친구인 폴로스의 집에 들른 적이 있었다. 사티로스의 지혜로운 우두머리 실레노스의 아들인 폴로스는 케이론과 마찬가지로 온순하고 현명한 켄타우로스였다. 오랜 여행길에 지쳐 목이 말랐던 헤라클레스는 폴로스에게 마실 것을 달라고 청했다. 마침 폴로스에게는 디오니소스가 다른 켄타우로스들과 함께 마시라고 준 신성한 포도주가 있었다. 하지만 그 포도주는 때가 되기 전에는 열면 안 되는 것이었다.

머뭇거리는 폴로스에게 헤라클레스가 무례한 손님 대접을 힐책하였고 폴로스는 하는 수 없이 포도주 항아리의 뚜껑을 열고 말았다. 통이 열리자 신성한 포도주의 강한 향기가 사방으로 퍼져나갔고, 냄새를 맡은 켄타우로스들이 몰려들었다. 켄타우로스들은 디오니소스가 자기들에게 선사한 포도주를 헤라클레스가 마시고 있는 것을 보고는 격분하여 덤벼들었다. 하지만 그들은 영웅 헤라클레스의 상대가 되지 못했다.

헤라클레스는 화살을 쏘며 켄타우로스들을 물리쳤다. 화살에는 히드라의 맹독이 발라져 있었기 때문에 화살에 맞은 켄타우로스들은 모두 죽었다. 그런데 그 와중에 공격에 가담하지 않았던 케이론도 실수로 헤라클레스의 화살에 무릎을 맞고 말았다. 그러나 티탄 신 크로노스의 아들인 케이론은 불사의 몸이었으므로 죽지는 않고 엄청난 고통만 받았다. 히드라의 맹독이 온몸에 퍼지는 끔찍한 고통을 죽지도 못하고 영원히 받게 된 케이론은 제우스에게 제발 죽을 수 있게 해달라고 빌었고, 제우스는 그의 청을 받아들여 편안한 죽음을 맞이하게 해주었다.

네소스와 데이아네이라

켄타우로스족의 한 명인 네소스는 헤라클레스가 아내 데이아네이라와 함께 트라키스로 가는 길에 에우에노스 강을 건너려 하자 물살이 거세니 자신이 데이아네이라를 등에 태워 건네주겠다고 제안했다. 헤라클레스는 예전에 폴로스의 포도주 사건으로 켄타우로스들과 불화가 있었기 때문에 내키지 않았지만 호의를 받아들여 아내를 그의

라피타이족과 켄타우로스족의 싸움
루카 조르다노(Luca Giordano), 1688년, 국립 러시아박물관

등에 태웠다. 하지만 강을 건넌 네소스는 데이아네이라를 겁탈하려고
했고, 이를 본 헤라클레스는 건너편에서 네소스를 향해 활을 쏘았다.
그런데 헤라클레스의 활에는 히드라의 독이 발라져 있었으므로 활에
맞은 네소스는 죽음을 피할 수 없었다. 죽어가는 네소스는 데이아네
이라에게 자기 죄를 뉘우치는 척하면서 자신의 피에는 식어버린 사랑
을 되살리는 힘이 있으니 남편이 변심했을 때 자신의 피를 옷에 발라
서 남편에게 입히라는 말을 남기고는 숨을 거두었다. 데이아네이라는
네소스의 말을 그대로 믿고는 그의 피를 병에 담아 보관하였다가 나
중에 정말로 남편 헤라클레스의 옷에 바르는 바람에 그를 죽음에 이
르게 한다.('데이아네이라' 참조)

로이코스와 힐라이오스

  켄타우로스족 로이코스와 힐라이오스가 함께 숲을 달리다 우연히
처녀사냥꾼 아탈란테와 마주쳤다. 아탈란테는 홀로 숲 속에서 사냥을

하고 있었다. 두 켄타우로스는 아름다운 아탈란테에게 반해서 그녀를 겁탈하려 했다. 하지만 아탈란테는 펠리아스의 장례 경기에서 아킬레우스의 아버지 펠레우스를 이기고 우승을 차지했을 정도로 날래고 힘이 센 장사였다. 아탈란테를 뒤쫓던 두 켄타우로스는 얼마 지나지 않아 오히려 쫓기는 신세가 되었고, 둘 다 그녀의 화살에 목숨을 잃고 말았다.

켈라이노 Celaeno

요약

아르고스의 왕 다나오스의 딸이다.

다나오스에게는 서로 다른 여인들이 낳은 50명의 딸이 있었는데, 그 딸들은 다나이데스(단수형은 다나이스)라고 불렸다. 켈라이노를 비롯한 50명의 다나이데스가 어쩔 수 없이 50명의 사촌들과 결혼식을 올려야 하는 상황이 오자, 다나오스는 딸들에게 단검을 주면서 첫날밤 각자 신랑을 죽이라는 명령을 내렸다. 켈라이노의 남편은 히페르비오스인데 그녀는 첫날밤을 치른 뒤 아버지의 명령대로 남편을 죽였다.

190

기본정보

구분	공주
외국어 표기	그리스어: Κελαινώ
어원	거무스름한
관련 신화	다나오스, 다나이데스

인물관계

아르고스의 왕 다나오스의 50명의 딸들 중 하나이며, 어머니는 크리노이다.

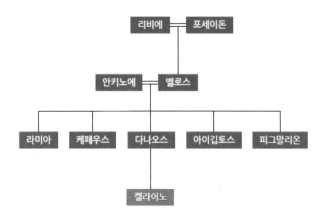

신화이야기

개요

켈라이노는 아르고스의 왕 다나오스의 딸이다. 다나오스에게는 서로 다른 여인들이 낳은 50명의 딸이 있는데, 그 딸들은 다나이데스(단수형은 다나이스)라고 불렸다.

『비블리오테케』에 의하면, 켈라이노의 어머니는 크리노이며, 그녀의 자매로는 칼리디케, 오이메, 히페리페가 있다.

켈라이노의 아버지 다나오스에게는 아이깁토스라는 쌍둥이 형제가 있는데, 그에게는 서로 다른 여인들에게서 태어난 50명의 아들이 있었다. 다나오

첫날밤 신랑을 죽이는 다나이데스
로비네 떼타르(Robinet Testard), 1496~1498년,
프랑스 국립도서관
오비디우스의 『헤로이데스』의 삽화

끊임없이 물을 채우는 다나이데스
존 윌리엄 워터하우스(John William Waterhouse),
1906년, 애버딘 아트갤러리

스는 아버지 벨로스가 죽자 쌍둥이 형 아이깁토스와 왕위를 두고 다툼을 벌였는데, 점점 더 힘을 뻗쳐오는 아이깁토스와 그의 아들들의 두려워 50명의 딸들을 데리고 아르골리스 지방으로 도망가서 아르고스의 왕이 되었다. 그러나 아이깁토스가 낳은 50명의 아들도 결혼을 하기 위해 다나오스의 뒤를 따라 아르고스로 왔기에 결국 결혼식을 치를 수 밖에 없는 상황이 되었다. 다나오스는 딸들에게 단검을 주면서 첫날밤 각자 신랑을 죽이라는 명령을 내렸다. 켈라이노의 남편은 히페르비오스인데 그녀는 첫날밤을 치른 뒤 아버지의 명령대로 남편을 죽였다. 맏딸 히페름네스트라를 제외한 49명의 딸들이 신혼 첫날밤에 아버지의 명령대로 신랑을 살해한 것이다.

다나오스의 맏딸 히페름네스트라는 자신의 처녀성을 지켜준 린케우스를 사랑하게 되어 그가 탈출하는 것을 도와주었고, 다나오스는 결국 린케우스를 사위로 인정하게 되었다. 그러나 형제를 모두 잃은 린케우스는 복수의 일념으로 다나오스를 죽이고 아르고스의 왕이 되고, 아내인 히페름네스트라를 제외한 다나오스의 나머지 딸들을 모두 죽였다. 이렇게 해서 켈라이노도 린케우스에 의해 살해당했다.

히페름네스트라를 제외한 다나이데스는 린케우스에 의해 잔인하게 살해되었음에도 불구하고, 죽은 뒤에도 구멍이 뚫린 항아리에 끊임없이 물을 채우는 형벌을 받게 되었다. 이에 대해 『변신이야기』는 다음과 같이 전하고 있다.

> "벨로스의 손녀들은 감히 사촌 오라비들을 죽였기 때문에 다시 없어지게 될 물을 끊임없이 찾고 있다."

또 다른 켈라이노

1) 아틀라스와 플레이오네의 딸들 중에도 켈라이노라는 이름을 가진 딸이 있다. 그녀의 자매로는 마이아, 엘렉트라, 알키오네, 타이게테, 아스테로페, 메로페가 있다. 이들 일곱 명의 자매를 플레이아데스라고 부른다. 켈라이노는 포세이돈과의 사이에 3명의 아들 리코스, 닉테우스, 에우페모스를 낳았다.

2) 리코로스의 아들 히아모스에게도 켈라이노라는 이름의 딸이 있다. 켈라이노는 아폴론과의 사이에 델포스라는 아들을 낳았는데, 아폴론의 신탁으로 유명한 도시 델포이는 이 아들의 이름에서 유래한 것이다.

켈레오스 Celeus

요약

그리스 신화에 나오는 엘레우시스의 전설적인 왕이다.

데메테르 여신이 하데스에게 납치되어 하계로 내려간 딸 페르세포네를 찾아 온 세상을 돌아다닐 때 켈레오스의 집에 들러 자신을 섬기는 비의(秘儀)를 전수하고 곡물의 경작술을 가르쳐주었다. 그 이후로 엘레우시스는 데메테르와 페르세포네의 성지가 되었다.

기본정보

구분	엘레우시스의 왕
원어 표기	그리스어: Κελεός
어원	방문자
관련 신화	엘레우시스 비교, 곡물과 경작술 전파, 페르세포네의 납치
가족관계	엘레우시스의 아들, 메타네이라의 남편, 트리프톨레모스의 아버지

인물관계

엘레우시스의 초대 왕 켈레오스는 이 도시에 이름을 준 전설적인 인물인 엘레우시스의 아들이다. 켈레오스는 메타네이라와 결혼하여 데모폰과 트리프톨레모스 두 아들과 클리시디케, 데모, 칼리토에, 칼리디케 등 4명의 딸을 낳았다. 파우사니아스는 켈레오스의 딸들 이름을 사에사라, 디오게니아, 팜메로페 등으로 기술하였다.

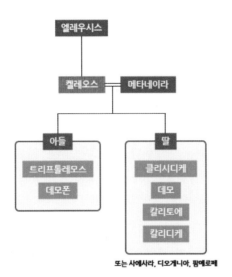

또는 사에사라, 디오게니아, 팜메로페

신화이야기

켈레오스의 궁을 방문한 데메테르 여신

켈레오스가 엘레우시스를 다스리던 무렵 대지의 여신 데메테르는 하데스에게 납치되어 하계로 끌려간 딸 페르세포네를 찾아 노파의 모습을 하고서 온 세상을 헤매고 있었다. 엘레우시스 땅을 지나던 데메테르 여신이 우물가의 올리브나무 아래서 쉬고 있는데 이를 본 켈레오스의 딸들이 불쌍히 여겨 자기 집으로 데려가 극진히 대접하였다.

켈레오스 왕은 노파가 크레타에서 해적들에게 가진 것을 모두 빼앗기고 간신히 도망쳐 나왔다는 소리를 듣고는 궁에서 갓 태어난 자신의 아들 데모폰을 돌보며 함께 지내자고 하였다. 노파의 모습을 한 데메테르 여신은 켈레오스 왕의 제안을 받아들여 데모폰의 유모가 되었다.

불사의 몸을 얻을 뻔한 데모폰

데메테르는 데모폰을 불사의 몸으로 만들어주기로 했다. 여신은 아이에게 암브로시아를 발라주고, 밤마다 아궁이의 불 속에 넣어 아이의 몸 안에 있는 사멸의 요소를 태워 없애는 의식을 행하였다. 그러던 어느 날 밤 잠에서 깬 데모폰의 어머니 메타네이라가 이 광경을 보고는 미친 노파가 아이를 죽이려는 줄 알고 놀라 비명을 지르며 아이를 불 속에서 꺼냈다. 그러자 여신은 탄식하며 "어미의 두려움이 선물을 막았으니 아이는 죽음을 벗어나지 못하는구나." 하고 말했다. 일설에 따르면 비명소리에 놀란 여신이 손을 놓치는 바람에 아이는 불에 타서 죽고 말았다고도 한다.

데메테르 여신은 노파의 형상을 벗어던지고 우아한 본모습을 드러낸 뒤 켈레오스 왕에게 자신을 섬기는 비의를 가르쳐주고 엘레우시스에 자신의 신전을 건설하라고 지시하였다. 켈레오스는 데메테르 여신을 모시는 엘레우시스 비교(秘敎)의 의식을 집전하는 첫 번째 사제가 되었다.

데메테르와 메타네이라
아풀리아 적색상도기, 기원전 340년.
베를린 구(舊)박물관

곡물의 씨앗과 경작술을 전파하는 트리프톨레모스

데모폰을 불사의 신으로 만드는 의식이 실패로 돌아가자 데메테르 여신은 인간에게 곡물 재배 기술을 전파하는 역할을 담당할 인물로 데모폰 대신 켈레오스의 또 다른 아들 트리프톨레모스를 선택했다.

여신은 트리프톨레모스에게 곡물의 씨앗을 주고 경작술도 가르쳐주었다. 트리프톨레모스는 여신의 가르침을 온 세상의 인간들에게 전파하였다. 그는 데메테르 여신이 내어준 용이 끄는 전차를 타고 온 세상을 돌아다니며 땅에 곡물의 씨앗을 뿌리고 사람들로 하여금 이를 경작하게 하였다. 트리프톨레모스는 켈레오스의 뒤를 이어 왕위에 올라 데메테르와 페르세포네를 기념하는 테스모포리아 제전을 열었다.

다른 설에 따르면 트리프톨레모스는 켈레오스의 아들이 아니라 엘레우시스의 통치 세력 중 하나라고 한다.

데메테르와 페르세포네 사이의 트리프톨레모스
기원전 450~425년, 메트로폴리탄 미술관

켈리돈 Chelidon

요약

그리스 신화에 나오는 밀레토스 지방의 전설에 등장하는 여인이다.

켈리돈은 언니 아에돈의 남편 폴리테크노스에게 겁탈당하고 여종이 되었으나 이 사실을 알게 된 언니 아에돈과 함께 폴리테크노스에게 복수하였다. 두 자매는 아에돈이 폴리테크노스에게서 낳은 아들이티스를 죽여 아버지에게 먹인 뒤 도망쳤다. 이 가족의 쫓고 쫓기는 불행한 복수전을 보다 못한 제우스는 이들을 모두 새로 변신시켰다.

기본정보

구분	공주
상징	불행한 자매
외국어 표기	그리스어: Χελιδών, 혹은 Χελιδονίς
어원	제비
별칭	켈리도니스(Chelidonis)
관련 상징	제비
관련 신화	아에돈과 폴리테크노스

인물관계

켈리돈은 밀레토스의 왕 판다레오스가 암피다마스의 딸 하르모토에와 결혼하여 낳은 딸로 아에돈과 자매지간이다. 언니 아에돈은 폴리테크노스와 결혼하여 아들 이티스를 낳았다.

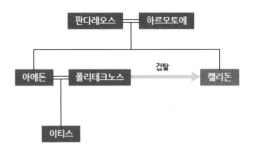

신화이야기

화를 부른 부부의 내기

켈리돈의 언니 아에돈은 목수 폴리테크노스와 결혼하여 리디아의 콜로폰에서 아들 이티스를 낳고 행복하게 살았다. 하지만 이들은 행복에 취한 나머지 자만에 빠져 자신들이 제우스와 헤라보다 더 서로를 사랑하며 행복하게 살아가고 있다고 자랑하였다. 이에 화가 난 헤라는 불화의 여신 에리스를 보내 아에돈 부부에게 서로에 대한 경쟁심을 부추겨 내기를 하게 만들었다. 폴리테크노스는 의자를 만들고 아에돈은 자수를 놓아서 일을 먼저 끝내는 사람에게 다른 사람이 여종을 한 명 상으로 주기로 하는 내기였다. 부부간 경쟁의 승자는 헤라 여신의 은밀한 도움을 받은 아에돈이었다. 아내에게 져 속이 상한 폴리테크노스는 마음속 깊이 앙심을 품었다.

형부에게 겁탈당하고 여종이 된 켈리돈

그는 복수를 계획하고 장인을 찾아가 아내 아에돈이 동생 켈리돈을 몹시 보고 싶어 하니 데리고 가게 해달라고 청했다. 그리고 함께 돌아가는 길에 켈리돈을 강제로 욕보였다. 그는 켈리돈의 머리를 자르고 여종의 옷을 입힌 다음 이 일을 발설하면 죽여버리겠다고 위협하여 집으로 데려가서는 아에돈에게 약속한 상이라며 여종으로 내주었다.

아에돈은 남편이 새로 데려온 여종이 오랫동안 보지 못한 동생 켈리돈이란 사실을 전혀 눈치채지 못했다.

자매의 복수

그러던 어느 날 켈리돈이 근처에 아무도 없는 줄 알고 혼자 신세한 탄을 하는 소리가 아에돈의 귀에 들어갔고, 사실을 알게 된 아에돈은 여동생 켈리돈과 함께 복수를 다짐했다. 자매의 복수는 남편이 한 짓보다 더 끔찍했다. 그들은 아에돈이 폴리테크노스와 사이에서 낳은 아들 이티스를 죽여 음식으로 만들어 폴리테크노스에게 먹이고는 밀레토스로 달아났다. 뒤늦게 자신이 먹은 음식의 정체를 알게 된 폴리테크노스는 자매를 잡으러 쫓아갔지만 오히려 딸들로부터 사위의 악행을 전해들은 판다레오스에게 붙잡히는 신세가 되었다.

새로 변한 일가족

판다레오스는 폴리테크노스를 꽁꽁 묶은 다음 전신에 꿀을 발라 들판에 던져버렸다. 미친 듯이 달라붙는 파리들 때문에 비명을 지르는 남편을 불쌍히 여긴 아에돈이 파리를 쫓아주려 하자 그녀의 형제들과 아버지는 화가 나서 아에돈마저 죽이려 하였다. 보다 못한 제우스는 처참한 불행에 빠진 이들 가족을 모두 새로 만들어버렸다. 폴리테크노스는 펠리컨, 판다레오스는 흰꼬리수리, 켈리돈은 제비, 아에돈은 꾀꼬리가 되었다. 제비로 변신한 켈리돈은 폴리테크노스에게 겁탈을 당하던 순간 아르테미스 여신에게 도움을 청했기 때문에 여신의 특별한 은혜를 입어 인간들 곁에서 살 수 있게 되었다고 한다.

이 신화는 많은 부분에서 테레우스의 아내 프로크네와 필로멜라 자매의 신화와 유사하다.('필로멜라' 참조)

코레 Core

요약

그리스 신화에 등장하는 데메테르 여신의 딸 페르세포네의 다른 이름이다.

한편 『플루타르코스 영웅전』 테세우스 편에 따르면 코레는 하계의 왕 하데스와 페르세포네 사이에 태어난 딸이라고 한다.

기본정보

구분	하계의 신
상징	딸, 씨앗
외국어 표기	그리스어: Κόρη 혹은 Κόρα
어원	처녀, 딸
별칭	페르세포네
로마 신화	프로세피나, 코라
관련 신화	페르세포네의 납치, 테세우스의 모험
관련 상징	석류
가족관계	제우스의 딸, 데메테르의 딸, 하데스의 아내

인물관계

코레(코라)는 제우스와 데메테르 사이에서 태어난 페르세포네의 다른 이름이다. 하지만 그녀가 하데스와 결혼하여 낳은 딸의 이름도 코레라고 한다.

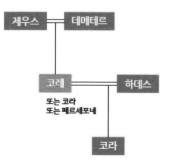

신화이야기

생명의 씨앗 페르세포네

코레는 페르세포네의 다른 이름으로 알려져 있다. 페르세포네는 제우스와 대지의 여신 데메테르 사이에서 난 딸로 꽃밭을 거닐다 하데스에게 납치되어 하계로 끌려갔다가 어머니 데메테르의 강력한 요구로 다시 지상으로 돌아올 수 있었다. 하지만 그녀는 하데스가 건넨 석류를 먹는 바람에 하계를 완전히 떠나지 못하고 1년 중 3분의 2는 지상에 머물고 나머지 3분의 1은 하계에서 하데스의 아내로 지내게 되었다.('페르세포네' 참조)

코레는 원래 '처녀', '딸' 등을 가리키는 말이지만 또한 씨앗을 뜻하는 영어 'core'의 어원이기도 하다. 씨앗은 땅 속에 묻혀 있다가 새로운 생명으로 재탄생하고 다시 씨앗으로 땅 속에 묻히는 과정을 반복하면서 이 세상을 풍요롭게 만드는데, 대지의 여신의 딸인 페르세포네가 하데스에게 납치되어 하계로 내려갔다가 다시 지상으로 귀환하는 과정은 대지에서 이루어지는 생명의 순환을 상징한다고 볼 수 있다. 엘레우시스 비교(秘敎) 의식에서 페르세포네는 어머니 데메테르와 함께 풍요의 신으로 숭배되었는데 이때 그녀는 '코레'라는 이름으로 불렸다.

데메테르와 페르세포네
엘레우시스 신전의 벽에 새겨진 부조
기원전 470년~460년, 루브르 박물관

페르세포네와 하데스의 딸

플루타르코스는 『영웅전』 테세우스 편에서 테세우스가 친구 페이리토오스와 함께 저승에 내려간 이야기를 전하고 있다. 테세우스와 페이리토오스는 의기투합하여 친구가 된 뒤 서로에게 제우스의 딸을 아내로 맞게 해주기로 약속했는데, 페이리토오스가 저승으로 납치된 페르세포네를 선택했으므로 테세우스는 그와 함께 저승으로 내려가게 된다.('페이리토오스' 참조) 그리고 여기서 코레는 저승의 왕 하데스의 왕비가 된 페르세포네가 낳은 딸로 등장한다.

테세우스와 페이리토오스는 페르세포네를 데려오지 못하고 하데스의 술책으로 '망각의 의자'에 앉자 이승에서의 일을 모두 잊고 저승에 붙잡혀 있는 신세가 된다. 나중에 헤라클레스가 저승 문을 지키는 괴수 케르베로스를 잡으러 왔을 때 테세우스는 그에 의해 구출되었지만 페이리토오스는 그대로 저승에 영원히 남겨지고 말았다.

코로노스 Coronus

요약

그리스 신화에 나오는 라피타이족의 왕이다.

아르고호 원정에 참여한 영웅으로, 테살리아 북부에 정착한 도리스인들을 공격하였다가 헤라클레스의 반격을 받아 목숨을 잃었다.

기본정보

구분	라피타이의 왕
외국어 표기	그리스어: Κόρωνος
관련 지명	헬리콘 산
관련 신화	헤라클레스, 헤라클레이다이의 펠로폰네소스 원정
가족관계	카이네우스의 아들, 레온테우스의 아버지, 리시디케의 아버지

인물관계

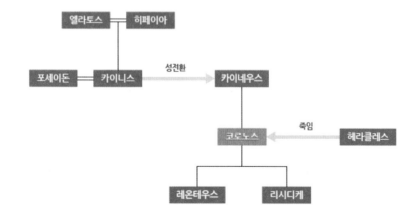

코로노스는 최초의 성전환자로 알려진 라피타이족의 영웅 카이네우스의 아들이다.('카이네우스' 참조) 코로노스에게는 아들 레온테우스와 딸 리시디케가 있었다. 레온테우스는 라피타이족을 이끌고 트로이 전쟁에 참가하였다.

신화이야기

테살리아의 도리스인들을 공격한 코로노스

코로노스는 테살리아 지방의 헬리콘 산 부근에 살았다고 전해지는 전설적인 부족 라피타이족의 왕이다. 그는 헤라클레스 시대에 테살리아 북부에 정착한 도리스인들을 공격하였는데 당시 도리스인들을 다스리고 있던 아이기미오스 왕은 이를 물리치기 위해 헤라클레스에게 도움을 청하였다. 아이기미오스는 헤라클레스에게 코로노스를 물리쳐주면 왕국의 3분의 1을 주겠다고 약속했다.

이 전쟁은 헤라클레스의 승리로 끝났고 코로노스는 헤라클레스에게 목숨을 잃었다. 아이기미오스가 약속한 보상을 주려고 하자 헤라클레스는 사양하면서 그것을 나중에 자기 자손들(헤라클레이다이)에게 주라고 부탁했다. 이에 아이기미오스는 헤라클레스의 아들 힐로스를 자신의 의붓아들로 삼아 약속의 이행을 다짐했다.

코로니스 Coronis

요약

그리스 신화에 나오는 테살리아 왕 플레기아스의 딸이다.

아폴론과 사랑을 나누어 임신을 했으나 다른 인간 남성과 결혼하려 하다가 신의 노여움을 사서 죽었다. 죽은 그녀의 몸에서 배를 가르고 꺼낸 아이가 아폴론에 뒤이어 의술의 신이 된 아스클레피오스이다.

기본정보

구분	공주
상징	배신당한 사랑
원어 표기	그리스어: Κορωνίς
어원	까마귀
관련 동물	까마귀

인물관계

코로니스는 테살리아 왕 플레기아스의 딸로 익시온과 남매지간이다. 아폴론과 사이에서 의술의 신 아스클레피오스를 낳았다.

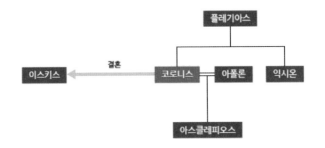

아폴론과 코로니스
아담 엘스하이머(Adam Elsheimer), 1606~1608년, 워커아트 갤러리

신화이야기

검은색으로 변한 흰까마귀

아폴론은 테살리아의 아름다운 공주 코로니스를 무척 사랑하였다. 하지만 늘 그녀와 함께 있을 수 없었던 아폴론은 흰까마귀를 보내 자신이 없는 동안 그녀를 감시하게 하였다. 코로니스도 아폴론을 사랑하였지만 인간인 자신이 계속 나이를 먹어 가면 언젠가 아폴론으로부터 버림을 받을 거라는 생각에 두려웠다. 그러던 중 그녀는 인간 남자인 이스키스 왕을 사랑하게 되었고 이미 아폴론의 아이를 임신하고 있었지만 그와 결혼까지 하였다.

흰까마귀는 이 사실을 아폴론에게 그대로 전했고, 분노한 아폴론은 당장에 코로니스를 활로 쏘아 죽였다. 하지만 아폴론은 곧 자신의 행동을 후회하였고, 자신에게 너무 성급히 말을 전한 흰까마귀를 원망하여 검은색으로 만들어버렸다.

의술의 신이 된 코로니스의 아들

아폴론은 이미 장작불 위에서 화장되고 있는 코로니스의 시체를 가르고 아기를 꺼냈다. 아폴론은 코로니스의 뱃속에서 꺼낸 자신의 아들 아스클레피오스를 켄타우로스 족의 현자 케이론에게 맡겨 기르게 하였고, 케이론은 그 자신이 아폴론으로부터 배운 의술을 모두 아이에게 전수하였다.

다른 전승에 따르면 코로니스를 활로 쏘아 죽인 것은 아폴론이 아니라 그의 누이인 처녀 신 아르테미스였고, 아이를 죽은 엄마의 뱃속에서 꺼내 케이론에게 맡긴 이는 헤르메스였다고 한다.

의술의 신 아폴론의 피를 받은 아스클레피오스는 곧 아무도 따를 수 없는 뛰어난 의술을 익혔으며, 심지어 죽은 사람을 살리는 방법까지도 터득하였다. 하지만 죽은 자를 되살리는 의술은 세상의 질서를 허무는 위험한 짓이었다. 결국 아스클레피오스는 제우스의 벼락을 맞고 죽게 되지만 나중에 하늘에 올라 신의 반열에 들었다. 아폴론은 의술의 신의 지위를 아들에게 물려주었다.

코로니스의 죽음
작자 미상, 19세기 말

코이오스 Coeus

요약

그리스 신화에 등장하는 티탄 12신의 한 명이다.

크로노스가 아버지 우라노스를 거세할 때 이를 도왔고, 티탄 신족과 올림포스 신들 사이에 전쟁이 벌어졌을 때 참전했다가 패해 저승의 가장 깊은 곳에 있는 타르타로스에 다른 티탄들과 함께 유폐되었다. 로마 신화의 폴루스와 동일시된다.

기본정보

구분	티탄 신족
상징	탐구심, 지성
외국어 표기	그리스어: Κοῖος
어원	의문을 품다, 캐묻다
로마 신화	폴루스
관련 상징	북쪽
관련 신화	우라노스의 거세, 티타노마키아
가족관계	우라노스의 아들, 가이아의 아들, 레토의 아버지

인물관계

가이아와 우라노스 사이에서 태어난 티탄 12신의 하나로, 남매인 포이베와 결혼하여 레토와 아스테리아를 낳았다.

레토는 제우스와 사이에서 아폴론과 아르테미스를 낳았고, 아스테리아는 티탄 신 크리오스와 에우리비아의 아들 페르세스와 결혼하여 마법과 주술의 여신 헤카테를 낳았다.

신화이야기

개요

　신화학자들은 의문을 품고 캐묻는다는 뜻을 지닌 코이오스의 이름 때문에 그를 티탄 신족 중에서 탐구심과 지성을 대표하는 신으로 간주한다. 코이오스는 '밝음'을 뜻하는 이름을 지닌 티탄 여신 포이베(그리스 신화에서 포이베는 예지력을 상징한다)와 결혼하여 레토와 아스테리아를 낳았는데, 레토는 올림포스 신들 중 학술과 예술을 대표하는 아폴론의 어머니이기도 하다. 그리하여 코이오스와 포이베 커플은 우주의 모든 지식이 생겨나는 원초적인 근원으로 간주된다.

하지만 그리스 신화에서 코이오스는 티탄 12신의 목록에 이름만 올릴 뿐 어떤 독자적인 역할로 등장하지는 않는다.

티탄 12신과 티타노마키아

하늘의 신 우라노스와 대지의 여신 가이아 사이에서 태어난 자식으로 오케아노스, 코이오스, 크리오스, 히페리온, 이아페토스, 크로노스 등 6명의 남신(티타네스)과 테이아, 레아, 테미스, 므네모시네, 포이베, 테티스 등 6명의 여신(티타니데스)이 있다. 이들은 원초적인 신들의 세대에 속하며 막내 크로노스로부터 올림포스 신들의 세대가 나왔다.

크로노스는 아버지 우라노스를 거세하고 우주의 지배자가 되었지만 아들 제우스가 이끄는 올림포스 신들과의 싸움(티타노마키아)에서 패해 권좌에서 쫓겨났다. 이 패배로 인해 티탄 신들은 대부분 저승의 최하층인 타르타로스에 유폐되었고 세상에는 올림포스 신들의 시대가 열렸다.

우라노스의 거세에 가담한 크리오스

막내 크로노스가 어머니 가이아의 지시로 아버지 우라노스를 거세할 때 코이오스는 다른 형제 히페리온, 크리오스, 이아페토스 등과 함께 우라노스를 움직이지 못하게 붙잡았다. 그러고 나서 크로노스는 어머니 가이아에게서 받은 낫(하르페)으로 우라노스의 성기를 잘랐다. 이때 코이오스는 북쪽 방향에서 아버지를 붙잡았는데 이 때문에 북쪽 또는 북극을 관장하는 티탄이 되었다.

티탄 6형제 중 유일하게 오케아노스만이 크로노스를 돕지 않았으

며, 제우스가 크로노스를 폐위시킬 때도 오케아노스는 제우스를 도
왔다.

티탄의 몰락
코르넬리스 반 하를렘(Cornelis van Haarlem), 1588년경, 덴마크 국립 미술관

코키토스 Cocytus

요약

그리스 신화에서 저승을 감싸고 흐르는 강, 혹은 강의 신이다.

코키토스는 불이 흐르는 강 플레게톤과 반대로 얼음장처럼 차가운 물이 흐른다. 이 강의 물을 마시면 망자들은 지상에서의 삶이 끝났다는 것을 깨닫고 비탄에 잠기게 된다.

탄식의 강 코키토스는 슬픔의 강 아케론, 불의 강 플레게톤, 망각의 강 레테, 증오의 강 스틱스와 함께 하데스의 나라를 아홉 물굽이로 감싸고 흐른다.

기본정보

구분	강의 신
상징	죽음의 인식
외국어 표기	그리스어: Κώκυτος
어원	탄식, 통곡, 흐느낌
관련 자연현상	화산, 용암
가족관계	아이게스타의 남편, 아이게스테스의 아버지

신화이야기

저승을 흐르는 강

호메로스는 망자가 저승으로 가려면 슬픔의 강 아케론, 탄식의 강 코키토스, 불의 강 플레게톤, 망각의 강 레테, 증오의 강 스틱스 다섯

저승의 강을 건너는 망자들
판화, 귀스타브 도레(Paul Gustave Dore), 1861년

개의 강을 차례로 건너야 한다고 했다. 망자의 영혼은 슬픔과 탄식에 젖어 아케론과 코키토스를 건넌 뒤 플레게톤의 불길 속에서 영혼을 정화하고 망각의 강 레테의 강물을 마셔 이승에서의 일들을 모두 뒤로 한 채 증오의 강 스틱스를 건너 영원히 하데스의 나라로 들어가는 것이다.(전승에 따라 레테와 스틱스는 순서가 바뀌기도 한다)

망자의 영혼은 저승의 강을 건널 때 뱃사공 카론의 배를 타야 하는데 이때 반드시 뱃삯을 지불해야 한다. 장례 때 망자의 입에 동전을 물려주는 것은 그 때문이다. 그렇지 않으면 영원히 저승에 들어가지 못하고 스틱스 강가에 머물러 있어야 하므로 망자에게 카론의 뱃삯을 챙겨주는 일은 장례에서 매우 중요한 의식이었다.

문학 작품 속의 코키토스

고대 작가 중 저승의 강 코키토스를 언급하거나 묘사한 사람으로는 호메로스, 아이스킬로스, 플라톤, 베르길리우스, 키케로, 아풀레이우스 등이 있다.

단테는 『신곡』 '지옥편'에서 코키토스를 마왕 루시퍼

단테의 코키토스
귀스타브 도레(Paul Gustave Dore), 1861〜1868년

의 차가운 날갯짓에 온통 꽁꽁 얼어붙은 얼음투성이의 지옥으로 표현하고 있다. 코키토스의 유리 같은 얼음물 속에는 온갖 '배신자들'이 꽁꽁 얼어 있다.

영국의 시인 밀턴도 『실락원』에서 지옥을 흐르는 다섯 개의 강을 언급하였다. 그에 따르면 천상에서

얼어붙은 코키토스를 건너는 단테와 베르길리우스
판화, 귀스타브 도레(Paul Gustave Dore), 1890년

반란을 일으켰다가 지옥으로 떨어진 악마의 무리들은 우두머리인 사탄이 지상으로 떠난 사이 "저 험악한 세계(지옥)를 탐험코자 대담한 모험에 나서" 지옥을 흐르는 강을 따라 사방으로 나아갔는데, 그 강

들은 "죽음 같은 미움의 물결인 증오의 강, 검고 깊고 뼈저린 비애의 강, 회한의 통곡 소리 드높은 비탄의 강, 폭포 같은 불길이 분노로 이글거리며 용솟음치는 무시무시한 불의 강, 그리고 멀찌감치 떨어져 조용히 흐르는 망각의 강"이라고 했다.

얼어붙은 코키토스 위의 단테와 베르길리우스
헨리 푸젤리(Henry Fuseli), 1774년
취리히 미술관

윌리엄 셰익스피어도 희곡 『티투스 안드로니쿠스』에서 저승의 강 코키토스를 언급하였다.

콘센테스 Consentes

요약

로마 신화에 등장하는 6명의 남신과 6명의 여신으로 이루어진 12명의 주신을 말한다. 남신으로는 유피테르, 넵투누스, 마르스, 아폴로, 불카누스, 메르쿠리우스가 있고, 여신으로는 유노, 미네르바, 베누스, 디아나, 베스타, 케레스가 있다.

기본정보

구분	지명, 명칭
상징	로마 신화의 12주신(主神)
외국어 표기	라틴어: Dii Consentes, Dei Consentes, Dii Complices
어원	라틴어 동사 consentio의 '느끼다, 조화되다, 일치하다'에서 유래된 형용사 consentes의 의미는 '함께 하는, 조화로운, 일치하는'이다. 따라서 어원은 '함께 하는 신들, 조화로운 신들, 한결 같은 신들'이다.
관련 신화	올림포스

신화이야기

유래

고대 로마인들의 12신 숭배는 고대 에트루리아인들의 전통에서 비롯된다. 그들은 오늘날 이탈리아 중부에 위치한 토스카나 지방에 12개의 도시 국가를 건설하여 연맹을 이루었는데, 에트루리아는 그 당시 도시 국가가 건설된 지역의 고대 지명이다.

에트루리아인들은 12신을 주신으로 숭배했으며, 12신 중 최고의 신으로 유피테르를 받들었다. 그들은 유피테르가 중요한 결정을 내릴 때 나머지 11명의 신들이 유피테르의 자문 역할을 했다고 여겼다. 에트루리아인들의 12주신 숭배가 로마 신화의 12주신 설정, 즉 콘센테스의 설정에 결정적인 영향을 끼친 것으로 추정된다.

로마 신화의 콘센테스는 누구인가

고대 로마의 서정 시인 퀸투스 엔니우스는 기원전 3세기 말엽에 콘센테스 12주신, 즉 6명의 남신과 6명의 여신의 명단을 작성하였는데, 그 명단은 다음과 같다.

1) 6명의 남신: 유피테르, 넵투누스, 마르스, 아폴로, 불카누스, 메르쿠리우스

2) 6명의 여신: 유노, 미네르바, 베누스, 디아나, 베스타, 케레스

12신 제단
콘센테스 12신의 모습으로 추정
고대 로마 도시 가비이에서 발굴된 대리석 조각, 기원전 1세기경, 루브르 박물관

고대 로마의 역사가 티투스 리비우스는 콘센테스를 남신-여신의 6쌍으로 배열시켰다. 즉 ① 유피테르-유노, ② 넵투누스-미네르바, ③ 마르스-베누스, ④ 아폴로-디아나, ⑤ 불카누스-베스타, ⑥ 메르쿠리우스-케레스이다.

로마 신화의 콘센테스 vs 그리스 신화의 올림포스 12신

고대 로마인들은 콘센테스의 12주신을 그리스 신화의 올림포스 12신과 유사한 존재로 그리고 유사한 역할을 하는 신으로 여겼다.

로마 신화의 콘센테스와 그리스 신화의 올림포스 12신과의 대응관계 및 그 역할과 상징을 표로 정리하면 다음과 같다.

로마 신화의 콘센테스 12신	그리스 신화의 올림포스 12신	역할과 상징
유피테르	제우스	천지를 지배하는 최고의 신
유노	헤라	최고의 여신
넵투누스	포세이돈	바다의 신
미네르바	아테나	지혜와 전쟁의 여신
마르스	아레스	전쟁의 신
베누스	아프로디테	미와 사랑의 여신
아폴로	아폴론	음악의 신이자 태양의 신
디아나	아르테미스	사냥과 출산의 여신
불카누스	헤파이스토스	화산과 대장간의 신
베스타	헤스티아	밤과 화로의 여신
메르쿠리우스	헤르메스	전령의 신이자 나그네의 수호신
케레스	데메테르	곡물의 성장을 주관하는 대지의 여신

포르티쿠스 데오룸 콘센티움

콘센테스 12신의 신상은 로마의 가장 오래된 도시 광장인 포룸 로마눔에서 카피톨리움 언덕으로 올라가는 길목에 세워진 주랑(柱廊)에 조각되어 있다. 콘센테스의 열주(列柱)는 367년 고대 로마의 귀족 베티우스 아고리우스 프라에텍타투스에 의해 재건축된 신전 '포르티쿠스 데오룸 콘센티움'에 자리 잡고 있다.

콤베 Combe

요약

그리스 신화에 나오는 에우보이아 섬의 님페로 강의 신 아소포스의 딸이다.

콤베는 어린 제우스를 크로노스의 손길에서 보호해준 것으로 유명한 쿠레테스 형제를 낳은 어머니이다. 콤베는 최초로 청동 무기를 제작하였으며 또 남자와 동거생활을 시작한 최초의 여성이기도 하다.

기본정보

구분	님페, 전원의 신
상징	청동
외국어 표기	그리스어: Κόμβη
별칭	칼키스
관련 상징	청동 방패와 창
관련 신화	제우스의 탄생, 쿠레테스
가족관계	아소포스의 딸, 소코스의 아내, 멜리세우스의 어머니

인물관계

콤베는 강의 신 아소포스의 딸로 에우보이아 섬의 신 소코스와 사이에서 멜리세우스, 프림네우스, 미마스, 아크몬, 담네우스, 오키토오스, 이다이오스 일곱 명의 쿠레테스를 낳았다.

멜리세우스는 제우스의 유모로 유명한 아드라스테이아와 이데(혹은 아말테이아와 멜리사) 자매의 아버지라고도 한다.

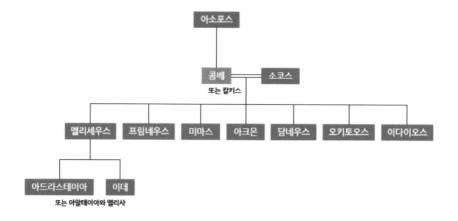

신화이야기

개요

콤베는 강의 신 아소포스의 딸로 에우보이아 섬의 님페이다. 콤베는 칼키스라는 이름으로 불리기도 했는데 이는 그녀가 최초로 청동 무기를 제작한 인물로 알려진 것과 관련이 있다. 칼키스라는 이름은 청동을 뜻하는 그리스어 '칼콘'에서 유래하였기 때문이다. 에우보이아 섬의 도시 칼키스는 그녀의 이름에서 따온 것이다. 하지만 다른 설에 따르면 칼키스는 아소포스의 또 다른 딸의 이름이며 자주 콤베와 혼동되었다고 한다.

그밖에도 콤베는 남자와 동거생활을 시작한 최초의 여성이며 백 명이 넘는 자식들을 낳았다고 한다.

콤베와 쿠레테스

콤베는 에우보이아 섬의 신 소코스와 사이에서 일곱 명의 쿠레테스 형제를 낳았다. 콤베는 난폭한 소코스를 피해 자식들과 함께 크레타 섬의 크노소스로 도망쳤다가 나중에 프리기아를 거쳐 아테네의 케크롭스 왕에게로 피신해야 했다. 콤베와 쿠레테스는 케크롭스 왕이 소코스를 죽인 뒤 다시 에우보이아로 돌아갔다고 한다.

아말테이아(왼쪽)와 춤을 추고 있는 쿠레테스 형제
1811년, 『신화갤러리』 수록 그림

쿠레테스는 갓 태어난 제우스가 아버지 크로노스의 추적을 피해 크레타 섬의 이데 산 동굴에 숨어 있을 때 청동 방패와 창을 두드리며 춤을 추어 아기의 울음소리가 크로노스의 귀에 들리지 않도록 보호해준 것으로 유명하다. 일설에는 이데 산 동굴에서 어린 제우스에게 염소젖과 꿀을 먹여 키워준 님페 자매 아드라스테이아와 이데(혹은 아말테이아와 멜리사)가 쿠레테스 형제 중 하나인 멜리세우스의 딸들이라고 한다.

새로 변신한 콤베

오비디우스의 『변신이야기』에는 아이톨리아의 플레우론이라는 곳에서 "오피우스의 딸 콤베"가 자신을 해코지하려는 아들들을 피해 도망치다 새로 변신하였다는 이야기가 전해진다. 하지만 이 신화의 콤베와 그 아들들이 에우보이아의 콤베와 그 아들들인 쿠레테스와 동일 인물인지는 확실치 않다.

크라토스 Cratus, Cratos

요약

그리스 신화에 등장하는 힘, 권력을 의인화한 신이다.

티탄 전쟁 때 형제들과 함께 제우스의 편에 서서 싸운 공로로 그의 심복이 되었다. 제우스는 자신의 명을 어기고 인간을 도운 죄로 프로메테우스를 벌할 때 크라토스와 비아 남매를 형벌의 집행자로 삼았다.

기본정보

구분	개념이 의인화된 신
상징	힘, 권력, 지배
외국어 표기	그리스어: Κράτος
관련 신화	티타노마키아, 프로메테우스의 형벌
가족관계	스틱스의 아들, 팔라스의 아들, 니케의 남매, 젤로스의 형제

인물관계

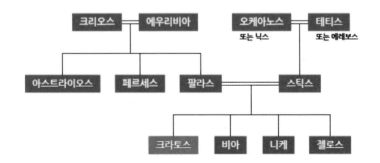

크라토스는 티탄 신 크리오스와 에우리비아의 아들인 거인 팔라스와 저승을 흐르는 강의 여신 스틱스 사이에서 태어났다.

팔라스와 스틱스 사이에서는 그밖에도 승리의 여신 니케, 경쟁의 신 젤로스, 폭력의 신 비아가 태어났다.

신화이야기

스틱스와 그 자녀들

대양강 오케아노스의 물줄기에서 갈라져 나와 아르카디아의 협곡을 지나 저승으로 흘러드는 강의 여신 스틱스는 티탄 신족인 팔라스와 결혼하여 니케(승리), 크라토스(힘), 비아(폭력), 젤로스(경쟁심) 4자녀를 낳았다. 하지만 스틱스는 제우스가 티탄 신족과 전쟁을 벌였을 때(티타노마키아) 자녀들과 함께 제일 먼저 달려가 제우스의 승리를 도왔다. 제우스는 이때의 공을 높이 사서 신들에게 중요한 맹세를 할 때 스틱스의 이름을 걸고 약속하도록 명했으며, 그녀의 자녀들은 자신을 항상 동행하는 심복으로 삼았다.

프로메테우스에 대한 형벌의 집행자

프로메테우스는 제우스의 명령을 어기고 인간에게 몰래 불과 지혜를 선사한 죄로 카우카소스의 바위산에 쇠사슬로 묶인 채 독수리에게 간을 쪼아 먹히는 벌을 받았다. 이때 제우스는 스틱스의 자녀인 크라토스와 비아를 형벌의 집행자로 삼아 대장장이 신 헤파이스토스가 만든 절대로 끊어지지 않는 쇠사슬을 가지고 프로메테우스를 바위에 결박하게 하였다.

제우스가 보낸 독수리에게 쪼아 먹힌 프로메테우스의 간은 하룻밤만 지나면 다시 온전하게 새 살이 돋아났기 때문에 프로메테우스는 날마다 똑같은 고통을 받아야 했다. 프로메테우스를 이 영원한 고통에서 해방시켜준 이는 영웅 헤라클레스였다.

그리스 신화에서 권력의 신 크라토스와 폭력의 여신 비아 남매는 대개 함께 등장한다.

지배와 통치의 어원이 된 크라토스

그리스어에서 지배, 통치를 뜻하는 '크라티아(kratia)'는 크라토스에서 유래한 단어이다. 예를 들어 민주주의(demokratia, democracy)는 민중을 뜻하는 '데모스'와 권력을 뜻하는 '크라토스'가 합해져서 만들어진 개념이다.

비디오 게임 속의 크라토스

크라토스(크레토스)는 소니 플레이스테이션용 비디오 게임 시리즈 〈갓 오브 워〉의 주인공 이름이다. 하지만 비디오 게임 속의 크라토스는 힘과 권력이 의인화된 캐릭터라는 점을 빼고는 그리스 신화의 크라토스와 거의 관계가 없는 인물이다. 신화 속의 크라토스가 프로메테우스를 결박하는 인물이라면 게임 속 크라토스는 프로메테우스를 해방시켜주고, 뒤에 가서는 제우스의 아들로 밝혀진다.

크레스 Cres

요약

그리스 신화에 나오는 크레타 섬의 시조이자 최초의 통치자이다.

크레타 섬의 첫 번째 주민들로 알려진 에테오크레타인('진짜 크레타인'이라는 뜻)을 다스렸다고 한다.

기본정보

구분	크레타의 왕
상징	크레타의 시조, 기원
외국어 표기	그리스어: Κρής
관련 지명	크레타 섬
관련 신화	제우스의 탄생, 청동인간 탈로스
가족관계	제우스의 아들, 이다이아의 아들, 탈로스의 아버지

인물관계

크레스는 제우스와 이데 산의 님페 이다이아 사이에서 태어난 아들이라고도 하고, 대지에서 저절로 생겨난 인간이라고도 한다. 크레타 섬을 외부의 침입으로부터 수호하는 청동인간 탈로스가 그의 아들이라는 설도 있다.

신화이야기

최초의 크레타인

크레타 섬의 전설적인 통치자 크레스에 관해서는 여러 가지 이야기들이 전해진다. 그는 제우스가 크레타 섬에 있는 이데 산의 님페 이다이아에게서 얻은 아들로 알려져 있다. 하지만 디오도로스 시켈로스같은 학자는 그가 대지에서 곧바로 태어난 인간으로 최초의 에테오크레타인('진짜 크레타인'이라는 뜻)이었다고 말한다.

크레타 최초의 통치자

크레스는 크레타 섬의 첫 번째 주민들로 알려진 에테오크레타인들을 다스린 크레타 최초의 왕이며, 미노스 왕에 앞서 크레타인들에게 법을 제정해주었다고 한다.

제우스의 보호자

크레스는 또 아직 어린 제우스가 아버지 크로노스에 의해 목숨을 위협받고 있을 때 이데 산에 은신처를 마련해주었다고 한다. 그래서 그를 대모신 키레네의 시종으로 알려진 쿠레테스(코리반테스)의 한 명으로 보기도 한다.(제우스가 이데 산에서 쿠레테스들의 보살핌을 받으며 자랐다는 신화에 따른 설로 보인다. '아말테이아' 참조)

탈로스의 아버지

파우사니아스는 크레스 왕이 크레타 섬의 수호자로 유명한 청동거인 탈로스의 아버지라고도 하였다. 하지만 탈로스의 기원에 관해서는 대장장이 신 헤파이스토스 또는 전설의 장인 다이달로스가 만든 인조인간이라는 설도 있다.

탈로스는 아르고호 원정대를 따라 크레타 섬에 온 마녀 메데이아에 의해 목숨을 잃었다. 메데이아는 그의 유일한 약점인 발뒤꿈치의 못을 뽑아 몸 속을 흐르는 신의 피 '이코르'를 모두 밖으로 흘러나오게 하여 그를 죽였다고 한다.

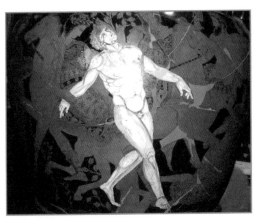

탈로스의 죽음
크레타 화병 그림, 기원전 4세기, 야타 국립고고학박물관
©Forzaruvo94@wikimedia(CC BY-SA 3.0)

크레스폰테스 Cresphontes

요약

그리스 신화에 등장하는 헤라클레스의 후손으로 메세니아의 왕이다. 형제들과 함께 펠로폰네소스를 정복한 뒤 제비뽑기를 통해 메세니아의 통치권을 차지하였다. 평민에 우호적인 정책을 펴다 귀족들의 반란으로 살해당했다.

기본정보

구분	메세니아의 왕
상징	꾀
외국어 표기	그리스어: Κρεσφόντης
관련 신화	헤라클레이다이의 펠로폰네소스 정복
가족관계	메로페의 남편, 아이피토스의 아버지, 테메노스의 형제

인물관계

크레스폰테스는 아리스토마코스의 세 아들 중 하나로 헤라클레스의 후손이다. 다른 두 형제는 테메노스와 아리스토데모스이다.

그는 아르카디아 왕 킵셀로스의 딸 메로페와 결혼하여 아이피토스 등 여러 명의 아들을 낳았다.

```
제우스 ── 알크메네 ── 암피트리온

데이아네이라 ── 헤라클레스          이피클레스

        힐로스 ── 이올레              이올라오스

        클레오다이오스

        아리스토마코스                        킵셀로스

테메노스        아리스토데모스    크레스폰테스 ── 메로페

아켈라오스   에우리스테네스  프로클레스    아이피토스   다른 여러 아들
                    헤라클레이다이
```

신화이야기

헤라클레이다이의 펠로폰네소스 정복

헤라클레스가 죽고 난 뒤 미케네 왕 에우리스테우스에게 핍박받던 헤라클레스의 후손들(헤라클레이다이)은 아테네 왕 테세우스(혹은 그의 자손들)의 도움으로 에우리스테우스를 물리친 뒤 펠로폰네소스에 대한 헤라클레스의 권리를 주장하며 정복에 나섰다. 헤라클레스는 본래 아버지 제우스의 뜻에 따라 펠로폰네소스 반도의 아르고스, 라코니아, 메세니아 등 광범위한 지역을 다스리게 될 예정이었지만 헤라 여신의 방해로 에우리스테우스 왕에게 이 지역의 통치권을 빼앗겼기 때문이다.

헤라클레이다이는 3세대에 걸쳐 여러 차례 공략한 끝에 마침내 펠로폰네소스 반도를 손에 넣는 데 성공하였다. 펠로폰네소스 반도를 정복한 이들은 아리스토마코스의 세 아들 테메노스, 크레스폰테스, 아리스토데모스로 헤라클레스의 4대손이었다. 삼형제는 펠로폰네소스를 나누어 다스리기로 하고 아르고스, 라코니아, 메세니아 세 지역의 통치권을 제비뽑기로 정하였다.

제비뽑기를 통한 영토 분할

제비뽑기는 삼형제의 이름이 적힌 도기 조각을 물이 가득 찬 항아리 속에 넣은 다음 이름이 나오는 순서대로 아르고스, 라코니아, 메세니아를 차지하기로 했다. 제비뽑기에는 테메노스와 크레스폰테스 그리고 전쟁터에서 죽은 아리스토데모스의 두 아들 프로클레스와 에우리스테네스가 참여했다.

하지만 세 지역 중 가장 비옥한 땅인 메세니아를 차지하고 싶었던 크레스폰테스는 꾀를 썼다. 불에 굽지 않은 도기 조각에 자기 이름을 적어서 물항아리에 넣었을 때 녹아버리게 했던 것이다. 그 결과 아르고스와 라코니아의 주인을 정할 때 크레스폰테스의 이름이 적힌 도기 조각이 뽑히지 않았고 그는 소망대로 메세니아를 손에 넣었다. 아르고스는 테메노스의 차지가 되었고 라코니아는 아리스토데모스의 두 아들에게 돌아갔다.

각자의 몫이 정해진 뒤 그들은 각기 제우스에게 제단을 쌓고 제물을 바쳤다. 의식이 끝난 뒤 제단 위에서는 징표가 보였는데, 아르고스의 제단에서는 두꺼비가, 라코니아의 제단에서는 뱀이 보였지만 메세니아의 제단에서는 여우가 보였다. 이와 관련하여 예언자들은 두꺼비를 본 자들은 도시에 머무는 것이 상책이고 뱀을 본 자들은 무서운 공격자들이 될 것이며 여우를 본 자들은 꾀가 많을 거라고 풀이했다.

아버지의 원수를 갚은 아이피토스

　메세니아의 통치자가 된 크레스폰테스는 이웃나라 아르카디아 왕 킵셀로스의 딸 메로페와 결혼하여 여러 명의 아들을 낳았다. 크레스폰테스는 메세니아를 다섯 지역으로 나누어 각각 총독을 두고 평민들에게 우호적인 정책을 폈다. 하지만 이것이 귀족들의 반발을 사면서 자식들과 함께 살해당하고 말았다. 유일하게 어린 아들 아이피토스만 간신히 화를 면하여 외할아버지 킵셀로스에게로 도망쳤다. 귀족들의 반란을 주도한 것은 마찬가지로 헤라클레이다이의 하나인 폴리폰테스였다. 폴리폰테스는 죽은 크레스폰테스의 아내 메로페를 강제로 자신의 아내로 삼았다.

　아이피토스는 아르카디아에서 외할아버지 킵셀로스 왕의 보살핌 속에 성장하였다. 어른이 되어 메세니아로 돌아온 아이피토스는, 폴리폰테스를 죽여 아버지의 원수를 갚고 메세니아의 왕위에 올랐다.

크레온 Creon

요약

 오이디푸스의 외삼촌이자 처남인 크레온은 테바이를 세 번에 걸쳐 다스렸다. 라이오스가 죽은 뒤 테바이의 왕이 되었지만 오이디푸스가 스핑크스의 수수께끼를 풀었을 때 그에게 왕위를 넘겨주었고, 오이디푸스의 두 아들이 죽은 후 그는 다시 테바이의 실권을 장악했다.

 그는 아르고스의 7장군과 함께 테바이를 공략한 오이디푸스의 아들 폴리네이케스의 매장을 금하고, 그의 명령을 어긴 오이디푸스의 딸 안티고네를 석실에 가두었다. 안티고네가 자살하자 그녀의 약혼자이자 그의 아들인 하이몬 역시 자살하였고, 그 소식을 들은 크레온의 아내 에우리디케도 자살했다.

232

기본정보

구분	테바이의 왕
외국어 표기	그리스어: Κρέων
어원	지배자
관련 신화	오이디푸스, 안티고네
가족관계	메노이케우스의 아들, 이오카스테의 남매, 에우리디케의 남편, 메가라의 아버지

인물관계

 테바이의 크레온은 메노이케우스의 아들이다. 에우리디케와 결혼하여 세 명의 아들 하이몬, 메가레우스(메노이케우스라고도 불린다), 리코메데스와 한 명의 딸 메가라를 두었다. 메가라는 헤라클레스의 첫 번째 아내이다.

크레온은 또한 테바이 왕 라이오스의 아내 이오카스테의 오빠이다. 이오카스테와 라이오스의 아들 오이디푸스의 외삼촌이자 처남이고 이오카스테와 조카 오이디푸스의 자식들인 안티고네, 이스메네, 에테오클레스와 폴리네이케스의 외삼촌이기도 하다.

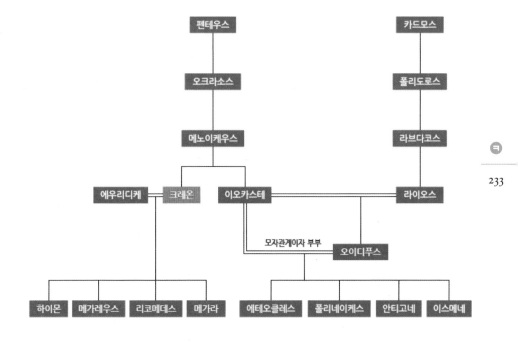

신화이야기

1차 집권 시기

라이오스가 신탁대로 그의 아들 오이디푸스에게 살해당했을 때 크레온은 라이오스의 아내 이오카스테의 오빠로서 테바이의 왕권을 물려받았다.

크레온 치하의 테바이에 큰 재앙이 엄습하였는데 이는 헤라가 스핑크스를 보냈기 때문이었다. 스핑크스는 목소리는 하나이고 처음에는 발이 네 개지만 나중에는 두 개가 되고 마지막에는 발이 세 개가 되는 것이 무엇이냐는 수수께끼를 냈다. 이 수수께끼를 풀지 못하면 테바이인들은 스핑크스에게 죽게 되는데, 테바이인들이 해답을 찾으려고 노력하고 있을 때 스핑크스가 테바이인들을 한 사람씩 잡아먹었다. 크레온은 자신의 아들까지 희생되자 수수께끼를 푸는 자에게 왕위와 라이오스의 아내를 주겠다고 공표했다. 그때 오이디푸스가 나타나 스핑크스의 수수께끼를 풀었고 스핑크스는 성채에서 뛰어내려 자살하였다.

오이디푸스는 크레온의 약속대로 테바이의 왕이 되었고 아무 것도 모른 채 자신의 어머니 이오카스테와 결혼했다. 그들은 두 명의 아들 폴리네이케스와 에테오클레스, 두 명의 딸 이스메네와 안티고네를 두었다.('오이디푸스' 참조)

오이디푸스와 스핑크스
프랑수아 자비에 파브르(Francois Xavier Fabre), 1806~1808년경
뉴욕 다헤시 미술관

또 다른 이야기

크레온이 오이디푸스를 테바이에서 추방하자 오이디푸스는 아티카로 갔는데, 크레온은 오이디푸스를 강제로 테바이로 다시 데려오려 하였다. 오이디푸스가 있어야 테바이가 번영하리라는 델피의 신탁이 있었기 때문이다. 그러나 테세우스의 개입으로 그 시도는 좌절되었다.

2차 집권 시기

오이디푸스가 크레온에게 왕위를 물려받고 테바이를 다스리던 시절, 테바이에 전염병이 창궐하여 많은 시민들이 목숨을 잃었다. 오이디푸스는 크레온에게 델포이로 가서 신탁을 알아오라고 했는데, 결국 예언자 테이레시아스의 입을 통해 오이디푸스의 출생의 비밀이 서서히 드러났다. 그

오이디푸스와 안티고네
샤를 잘라베르(Charles Jalabert), 1842년
마르세유 미술관

235

가 신탁대로 아버지 라이오스를 살해한 살인범이자 어머니와 근친상간을 저지른 패륜아라는 것이 백일하에 드러났고 어머니이자 아내인 이오카스테는 목을 매 자살하였다.

오이디푸스는 자살한 이오카스테를 붙들고 울부짖다가 그녀의 옷에 꽂힌 브로치로 자신의 눈을 찔러 실명한 채 테바이에서 쫓겨났다.(아폴로도로스는 두 눈을 도려냈다고 했다) 크레온은 오이디푸스를 대신해 다시 테바이의 왕이 되었다.

3차 집권 시기

오이디푸스의 두 아들 에테오클레스와 폴리네이케스가 크레온의 뒤를 이어 테바이를 다스렸다. 그들은 1년씩 왕이 되어 테바이를 지배하

기로 합의하였지만 1년이 지나도 에테오클레스가 동생에게 왕위를 내주지 않았다. 폴리네이케스는 이에 반발하여 장인이 왕으로 있는 펠로폰네소스 반도의 아르고스로 망명하여 아르고스의 용감한 장수 6명과 테바이를 공격하였다. 이에 맞서 크레온과 에테오클레스가 함께 전투를 준비했다.('테바이 공략 7장군' 참조)

크레온과 에테오클레스는 테바이가 아르고스의 7장군들에게 포위되어 있을 때 먼저 예언자 테이레시아스에게 조언을 구하였다. 그는 크레온의 아들 메노이케우스를 아레스에게 제물로 바치면 그들이 승리할 것이라고 예언하였고, 이 말을 들은 메노이케우스는 성문 앞에서 자살하였다. 에우리피데스의 『포이니케 여인들』을 보면 테이레시아스가 에테오클레스와 크레온에게 테바이의 귀족들인 이른바 스파르토이 중 한 명을 아레스에게 제물로 바쳐야 테바이가 구원받을 것이라고 조언하였다. 이에 크레온은 아들을 살리기 위해 그를 안전한 곳으로 피신시키려 하지만 모든 사실을 안 메노이케우스가 스스로 자신의 목숨을 끊었다. 오이디푸스의 두 아들은 일대일 결투 끝에 서로에게 치명상을 입히고 모두 목숨을 잃었고, 오이디푸스의 아들이 모두 전사하자 크레온이 다시 테바이의 왕이 되었다.

비극적인 죽음의 연속

크레온은 테바이 시를 위해 목숨을 바친 에테오클레스의 장례를 훌륭하게 치러주되, 아르고스를 위해 싸우다 죽은 폴리네이케스의 시신은 매장하지 말고 새떼와 개떼의 밥이 되게 하라고 명령하였다. 그렇지만 여동생 안티고네는 왕의 포고령을 어기고 폴리네이케스의 장례를 치르다 경비병에게 붙잡혔고, 크레온 왕 앞으로 끌려온 안티고네는 자신이 오빠의 시신을 묻어주었음을 인정하였다. 크레온은 자신의 포고령을 어기고도 뉘우치지 않고 오히려 크레온을 비웃는 안티고네에게 사형을 선고했다.('에테오클레스' 참조)

안티고네의 동생 이스메네는 안티고네가 그의 아들 하이몬의 약혼녀임을 상기시키며 아들의 약혼녀를 정녕 죽일 생각이냐고 설득하였고, 이어 안티고네의 약혼자이자 크레온의 아들 하이몬도 아버지를 설득하려 하였지만 크레온은 안티고네가 살아있다 해도 그녀와 절대 결혼할 수 없다고 단호하게 말했다. 하이몬이 이성적으로 말이 통하지 않는 아버지를 정신 나간 사람이라고 비난하자 분노한 크레온은 안티고네를 당장 약혼자 앞에서 죽이겠다고 위협했다. 하이몬은 자리를 박차고 나갔고 크레온은 안티고네를 사람의 발길이 닿지 않는 곳으로 데려가 석굴(무덤)에 가두라고 명령하였다.

안티고네가 끌려간 후 예언자 테이레시아스가 크레온에게 천륜을 어기면 낭패를 볼 것이니 어리석은 고집을 부리지 말라고 조언하였으나 크레온은 뜻을 꺾지 않았고 테이레시아스는 비극적인 예언을 했다. 그가 자신의 혈육의 죽음을 눈앞에서 보게 될 것이며 아르고스 전사자들의 시신을 수습하지 못하게 한 비인륜적인 처사에 분개한 아르고스인들이 테바이를 다시 공격할 것이라는 것이었다. 불안해진 크레온은 안티고네를 풀어주기 위해 서둘러 석굴로 갔지만 무덤의 맨 안쪽에서 목을 매 자살한 안티고네를 발견하였다. 아들 하이몬은 두 팔로 그녀의 허리를 끌어안고 자신의 불행한 사랑에 절규하였고, 크레온은 울면서 아들을 만류하였지만 하이몬은 그런 아버지를 무섭게 노려보고 아버지의 얼굴에 침을 뱉었다. 그는 칼을 빼서 크레온을 찌르려다 실패하자 스스로 목숨을 끊었고, 이리하여 안티고네와 하이몬은 죽은 후에야 비로소 나란히 눕게 되었다.

궁전으로 돌아온 크레온은 설상가상으로 아내 에우리디케가 절망하여 자살했다는 비보를 접했는데, 에우리디케가 제단 옆에서 예리한 칼로 자살하면서 먼저 죽은 두 아들 메노이케우스와 하이몬을 위해 눈물을 흘리며 마지막까지 아들들을 죽음으로 내몬 크레온에게 악운을 빌고 죽었다는 소식을 들었다. 크레온은 아들과 아내를 잃고 때늦은 후회를 하였다.(소포클레스의 『안티고네』)

크레우사 Creusa

요약

    트로이의 공주인 크레우사는 아이네이아스의 아내이다.

    트로이가 멸망했을 때 남편 아이네이아스와 트로이를 떠나는 중에 여신 키벨레에게 납치되어 남편과 떨어지게 된 그녀는 남편에게 망령으로 나타나 새로운 나라를 세우기 위해 트로이를 떠나라고 말했다.

기본정보

구분	공주
외국어 표기	그리스어: Κρέουσα
어원	공주
관련 신화	트로이 전쟁, 아이네이아스

인물관계

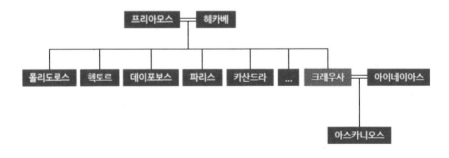

    트로이의 마지막 왕 프리아모스와 헤카베의 딸이다. 그는 안키세스

와 아프로디테의 아들 아이네이아스의 아내이고 그들 사이에서 아들 아스카니오스(이울로스)가 태어났다. 크레우사는 공주라는 의미이다.

신화이야기

트로이의 함락

오디세우스의 목마 계략에 철저하게 속은 트로이는 한밤중에 그리스군의 기습 공격을 당해 도시는 아수라장이 되었다. 아이네이아스는 잠결에 트로이의 영웅 헥토르의 모습을 보았는데, 그는 더없이 슬픈 표정으로 눈물을 쏟으며 그 앞에 서 있었다. 평상시의 위풍당당한 헥토르와는 완전히 다른 모습에 아이네이아스는 대체 무슨 일로 그렇게 얼굴이 망가졌는지 물었다. 헥토르는 그의 질문에 대답하지 않고 어서 이 불구덩이에서 도망가라고 말하며 아이네이아스가 새로운 강력한 도시를 세울 것이라고 예언하였다.

도처에서 비명 소리가 들려오고 도시는 화염에 휩싸였다. 아이네이아스는 헥토르의 충고를 뒤로 한 채 트로이의 젊은이들과 적군을 헤치고 트로이 시로 달려갔다.

카산드라는 미네르바의 신전에서 두 손이 밧줄에 묶인 채 끌려가고 있었고 프리아모스 왕과 그의 아들 폴리테스는 신전에서 아킬레우스의 아들 네오프톨레모스의 칼에 잔인하게 살해되었다. 목이 잘려 나간 프리아모스의 시신을 본 아이네이아스는 두려움에 휩싸였고, 그 순간 자신의 아버지 안키세스와 아내 크레우사, 아들 이울로스(아스카니오스의 다른 이름)가 떠올랐다.

마침 그는 그 곳에 숨어 있던 헬레네를 발견하였는데 트로이를 파멸시킨 여인에 대한 분노로 헬레네에게 달려갔다. 그 순간 그의 어머니 아프로디테가 모습을 드러냈다. 천상의 모습 그대로 아들에게 나타난

트로이를 떠나는 아이네이아스와 크레우사
페데리코 바로치(Federico Barocci), 1598년, 보르게세 미술관

아프로디테는 이 모든 불행과 재앙은 누구의 탓도 아니고 신들의 가혹함 때문이니 우선 힘없는 아버지 안키세스와 아내 크레우사, 아들 아스카니오스의 생사부터 확인하라고 말했다. 그리고 더 이상 트로이를 구하기 위해 노력하지 말고 빨리 달아나라고 경고했다.

트로이를 떠나는 아이네이아스

아이네이아스는 집으로 돌아와 아버지와 가족을 데리고 트로이를 떠나려고 했다. 그러나 아버지 안키세스는 크레우사와 온 집안 식구가 눈물로 호소해도 아이네이아스에게 자신을 두고 가족들과 빨리 떠나라고 말했다. 아이네이아스는 어머니 아프로디테를 부르며 자신의 눈으로 크레우사와 자신의 가족이 서로의 피 속에 파묻혀 죽는 모습을 보아야 하는지 한탄했다. 그는 다시 무구를 차려 입고 적진으로 뛰어들려고 했다. 그때 문턱에 서 있던 크레우사가 아이네이아스를 붙잡고 어린 아들을 내밀며 호소하였다. "당신이 죽으러 간다면 무슨 일이든 함께 하게 해주세요. 이 집부터 지켜주세요. 어린 이올로스와 늙은 아버지와 당신의 아내인 나는 누구를 의지해야 합니까?" 그때 아들 이올로스에게 경이로운 기적이 일어났고 이어서 천둥소리가 울리더니 별 하나가 찬란하게 빛나며 이다 산의 숲 속으로 떨어졌다. 그리고 주위는 온통 유황 냄새로 가득 채워졌다.

안키세스는 이 모든 일이 좋은 전조라고 생각하고 아들을 따라 트로이를 떠나기로 결심하였다. 아이네이아스는 아버지를 목에 태우고 이올로스의 손을 잡고 집을 떠났다. 아내 크레우사가 그들의 뒤를 따랐다. 아이네이아스는 하인들에게 케레스 신전의 삼나무 고목에서 만나자고 말하고 길을 떠났는데, 약속 장소인

트로이를 떠나는 아이네이아스
엠포라 붉은 도기 그림, 기원전 470년
뮌헨 국립고대미술박물관

케레스의 신전에 도착했을 때 비로소 아내가 없어진 것을 깨달았다. 아들과 아버지를 챙기느라 크레우사를 미처 챙기지 못한 것이었다.

아이네이아스는 크레우사를 찾기 위해 무구를 갖추고 다시 트로이로 달려가 크레우사의 이름을 거듭 불렀으나 어디에서도 그녀의 대답은 들리지 않았다. 그때 크레우사의 망령이 평상시보다 큰 모습으로 그의 앞에 나타났다. 크레우사는 대지의 여신 키벨레가 그녀를 붙들고 있으니 자신을 위해 더 이상 눈물을 흘리지 말라고 말했다. 이어 그가 바다를 건너가 새로운 국가를 세우게 될 것이라고 말하고 눈물을 흘리며 사라졌다. 아이네이아스는 몇 번이나 크레우사를 안으려고 했으나 그녀의 환영은 그의 두 손에서 빠져나갔다. 이다 산에 샛별이 뜨자 아이네이아스는 아버지 안키세스를 업고 이다 산으로 향하였다.

크레테우스 Cretheus

요약

그리스 신화에서 테살리아의 도시 이올코스를 건설한 왕이다.

아내 티로와 사이에서 아이손 등 세 아들을 얻었으나 그가 죽은 뒤
이올코스의 왕위는 티로가 결혼 전에 포세이돈과 사이에서 낳은 아
들 펠리아스에게로 넘어갔다. 훗날 아이손의 아들 이아손은 콜키스의
황금 양털을 가져오면 이올코스의 왕위를 돌려주겠다는 펠리아스의
제안에 따라 아르고호 원정대를 결성한다.

기본정보

구분	이올코스의 왕
외국어 표기	그리스어: Κρηθεύς
관련 신화	아르고호 원정대, 콜키스의 황금 양털, 이아손

인물관계

크레테우스는 아이올로스의 일곱(혹은 여덟) 아들 중 첫째이며, 시시
포스의 형제이다. 그는 자신의 또 다른 형제인 살모네우스의 딸 티로
와 결혼하여 아이손, 페레스, 아미타온을 낳았다. 또한 티로가 그와
결혼하기 전에 포세이돈과의 사이에서 낳은 자식 넬레우스와 펠리아
스도 입양하여 자식으로 삼았다.

그의 아들 아이손은 아르고호 원정대의 영웅 이아손을 낳았으니,

크레테우스는 이아손의 할아버지가 된다.

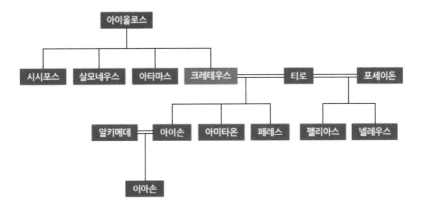

신화이야기

펠리아스와 이아손

크레테우스는 티로와 사이에서 아이손, 페레스, 아미타온 세 아들을 얻었지만 이들이 아직 어릴 때 세상을 떠났다. 그러자 티로가 포세이돈과 사이에서 낳은 자식인 펠리아스는 적법한 왕위 계승권이 있는 맏아들 아이손을 동굴에 유배시키고 다른 두 아들 페레스와 아미타온은 나라에서 내쫓은 뒤 이올코스의 왕위에 올랐다. 나중에 아이손이 어른이 되면 왕위를 돌려주겠다는 조건이었지만 펠리아스는 끝내 약속을 지키지 않았다.

아이손은 유배생활 중에 필라코스 왕의 딸 알키메데와 결혼하여 아들 이아손을 낳았다. 아이손은 아들을 펠리아스의 손에서 지키기 위해 알키메데가 사산하였다고 속이고 이아손을 몰래 켄타우로스족의 현자 케이론에게 보내 교육시켰다.

아르고호 원정대

건장한 청년으로 성장한 이아손은 아버지 아이손과 자신의 권리인

이올코스의 왕위를 되찾기
위해 이올코스로 돌아왔다.
그러자 펠리아스는 이아손에
게 절대로 잠들지 않는 용이
지키고 있는 콜키스의 황금
양털을 가져오면 왕위를 넘겨
주겠다고 하였다. 이에 이아
손은 그리스 각지에서 영웅
들을 모아 아르고호를 타고

이아손을 보내는 펠리아스
알프레드 처치의 『그리스 비극 작가들의 스토리』에
실린 삽화, 1879년

황금 양털을 빼앗으러 원정을 떠났다.('이아손', '아르고호 원정대' 참고)

프릭소스와 크레테우스

다른 전승에 따르면 크레테우스는 데모디케(혹은 비아디케)와 결혼했
는데, 그녀는 크레테우스의 조카 프릭소스를 사랑했다. 그러나 프릭소
스가 자신의 사랑을 거부하자 데모디케는 남편 크레테우스에게 프릭
소스를 모함했다. 이에 크레테우스는 프릭소스의 아버지이자 자신의

황금 양을 타고 날아가는 프릭소스
에두아르트 게르하르트(Eduard Gerhard), 1842년,
베를린 베시츠 박물관

형제인 아타마스에게 프릭소
스를 죽이라고 했지만 프릭
소스의 어머니 네펠레가 황
금털이 난 날개 달린 숫양을
보내 아들을 태우고 날아가
게 함으로써 그를 구해주었
다.(프릭소스가 황금털이 난 숫
양을 타고 도망친 것은 계모 이
노의 박해 때문이라는 설도 있
다. '이노' 참조)

크로노스 Cronus

요약

　대지의 여신 가이아와 하늘의 의인화된 신 우라노스 사이에서 태어난 티탄 신족 중 티탄 12신의 막내이다.

　아버지 우라노스의 남근을 잘라 그를 거세시킨 후 우주의 지배자, 즉 최고 신의 위치에 등극한다. 제우스의 아버지이다.

기본정보

구분	티탄 신족
상징물	낫
외국어 표기	그리스어: Κρόνος
어원	고대 그리스어 kraino '완성된 자'에서 유래
로마 신화	사투르누스(Saturnus)
가족관계	우라노스의 아들, 가이아의 아들, 제우스의 아버지, 레아의 남편

인물관계

　그리스 신화의 제2세대 신이며 티탄 12신 중 막내이다. 대지의 의인화된 여신 가이아와 가이아의 아들이자 하늘의 의인화된 신 우라노스 사이에서 태어났다. 누이 레아와의 사이에서 딸 헤스티아, 데메테르, 헤라를 낳고, 아들 하데스, 포세이돈, 제우스를 낳았다.

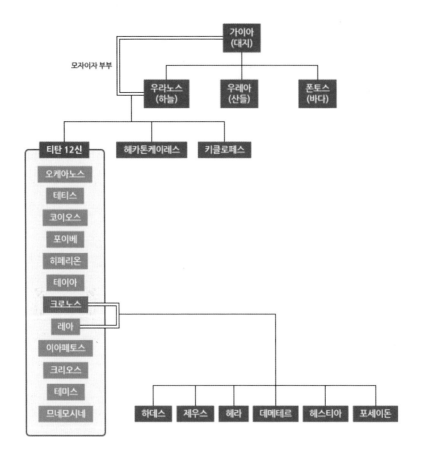

신화이야기

크로노스에 관한 전반적 기술

그리스 신화의 제2세대 신이다.

『신들의 계보』와 『비블리오테케』에 따르면 그리스 천지창조 신화에서 카오스와 더불어 주역의 역할을 하는 대지의 여신 가이아가 사랑을 나누지 않고 홀로 낳은 아들 중의 한 명으로 '하늘'의 의인화된 신 우라노스가 있다. 크로노스는 가이아와 우라노스 사이에서 태어났다.

남자 형제는 이마 한 가운데에 둥근 눈 하나만 가진 삼형제 키클로페스, 머리 50개와 팔 100개가 달린 거인 삼형제 헤카톤케이레스 그리고 티타네스로 불리는 남신이다. 티타네스는 오케아노스, 코이오스, 크레이오스, 히페리온, 이아페토스, 크로노스 등 6명이다.

여자 형제는 티타니데스로 불리는 6명의 여신이다. 티타니데스는 테티스, 포이베, 테이아, 레아, 테미스, 므네모시네이다. 티타네스와 티타니데스에 속하는 12명의 신이 티탄 12신이다. 그 중에서 크로노스는 막내이다.

우라노스가 가이아와 낳은 자식들을 모두 타르타로스에 가두자 가이아는 그것에 대한 복수를 결심했다. 어머니 가이아의 복수 계획에 막내아들 크로노스만이 적극적으로 동의하였다. 그는 날카로운 거대한 낫으로 아버지 우라노스의 남근을 잘라 거세시켰고 그러고 나서 그는 우주의 지배자, 즉 최고 신의 위치에 올랐다.

크로노스는 누이 레아를 아내로 삼아 헤스티아, 데메테르, 헤라, 하데스, 포세이돈, 제우스를 차례로 낳았다. 그러나 크로노스는 자식들 중 한 명이 자신의 지배권을 빼앗을 것이라는 신탁 때문에 자식들이 태어나자마자 바로 삼켜버렸다. 사악하고 영리한 크로노스로부터 자식을 구하고 싶었던 레아는 막내아들 제우스를 낳자 아기 대신에 돌을 강보에 싸서 크로노스가 그것을 삼키게 하는 계획을 세웠다. 레아의 계획이 성공하여 제우스는 아버지 크로노스로부터 벗어나 장성하게 되고, 장성한 제우스와 크로노스 사이에 10년 동안 지속된 싸움이 벌어져 그 싸움에서 제우스가 승리하였다.

크로노스의 시대는 막을 내리고, 제우스의 시대가 도래하였다. 다시 말해 그리스 신화의 제2세대 티탄 신족의 시대가 막을 내리고, 제우스와 그의 형제의 시대인 그리스 신화의 제3세대 올림포스 신들의 시대가 도래하게 된 것이다. 크로노스는 아들 제우스에 의해 타르타로스에 갇히는 운명에 처하였다.

전승에 따라 차이가 나는 크로노스의 계보

『신들의 계보』와 『비블리오테케』는 가이아와 우라노스 사이에서 태어난 자식들의 순서와 관련하여 차이를 보인다.

『신들의 계보』에서는 가이아와 우라노스 사이에서 12명의 티탄 신족이 가장 먼저 태어나고, 그 다음에 외눈박이 삼형제 키클로페스가, 그 다음에 헤카톤케이레스 삼형제가 태어났다. 이 계보에 따르면 크로노스는 티탄 신족의 막내이지만 외눈박이 키클로페스 삼형제와 머리 50개와 팔 100개가 달린 거인 삼형제 헤카톤케이레스의 형이다.

한편 『비블리오테케』에 따르면 가이아와 우라노스 사이에서 헤카톤케이레스 삼형제가 가장 먼저 태어나고, 그 다음에 키클로페스 삼형제가, 그 다음에 12명의 티탄 신족이 태어났다. 이 계보에 따르면 크로노스는 외눈박이 키클로페스 삼형제와 머리 50개와 팔 100개가 달린 거인 삼형제 헤카톤케이레스의 아우이며 동시에 티탄 신족의 막내동생이다. 따라서 크로노스는 가이아와 우라노스 사이에서 태어난 자식들 중 막내이다.

아버지 우라노스를 거세시킨 크로노스

'하늘'의 의인화된 신 우라노스는 '대지'의 의인화된 신 가이아와의 사이에서 낳은 자식들을 가이아의 자궁, 즉 타르타로스에 가두었다. 강한 모성애를 지닌 가이아는 우라노스의 이런 만행에 치를 떨며 복수의 칼날을 갈았다. 가이아는 타르타로스에 갇힌 자식들에게 우라노스에 대한 복수 계획을 밝혔는데 크로노스를 제외한 나머지 자식들은 우라노스에 대한 두려움 때문에 가이아의 계획에 선뜻 나서지 못하였다. 크로노스만이 가이아의 복수 계획에 적극적인 동참 의지를 밝혔고, 가이아는 크로노스에게 회색빛 강철로 만든 거대한 낫을 주며 복수의 계책을 일러주었다. 우라노스가 가이아와 사랑을 나누기 위해 그녀를 덮치는 순간 크로노스는 우라노스의 남근을 낫으로 자르고 잘린 남근을 뒤로 던졌다. 우라노스의 거세로 인해 대지와 하늘은 서로 떨어지게 되었다.

자식들을 집어삼킨 비정한 아버지 크로노스

크로노스는 아버지 우라노스를 거세시킨 후 새로운 우주의 지배자가 되고 누이인 레아를 아내로 맞이하였다. 그러나 그는 아버지에 결코 뒤지지 않는 만행을 자행했다. 자신의 형제인 키클로페스와 헤카톤케이레스를 다시 땅 속 깊은 곳에 감금시켰고, 그가 아버지를 퇴위시켰듯이 그도 자식들 중 한 명에게 퇴위당할 것이라는 신탁을 듣고는 자식이 태어날 때마다 집어삼켰다. 크로노스는 레아 사이에서 낳은 자식 헤스티아, 데메테르, 헤라, 하데스, 포세이돈을 차례로 집어삼켰다. 자식을 잃은 어머니 레아는 이루 말로 표현할 수 없는 슬픔에 잠겼다.

레아는 자식들을 집어삼키는 크로노스의 만행에 분노하여 부모 가이아와 우라노스에게 조언을 구하였다. 가이아와 우라노스는 사랑하는 딸 레아에게 막내 제우스를 구할 계책을 일러주었다.

레아는 제우스가 태어날 즈음에 크레타 섬의 성스러운 동굴로 가서

크로노스에게 거세된 우라노스
조르조 바사리(Giorgio Vasari)와 크리스토파노 게라르디(Cristofano Gherardi), 16세기
피렌체 베키오 궁전
: 벽화로 그려진 유화 작품. 크로노스가 큰 낫(하르페)을 들고 아버지 우라노스(가운데 쓰러져 있는 인물)의 남근을 거세하고 있다. 뒤편의 천구의는 하늘의 신인 우라노스를 상징한다.

제우스를 낳았다. 그녀는 제우스를 대지의 신 가이아에게 맡기고, 제우스 대신에 돌덩이를 강보에 싸 크로노스에게 건넸다. 크로노스는 아무런 의심도 없이 강보에 싸인 돌덩이를 제우스로 여기고 삼켰다. 그래서 제우스는 화를 피할 수 있게 되었다.

새로운 통치자가 된 제우스

장성한 제우스는 할머니 가이아와 자신의 첫 번째 아내인 지혜의 여신 메티스의 도움을 받아 크로노스에게 토하게 하는 약을 먹였다. 그로 인해 크로노스는 그때까지 집어삼킨 자식들을 모두 다시 토해 냈다. 구출된 누나들과 형들과 힘을 합치게 된 제우스는 아버지 크로노스에 맞서 전쟁을 벌였다.

이 전쟁에서 제우스는 크로노스가 이끄는 상대방을 제압하고 인간들과 신들의 지배자가 되었다. 이로써 크로노스의 티탄 신족의 시대가 막을 내리고 올림포스 신들의 시대가 도래하였다.

크로노스에 대한 다른 평가

같은 작가가 크로노스에 대해 상반된 평가를 내린 경우가 있다. 헤시오도스는 『신들의 계보』에서 크로노스를 비정한 아버지이자 냉혹한 폭군으로 묘사하였다. 그러나 그는 『일과 날』에서 크로노스를 불사의 신들과 필멸의 인간들 모두가 풍요롭게 사는 황금 시대의 자애로

자식을 잡아먹는 크로노스
페터르 파울 루벤스(Peter Paul Rubens),
1636년, 프라도 미술관

운 통치자로 묘사하였다.

한 전승 문헌에 따르면 크로노스는 레아 사이에 낳은 자식들 이외에도 다른 자식이 있다. 고대 그리스의 가장 위대한 서정 시인으로 평가받는 핀다로스의 『피티아 송가』에 따르면 크로노스는 오케아노스의 딸인 필리라 사이에서 반인반마(半人半馬)의 모습을 한 아들 케이론을 낳았다. 케이론이 그런 모습을 하게 된 이유는 크로노스가 아내 레아의 눈을 피해 필리라와 사랑을 나누기 위해 말로 변신했기 때문이라고 한다.

**자식을 잡아먹는 크로노스 또는
아들을 잡아먹는 사투르누스**
프란시스코 데 고야(Francisco de
Goya), 1819~1823년, 프라도 미술관

로마 신화의 사투르누스와 동일시되는 크로노스

고대 로마인들은 그리스 신화의 크로노스를 농경의 신 사투르누스와 동일시했으며, 그의 낫을 아버지의 남근을 자르기 위한 도구가 아니라 포도를 수확할 때 사용하는 농기구로 해석했다. 특히 고대 로마인들은 사투르누스를 기리기 위해 매년 12월 17부터 12월 23일까지 고대 로마의 최대 축제인 '사투르날리아 축제'를 거행했다. 이렇듯 고대 로마인들에게 있어 사투르누스는 수확을 가져다주는 신으로 가장 숭배를 받던 신들 중의 하나였다. 오늘날 영어의 Saturday는 라틴어 'Dies Saturni(사투르누스의 날)'에서 유래된다. 또한 그의 라틴어 이름은 태양계의 행성들 중에서 토성(Saturn)의 이름으로도 사용된다.

헬레니즘 시대 이후 시간의 의인화된 신 크로노스가 우라노스와 제우스를 연결시켜 준 세상의 통치자 크로노스(Cronos, 라틴어로 Kronos)로 혼동되거나 융합되었다. 그것은 두 인물 이름의 발음상 유사성 때문이라고 여겨진다.

전래동화의 모티브를 제공한 크로노스

크로노스가 자식들은 집어삼키는 행위는 전래동화에 이야기 소재를 제공했다. 그것은 그림형제의 『어린이와 가정을 위한 민담집』에 수록된 「늑대와 일곱 마리 새끼 염소」를 떠올리게 한다.

크로코스 Crocus

요약

그리스 신화에서 꽃으로 변한 청년이다.

유한한 존재인 인간 청년 크로코스는 불멸의 존재인 님페 스밀락스를 향한 불행한 사랑으로 고통 받다가 그를 불쌍히 여긴 신들에 의해 같은 이름의 꽃으로 변신하였다. 하지만 이 꽃은 크로코스가 헤르

크로코스 꽃

메스의 원반에 머리를 맞고 죽은 뒤 변한 것이라는 설도 있다.

기본정보

구분	신화 속 인물
외국어 표기	그리스어: Κρόκος
관련 상징	크로코스, 사프란, 청미래덩굴
관련 신화	스밀락스, 헤르메스

신화이야기

개요

크로코스는 붓꽃의 일종으로 사프란이라고도 불린다. 이 꽃은 봄에 피는 종과 가을에 피는 종이 있는데, 봄에 피는 종을 크로코스라고 하고 가을에 피는 종을 사프란으로 구분하기도 한다. 사프란은 또한

크로코스 꽃의 암술을 말려서 만든 향신료를 이르는 말이기도 한데 1kg의 사프란을 얻으려면 무려 16만 가닥의 암술을 손으로 다듬어야 하기 때문에 굉장히 값비싼 향신료에 속한다. 크로코스 꽃은 약재나 염료로도 사용된다.

크로코스 꽃
©Smihael@wikimedia(CC BY-SA 3.0)

인간 청년이었던 크로코스가 붓꽃으로 변하게 된 연유에 대해서는 두 가지 이야기가 전해진다.

크로코스와 스밀락스

크로코스는 스밀락스를 사랑하였다. 하지만 크로코스는 인간이었고 스밀락스는 불사의 존재인 숲의 님페였기 때문에 그의 사랑은 이루어질 수 없었다. 신들은 불행한 사랑에 고통스러워하는 크로코스를 불쌍히 여겨 같은 이름의 꽃으로 만들어주었다.

신들은 크로코스가 사랑한 스밀락스도 함께 꽃으로 변신시켰는데, 스밀락스가 변신한 꽃은 청미래덩굴이며 그녀의 이름을 따서 스밀락스라고도 불린다.

헤르메스와 크로코스

다른 전승에 따르면 크로코스는 헤르메스 신의 절친한 벗이었다고 한다. 하루는 둘이서 원반던지기를 하다 헤르메스가 실수로 크로코스의 머리를 맞혔고, 크로코스가 그 자리에서 피를 흘리며 죽어 헤르메스는 친구의 죽음을 슬퍼하여 그를 꽃으로 변신시켰다.

이 신화는 아폴론과 히아킨토스의 신화와 유사한데, 실제로 학자들은 이 이야기를 히아킨토스 신화가 후대에 변형된, 잘 알려지지 않은 버전으로 여긴다.

크로토스 Crotus

요약

그리스 신화에 나오는 숲의 정령 사티로스의 하나이다.

헬리콘 산에서 무사이 여신들과 함께 지내며 여신들이 춤추고 노래할 때 곁에서 박자를 맞추었다. 무사이 여신들의 청에 따라 제우스가 하늘의 별자리로 만들어주었다.

기본정보

구분	사티로스(반은 사람, 반은 동물)
상징	사냥꾼
외국어 표기	그리스어: Κρότος
관련 상징	활과 화살
별자리	궁수자리
가족관계	판의 아들, 에우페메의 아들

인물관계

크로토스는 목신(牧神) 판과 언변과 찬사와 박수갈채의 여신인 에우페메 사이에서 태어난 아들로 반인반수의 정령인 사티로스의 하나다. 어머니 에우페메가 무사이 여신들의 유모였던 관계로 여신들과 젖동무로 함께 자랐다.

신화이야기

헬리콘 산의 사냥꾼

크로토스의 어머니 에우페메는 무사이 여신들을 길러준 유모이다. 크로토스는 무사이 여신들과 같은 젖을 먹으며 자랐고, 헬리콘 산에서 함께 지내며 사냥도 했는데, 사냥용 활과 화살을 처음 만들어낸 인물이라고도 한다. 크로토스는 빠른 다리로 바람같이 달리며 백발백중의 활솜씨로 짐승을 사냥하는 뛰어난 사냥꾼으로 유명했다.

별자리가 된 크로토스

크로토스는 또한 음악을 좋아하여 무사이 여신들이 노래를 부를 때 옆에서 박자를 맞추며 흥을 돋우었다. 그는 또 여신들에게 호의와 애정을 표하기 위해 박수갈채도 만들어냈다고 한다. 무사이 여신들은 나중에 제우스에게 그를 하늘의 별자리로 만들어달라고 청했고, 제우스는 여신들의 청을 들어주었다. 그리하여 크로토스는 밤하늘의 궁수자리가 되었다. 제우스는 그를 별자리로 만들 때 그가 지닌 능력들을 별자리 안에 모두 담아주고자 하였다. 그래서 그의 날쌘 다리는 달리는 말로, 사냥꾼의 예리함은 화살로, 무사이들을 즐겁게 해준 흥거움은 사티로스의 꼬리로 표현하였다. 그의 발 앞에는 정신없이 춤추다 떨어뜨린 화환도 놓여 있다.

헬리콘 산에서 춤추는 무사이
베르텔 토르발센(Bertel Thorvaldsen), 1807년, 베를린 구 국립미술관

크리미소스 Crimisus

요약

그리스 신화에 나오는 시칠리아의 강의 신이다.

트로이 여인 아이게스타(혹은 세게스테)와 결혼하여 시칠리아 도시의 건설자 아이게스테스(혹은 아케스테스)를 낳았다.

기본정보

구분	강의 신
상징	시칠리아의 강
외국어 표기	그리스어: Κριμισός
별칭	크리니소스
관련 신화	시칠리아 건국

인물관계

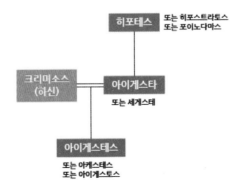

시칠리아의 하신 크리미소스는 트로이 사람 히포테스(혹은 히포스트라토스, 혹은 포이노다마스)의 딸 아이게스타(혹은 세게스테)와 결혼하여 아들 아이게스테스(혹은 아케스테스, 혹은 아이게스토스)를 낳았다.

신화이야기

시칠리아로 간 아이게스타

트로이의 왕 라오메돈은 트로이 성벽을 쌓아준 아폴론과 포세이돈에게 약속한 보상을 지불하지 않아 신들의 분노를 샀다.('라오메돈' 참조) 포세이돈은 트로이에 바다 괴물을 보냈고 아폴론은 역병을 내려 트로이 사람들을 괴롭혔다. 신탁은 트로이인들에게 귀족 출신의 젊은 이들을 포세이돈의 괴물에게 바쳐야 재앙이 그칠 것이라는 답을 내렸다. 이에 트로이의 귀족들은 서둘러 자식들을 외국으로 보냈다.

히포테스도 그런 이유로 자신의 딸 아이게스타를 상인들에게 맡겼고, 상인들은 그녀를 시칠리아 섬으로 데려갔다. 그곳에서 그녀는 개 또는 곰의 모습으로 변신한 강의 신 크리미소스와 결합하여 도시의 건설자 아이게스테스를 낳았던 것이다.

하지만 또 다른 설에 따르면 아이게스타는 트로이 사람 포이노다마스의 딸이다. 포이노다마스는 포세이돈의 바다 괴물에게 라오메돈의 딸 헤시오네를 바치라고 트로이인들에게 조언했다가 라오메돈의 분노를 샀다. 라오메돈은 포이노다마스의 세 딸을 뱃사람들에게 넘겨주며 죽이라고 명령하였고, 뱃사람들은 세 처녀를 시칠리아 섬에다 버렸다. 하지만 그녀들은 아프로디테의 도움으로 죽음을 면하고 그 중 아이게스타는 강의 신 크리미소스와 결혼하였다.

크리사오르 Chrysaor

요약

그리스 신화에서 포세이돈과 메두사 사이에서 천마 페가수스와 함께 태어난 용사이다.

헤라클레스에게 소떼를 도둑맞고 죽임을 당하는 삼두삼신(三頭三身)의 거인 게리온의 아버지이다.

기본정보

구분	괴물
외국어 표기	그리스어: Χρυσάωρ
어원	황금 칼
가족관계	포세이돈의 아들, 메두사의 아들, 페가수스의 형제, 에키드나의 아버지

인물관계

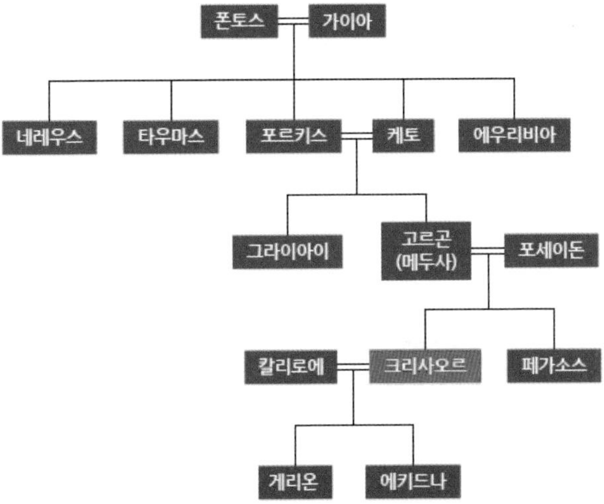

크리사오르는 바다의 신 포세이돈과 고르곤 메두사가 결합하여 난 자식으로 천마(天馬) 페가수스와 형제지간이다. 오케아노스의 딸인 님페 칼리로에와 사이에서 괴수 게리온과 에키드나를 낳았다.

신화이야기

탄생

크리사오르는 영웅 페르세우스가 메두사의 머리를 잘라냈을 때 그 피에서 천마 페가수스와 함께 태어났다. 크리사오르는 태어날 때부터 손에 황금 칼을 쥐고 휘둘렀다고 한다.

헤시오도스는 『신들의 계보』에서 크리사오르가 어머니 메두사의 목에서 흐른 피에서 스스로 태어났다고 적고 있지만, 다른 이야기에서는 아버지 포세이돈이 죽은 메두사의 몸에서 두 아들을 꺼낸 것으로 묘사되기도 한다.

페가수스와 크리사오르의 탄생
에드워드 번 존스(Edward Burne Jones),
1876∼1885년경, 사우샘프턴 시립미술관

삼두삼신(三頭三身)의 괴수 게리온

크리사오르는 오케아노스의 딸인 바다의 님페 칼리로에와 관계하여 머리와 몸통이 셋인 거인 게리온과 상체는 아리따운 여인이고 하체는 뱀인 에키드나를 낳았다.

헤라클레스가 에우리스테우스 왕으로부터 부여받은 12과업 중에 크리사오르의 아들 게리온의 소떼를 훔쳐오는 일이 있었는데, 게리온은 자신의 소떼를 훔쳐가는 헤라클레스를 뒤쫓다 그의 화살에 맞아 죽었다.

다른 이야기에 의하면 크리사오르는 이베리아 반도의 왕이며 그의 아들 게리온은 세 개의 몸을 가진 괴수가 아니라 세 명의 아들이라고 한다. 각각 자기 영토를 다스리던 크리사오르의 세 아들은 헤라클레스에 의해 차례로 죽임을 당했다.

게리온과 싸우는 헤라클레스
아티카 흑색상도기, 기원전 540년, 루브르 박물관

신화해설

크리사오르에 관한 신화는 헤시오도스가 전하는 내용이 거의 전부다. 아폴로도로스나 히기누스 등 후대의 작품에서 잠시 크리사오르가 언급되기는 하지만 메두사나 게리온의 신화를 이야기할 때 이름만 나오는 데 그친다.

그리스 신화에서 크리사오르의 역할은 헤라클레스와 싸우는 게리온과 그 아들들의 혈통을 고르곤 메두사와 연결시키는 데서 찾는다.

초기 신화에서는 천마 페가수스를 타고 신들과 겨루고자 했던 영웅 벨레로폰의 이름이 크리사오르로 불리기도 했다.

크리세 Chryse

요약

그리스 신화에는 크리세라는 이름을 가진 여인이 여러 명 등장한다. 아레스와 관계하여 플레기아이족의 조상이 된 플레기아스를 낳은 할모스의 딸, 필록테테스가 뱀에 물려 발에서 악취가 풍기게 된 원인을 제공한 물의 님페, 다르다노스의 첫 번째 아내로 트로이에 팔라디온 신상을 가져다준 팔라스의 딸 등이 유명하다.

기본정보

구분	1) 공주, 2) 님페
외국어 표기	그리스어: Χρύση
어원	황금
관련 상징	트로이 건국, 트로이 전쟁

인물관계

신화이야기

할모스의 딸 크리세

크리세의 아버지 할모스는 코린토스의 왕 시시포스와 메리페의 아들로 할모네스 시의 건설자이다. 할모스는 크리세와 크리소게네이아 두 딸을 두었는데 크리소게네이아는 포세이돈과 사이에서 아들 크리세스를 낳았다. 크리세스는 오르코메노스 왕국의 시조인 미니아스의 아버지이다.

크리세는 군신 아레스와 사이에서 아들 플레기아스를 낳았다. 플레기아스는 새 도시 플레기아를 건설하고 가장 용맹한 그리스인들을 불러 모아 강력한 왕국을 세웠지만 후사가 없이 죽는 바람에 크리소게네이아의 아들 크리세스가 왕위를 물려받았다.

팔라스의 딸 크리세

크리세의 아버지 팔라스는 아르카디아의 시조 리카온의 아들이다. 팔라스는 딸 크리세를 트로이 왕가의 시조인 다르다노스와 결혼시켰다. 다르다노스는 제우스와 아틀라스의 딸인 님페 엘렉트라 사이에서 태어난 아들로 원래 아르카디아 사람이었는데 소아시아로 건너가 트로아스에 전설적인 도시 다르다니아를 세우고 다르다니아인들과 트로이인들의 시조가 된 인물이다.

다르다노스와 크리세 사이에서는 두 아들 데이마스와 이다이오스가 태어났다. 데이마스는 나중에 아르카디아의 왕이 되었고 이다이오스는 아버지 다르다노스와 함께 소아시아로 건너갔다. 트로이 인근의 이데 산은 이다이오스의 이름에서 유래한다.

크리세는 다르다노스와 결혼할 때 아테나 여신으로부터 신상(神像) 팔라디온을 선물로 받았는데, 다르다노스는 이 신상을 트로이로 가져가서 트로이를 지키는 수호신상으로 삼았다. 트로이인들은 팔라디온이 트로이 성의 아테나 신전 안에 모셔져 있는 한 트로이가 멸망하지 않는다고 믿었다. 하지만 트로이를 지켜주는 힘이 있다는 팔라디온 신상이 트로이 성의 아테나 신전에 서 있게 된 연유에 대해서는 그밖에 다른 설도 있다.('일로스' 참조)

물의 님페 크리세

멜리보이아의 왕으로 활의 명수로도 유명한 필록테테스는 헬레네의 구혼자 중 한 사람으로 '구혼자의 맹세'에 묶인 몸이었기 때문에 트로이 전쟁에 참가해야 했다.('틴다레오스' 참조) 필록테테스는 일곱 척의 배를 이끌고 트로이 향하던 중에 들른 섬에서 신에게 제물을 바치다가 그만 물뱀에게 다리를 물리고 말았다. 이 물뱀은 이 섬의 님페인 크리세가 자신의 성지를 더럽힌 필록테테스를 벌하기 위해 보낸 것이

렘노스 섬에 버려진 필록테테스
제임스 바리(James Barry), 1770년
볼로냐 국립 회화관

었다. 필록테테스는 상처에서 심한 악취가 풍겼을 뿐만 아니라 통증이 너무 심하여 끊임없이 비명을 질러댔다. 그러자 악취와 소음을 견디지 못한 그리스군이 필록테테스를 근처의 렘노스 섬에 버리고 가는 바람에 필록테테스는 9년을 홀로 지내야 했다.

파우사니아스에 따르면 필록테테스가 물뱀에 물린 섬의 이름도 크리세였다고 하는데, 이 섬은 나중에 바다 속으로 가라앉았다고 한다.

크리세스 Crises

요약

크리세스는 트로이의 아폴론의 사제이다.

그에게는 아름다운 딸 크리세이스가 있었는데, 아가멤논의 전리품이 되었다. 크리세스는 아가멤논을 찾아가 막대한 몸값을 주며 딸을 돌려달라고 간청하지만 아가멤논은 크리세스를 매몰차게 돌려보냈다. 분노한 크리세스는 자신이 섬기는 아폴론 신에게 그리스군에게 복수해달라는 기도를 올리고, 아폴론은 그의 기도를 들어주었다.

그리스의 예언자 칼카스는 그리스 진영에 돌고 있는 역병이 아폴론의 분노이며 크리세이스를 아버지 크리세스에게 돌려주어야 끝이 난다고 예언하였다. 이에 아가멤논이 크리세이스를 아버지에게 돌려보내자 더 이상 그리스군에 피해가 일어나지 않았다.

기본정보

구분	사제
외국어 표기	그리스어: Χρύσης
관련 신화	트로이 전쟁, 크리세이스

인물관계

아폴론의 사제 크리세스에게 딸 크리세이스가 있는데 아가멤논의 전리품이 된다.

신화이야기

테바이 전투의 전리품이 된 딸 크리세이스

트로이의 아폴론의 사제 크리세스에게는 크리세이스라는 아름다운 딸이 있었다. 그리스군의 총사령관 아가멤논은 테바이 전투의 전리품으로 크리세스의 딸 크리세이스를 그리스 진영으로 데려왔다.

호메로스의 『일리아스』는 크리세스가 딸을 찾기 위해 어마어마한 몸값을 가지고 아가멤논의 진영을 찾아가는 장면에서 시작된다. 그리스군은 크리세스의 제안을 크게 반기며 아가멤논에게 크리세이스의 몸값을 받으라고 하였지만 아가멤논은 크리세스의 요구를 일언지하에 거절한 것도 모자라 무사히 돌아가고 싶으면 자신을 화나게 하지 말라고 크리세스를 협박하였다. 크리세스는 겁에 질려 아가멤논 앞에서 물러나면서 자신이 섬기는 신 아폴론에게 기도하였다.

"위대한 아폴론 신이시여, 나의 기도를 들어주소서. 아폴론 신이시여, 내가 지은 신전이 마음에 들고 나의 제물이 불경스럽지 않았다면 신의 화살로 그리스군이 나의 눈물의 대가를 치르게 하소서!"

아폴론은 크리세스의 기도를 들어주었다. 그는 즉시 활과 화살통을 메고 올림포스에서 그리스 진영으로 달려가서 그리스군의 함선 근처에 앉아 그리스 진영으로 화살을 9일 동안 쉴 새 없이 날렸다. 수많은 말들과 개들이 죽고 그리스 군인들의 시체도 쌓여갔다.

더 이상 이런 사태를

아킬레우스를 찾아간 아가멤논의 사절단
장 오귀스트 도미니크 앵그르(Jean Auguste Dominique Ingres), 19세기, 파리 국립고등미술학교

간과할 수 없는 아킬레우스는 열흘째 되는 날 회의를 소집하여, 왜 아폴론이 진노하는지 그 이유를 예언자들에게 물었다. 그때 그리스의 뛰어난 예언자 칼카스가 일어나 아킬레우스에게 자신의 신변을 보호해준다면 모든 진실을 고하겠다고 말했다. 아킬레우스가 아가멤논이라도 칼카스를 건드릴 수 없게 하겠다고 약속하자 칼카스가 드디어 용기를 내어 말했다.

크리세스가 딸 크리세이스의 몸값을 아가멤논에게 주려고 한다
아폴리안 적색 도기 그림. 기원전 360~350년경
루브르 박물관

"아폴론 신이 분노한 까닭은 자신의 사제 크리세스 때문입니다. 아가멤논이 크리세스의 딸 크리세이스를 돌려주지도 않고 몸값도 받으려 하지 않았기 때문입니다."

그 말을 들은 아가멤논은 칼카스를 "재앙의 예언자"라고 비난했다. 그는 크리세이스를 자신의 아내 클리타임네스트라보다 좋아하지만 신의 뜻이라면 따르겠다고 말하며 하지만 조건이 있다고 했다. 크리세이스를 아버지 크리세스에게 돌려보내는 대신 그에 합당한 보상을 해달라고 요구하였다. 아킬레우스는 이미 분배가 끝난 전리품을 다시 거두어들일 수 없으니 트로이를 함락시킨 후 3배, 4배 보상을 해주겠다고 아가멤논을 달랬다.

아킬레우스의 말에 아가멤논은 다시 분노하며 완강하게 아킬레우스의 것이든, 아이아스의 것이든, 오디세우스의 것이든 누구의 전리품이라도 내놓으라고 말하였고, 아킬레우스는 아가멤논을 파렴치한이라고 부르며 분노를 터뜨렸다.

"우리가 그대를 따라 이곳까지 온 것은 메넬라오스와 그대를 위해 트로이인들을 응징하기 위해서요. 나는 혁혁한 공을 세웠지만 전리품을 한 번도 그대와 동등하게 받은 적이 없소. 그런데 이제 와서 나의 피땀으로 얻은 전리품을 뺏으려 한단 말이오. 나는 이런 모욕을 받으며 여기 있을 이유가 없으니 군사들을 데리고 고향으로 돌아갈 것이오."

아가멤논은 뜻이 정 그렇다면 얼른 그리스로 도망가라고 아킬레우스를 조롱했다. 아가멤논이 크리세이스를 아버지 크리세스에게 돌려주는 대신 아킬레우스의 전리품인 브리세이스를 데려오겠다고 말하자 아킬레우스는 거의 이성을 잃고 칼을 뽑으려했다. 그 순간 아테나 여신이 나타나 아킬레우스를 말렸다.

아킬레우스는 앞으로 아가멤논의 어떤 명령도 따르지 않을 것이고 그가 브리세이스 외에 다른 전리품에 손을 댔다가는 날카로운 칼 맛을 보게 될 것이라고 경고했다. 이렇게 아가멤논과 아킬레우스의 격렬한 말다툼이 끝났다.

아가멤논이 오디세우스

아킬레우스의 분노
조반니 바티스타 티에폴로(Giovanni Battista Tiepolo),
1757년, 빌라 발마라나
: 아테나가 아가멤논을 죽이려는 아킬레우스를 저지한다

와 함께 크리세이스를 태우고 크리세스에게로 가자 오디세우스는 아버지 크리세스의 품에 오매불망 기다리던 딸을 안겨주었다. 크리세스는 사랑하는 딸을 반갑게 맞은 후 바로 제단을 만들어 그리스인들을 위해 두 손을 들고 큰 소리로 기도를 올렸다. 그가 아폴론에게 이제 소원대로 딸을 찾았으니 다나오스 백성들을 파멸에서 구해달라고 기도하자 아폴론은 그의 기도를 들어주었다.

크리세이스 Chryseis

요약

그리스 신화에 나오는 미녀이다.

아폴론의 사제 크리세스의 딸로 트로이 전쟁 때 그리스군에 붙잡혀 아가멤논의 첩이 되었다. 아버지 크리세스가 딸의 반환을 강력히 요구하자 그녀의 거취 문제를 놓고 그리스군에 커다란 내분이 발생하였다.

크리세이스는 '크리세스의 딸'이라는 뜻이며 그녀의 본명은 아스티노메이다.

기본정보

구분	신화 속 인물
외국어 표기	그리스어: Χρυσηΐς
어원	크리세스의 딸
별칭	아스티노메
관련 신화	트로이 전쟁

인물관계

크리세이스는 아폴론의 사제 크리세스(I)의 딸로 아가멤논과의 사이에서 아들 크리세스(II)를 낳았다. 하지만 크리세이스는 이 아들이 아폴론의 자식이라고 주장했다고 한다.

크리세스(I)는 브리세이스의 아버지 브리세스와 형제지간이므로 크리세이스와 브리세이스는 사촌자매 사이다.

브리세이스는 영웅 아킬레우스의 애첩으로 트로이 전쟁에서 결정적인 역할을 하는 여인이다.

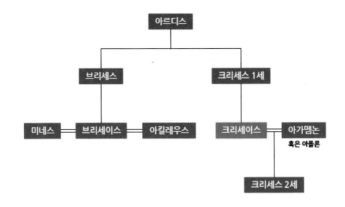

신화이야기

크리세이스의 약탈

크리세이스의 아버지 크리세스는 트로아스 지역의 크리세 섬을 다스리는 아폴론의 사제이다. 트로이의 동맹국이었던 이 섬은 그리스군의 공격을 받았는데 그때 크리세스의 딸 크리세이스가 아킬레우스에게 붙잡혀 그리스 진영으로 끌려갔다. 크리세이스는 전리품으로 아가멤논에게 배당되었고, 아가멤논은 아름다운 크리세이스를 첩으로 삼았다. 『일리아스』에서 아가멤논은 공공연히 그녀가 아내 클리타임네스트라보다 더 좋다고 말하고 그녀의 용모와 몸매, 재치와 솜씨를 칭찬하였다.

그녀의 아버지 크리세스는 아폴론의 홀을 들고 그리스 진영을 찾아와 딸을 돌려달라고 간청했다. 물론 딸의 몸값으로 지불할 많은 선물도 잊지 않았다. 하지만 아가멤논은 크리세스의 청을 거절하고 모욕을 주어 돌려보냈다. 그러자 크리세스는 아폴론에게 특별한 제물을 바치고 기도를 올려 아가멤논이 딸을 돌려줄 때까지 그리스군에 역병이 돌게 해달라고 빌었다.

아가멤논과 아킬레우스의 불화

갑자기 그리스군 진영에 역병이 돌아 병사들이 죽어나가자 예언자 칼카스는 아폴론이 진노하여 내린 재앙이라며 아가멤논의 첩이 된 크리세이스를 다시 아버지에게로 돌려주어야 역병이 사라질 것이라고 예언했다. 이에 아킬레우스를 비롯한 그리스군의 장수들은 아가멤논에게 예언자 칼카스의 신탁을 따르도록 요구했다.

아가멤논은 오디세우스를 시켜 크리세이스를 아버지에게 돌려보내고 그 대신 아킬레우스가 전리품으로 챙긴 브리세이스를 자기 몫으로 데려오게 했다. 브리세이스를 그리스군 총사령관 아가멤논에게 빼앗긴 아킬레우스는 분노하여 더 이상 전쟁에 관여하지 않겠노라고 선언하고 자기 막사에 틀어박혔다. 그리스군 최고의 용사인 영웅 아킬레우스가 전투에서 손을 떼자 전세는 빠르게 트로이군 쪽으로 기울었다.

크리세이스를 아버지에게 돌려보내는 오디세우스
클로드 로랭(Claude Lorrain), 1644년, 루브르 박물관

신화해설

아킬레우스의 분노

　트로이의 두 미녀 크리세이스와 브리세이스에 의해 촉발된 '아킬레우스의 분노'는 『일리아스』의 이야기를 이끌어가는 핵심 주제이다. 전세가 급격히 악화되자 아가멤논은 오디세우스와 포이닉스를 사절단으로 보내 아킬레우스의 마음을 누그러뜨리고자 하지만 소용이 없었다. 영웅의 상처받은 명예심은 사죄나 보상으로 달랠 수 있는 것이 아니었다. 결국 아킬레우스의 분노한 마음을 돌려놓을 수 있었던 것은 사랑하는 친구 파트로클로스의 죽음으로 인해 생겨난 더 큰 분노였고, 이 분노는 그에게 불멸의 영예와 이른 죽음을 가져다주었다.

크리세이스와 브리세이스

　두 여인은 전리품으로 그리스군에 의해 약탈당했다가 영웅의 마음을 사로잡아 그들의 첩이 된 트로이의 미녀들이다. 『일리아스』에서 아가멤논은 크리세이스가 아내 클리타임네스트라보다 더 좋다고 했고, 아킬레우스는 아예 브리세이스를 자신의 아내로 표현하면서 진심으로 사랑한다고 털어놓았다.

　후대의 기록에는 두 미녀의 자세한 용모 설명도 나온다. 크리세이스는 금발머리에 작고 날씬한 열아홉 살의 처녀이고, 브리세이스는 갈색머리에 살결이 희고 키가 크며 우아한 모습이라고 했는데, 고대인들이 좋아한 두 가지 여성 유형을 묘사한 것으로 보인다.

　크리세스는 딸이 아가멤논에게서 좋은 대접을 받았다는 것을 알고 나중에 다시 그에게 보냈다고 한다. 크리세이스는 아가멤논과의 사이에서 아들도 낳았는데 이름은 외조부와 똑같은 크리세스였다. 하지만 크리세이스는 이 아이가 아폴론의 자식이라고 주장했다고 한다.

크리소펠레이아 Chrysopelia, Chrysopeleia

요약

그리스 신화에 등장하는 떡갈나무의 님페 하마드리아데스이다.

자신이 깃든 나무가 홍수에 떠내려갈 위험에 처하자 아르카디아의 시조 아르카스에게 도움을 청하였다. 아르카스가 자신의 나무를 구해주자 그 보답으로 그에게 아르카디아인들의 조상이 되는 두 아들 엘라토스와 아피다스를 낳아주었다.

기본정보

구분	님페
외국어 표기	그리스어: Χρυσοπέλεια
관련 상징	떡갈나무
관련 신화	아르카디아 건국
가족관계	아르카스의 아내, 엘라토스의 어머니, 아피다스의 어머니

인물관계

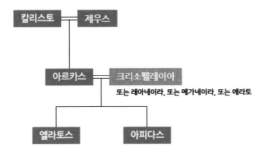

크리소펠레이아는 제우스와 님페 칼리스토 사이에서 난 아들 아르카스와 결합하여 아르카디아인들의 조상이 된 두 아들 엘라토스와 아피다스를 낳았다. 하지만 전승에 따라 엘라토스와 아피다스의 어머니로 레아네이라, 메가네이라, 혹은 에라토 등이 언급되기도 한다.

신화이야기

아르카디아인들의 조상을 낳은 하마드리아데스

크리소페레레이아는 아르카디아 숲의 한 떡갈나무에 깃든 님페 하마드리아데스였다. 어느 날 큰 비가 내려 그녀의 떡갈나무가 급류에 휩쓸려 떠내려갈 위험에 처하자 크리소펠레이아는 근처에서 사냥을 하고 있던 제우스의 아들 아르카스에게 구해달라고 도움을 청했다. 이에 아르카스는 급히 둑을 쌓아 급류의 방향을 돌려서 나무를 구해주었다. 크리소펠레이아는 감사의 표시로 아르카스와 사랑을 나누어 그에게 두 아들 엘라토스와 아피다스를 낳아주었다. 엘라토스와 아피다스는 아르카디아인들의 조상이 되었다.

하지만 이 신화에서 크리소펠레이아가 엘라토스의 어머니로 등장하는 것은 코린토스의 시인(기원전 8세기) 에우멜로스가 전하는 버전뿐이다. 아폴로도로스의 『비블리오테케』에는 엘라토스의 어머니로 레아네이

하마드리아데스
에밀 빈(Emile Bin), 1870년, 토마 앙리 미술관

라 또는 메가네이라가 언급되고 파우사니아스는 엘라토스의 어머니
를 에라토라는 이름의 하마드리아데스라고 하였다.

하마드리아데스

하마드리아데스는 나무의 님페 드리아데스의 일종이다. 드리아데스
는 원래 떡갈나무의 님페를 이르는 말이었지만 점차 모든 나무의 님
페들을 가리키는 개념이 되었다.

그리스 신화에서 드리아데스는 숲 속의 다른 님페들과 마찬가지로
주로 처녀신 아르테미스를 따라다니며 함께 사냥을 즐기는 아름다운
여성으로 묘사된다.

드리아데스는 오래 살기는
하였으나 불사신은 아니었다.
그리스 신화에서 드리아데스는
시간이 지나면서 나무와 직접
적인 관련성이 희미해졌지만
드리아데스의 또 다른 일족인
하마드리아데스는 특정한 나
무에 결합된 존재로 나무와 함
께 태어나서 나무가 죽으면 함
께 소멸된다고 여겨졌다. 하마

판과 하마드리아데스
폼페이 모자이크화, 1세기
나폴리 국립고고학박물관

드리아데스와 나무와의 관계는 각별해서 하늘이 자신들이 깃든 나무
에 비를 뿌려주면 기뻐하였고 나무가 잎사귀를 떨구면 슬픔에 잠겼
다. 칼리마코스의 『데메테르 찬가』에 나오는 하마드리아데스는 자신의
나무가 번개를 맞자 몹시 화를 내기도 하였다. 또한 하마드리아데스
는 나무와 동일시되기도 하였다. 그래서 나무를 베면 하마드리아스를
해친 것으로 간주되어 신들에게 벌을 받았다.

크리시포스 Chrysippus

요약

    그리스 신화에 나오는 피사의 왕 펠롭스가 님페 악시오케에게서 얻은 아름다운 아들이다.

    아버지의 지나친 총애로 본처 히포다메이아의 질투와 미움을 사게 되어 히포다메이아가 낳은 이복형제들의 손에 목숨을 잃었다. 테바이의 왕이자 오이디푸스의 아버지인 라이오스 왕에게 겁탈을 당하고 수치심에 자살하였다는 설도 있다. 이 일로 펠롭스는 라이오스에게 아들의 손에 죽게 되리라는 저주를 퍼부었다고 한다.

기본정보

구분	왕자
상징	미소년, 서자
외국어 표기	그리스어: Χρύσιππος
관련 신화	탄탈로스 가문의 저주, 라이오스 가문의 저주

인물관계

    크리시포스는 탄탈로스의 아들인 피사의 왕 펠롭스가 님페 악시오케와 사이에서 낳은 아들이다. 크리시포스에게는 펠롭스의 본처 히포다메이아가 낳은 이복형제 아트레우스와 티에스테스가 있다.

    아름다운 미소년이었던 크리시포스는 오이디푸스의 아버지인 테바이의 왕 라이오스에게 겁탈을 당했다고 한다.

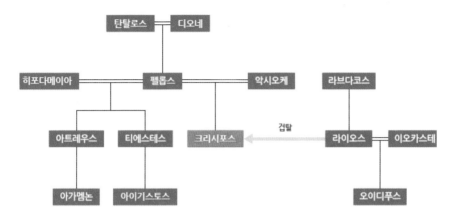

신화이야기

아트레우스와 티에스테스의 크리시포스 살해

크리시포스는 피사의 왕 펠롭스가 님페 악시오케와 사이에서 낳은 아들이다. 하지만 크리시포스를 얻을 당시 펠롭스에게는 이미 본처 히포다메이아가 있었고 그녀와 사이에서 두 아들 아트레우스와 티에스테스도 낳은 상태였다. 크리시포스는 아름다운 소년으로 자라났고 펠롭스는 그런 아들을 몹시 총애하였다. 그러나 크리시포스에 대한 펠롭스의 총애는 히포다메이아의 질시와 미움을 초래하였다. 그녀는 펠롭스가 왕위를 크리시포스에게 물려줄까봐 두려워하였고, 결국 자신의 두 아들을 시켜 크리시포스를 죽게 하였다.

이 일로 히포다메이아는 펠롭스의 노여움을 사 그의 손에 죽임을 당했고(혹은 스스로 목을 매어 자살했고), 이복동생을 죽인 아트레우스와 티에스테스 형제는 아버지의 분노를 피해 미케네로 도망을 쳤다.

훗날 두 형제는 미케네의 왕위를 놓고 잔혹한 골육상쟁을 벌이게 된다.('티에스테스' 참조)

라이오스와 크리시포스

크리시포스의 죽음에 관해서는 다른 설도 전해진다. 그에 따르면 테바이 왕자 라이오스는 암피온과 제토스가 테바이 왕권을 차지하자 피사의 펠롭스 왕 궁전으로 피신하였다. 그런데 이곳에서 지내는 동안 아름다운 크리시포스를 사랑하게 되었다. 얼마 뒤 암피온과 제토스가 죽자 라이오스는 테바이로 돌아가 왕위에 올랐다. 펠롭스와 크리시포스는 테바이의 왕이 된 라이오스를 방문하였는데 이때 라이오스가 크리시포스를 겁탈하였다.(혹은 라이오스가 테바이로 돌아갈 때 크리시포스를 유괴하여 데려갔다고도 한다) 크리시포스는 이 일을 수치스럽게 여겨 자살하였고, 펠롭스는 라이오스에게 절대로 아들을 얻지 못할 것이며 행여 얻게 되면 그 아들의 손에 목숨을 잃게 되리라는 저주를 퍼부었다고 한다. 이것이 라이오스 왕가에 내린 저주의 기원이다.('오이디푸스' 참조)

히포다메이아의 크리시포스 살해

크리시포스의 죽음에는 또 다른 이야기도 있다. 여기서는 히포다메이아가 두 아들을 위해 직접 크리시포스를 죽인다. 이를 위해 히포다메이아는 치밀한 계획을 세웠던 것으로 보인다. 그녀는 피사에 머물고 있던 라이오스로 하여금 크리시포스를 겁탈하게 한 다음 그가 잠이 든 틈을 타서 그의 칼로 크리시포스를 찔렀다. 그녀는 라이오스에게 살인죄를 뒤집어씌우려 했지만 크리시포스가 곧바로 죽지 않고 아버지 펠롭스에게 사실을 말한 다음에 죽는 바람에 히포다메이아의 소행이 탄로나고 말았다.

크리오스 Crius

요약

그리스 신화에 등장하는 티탄 12신의 한 명이다.

크로노스가 아버지 우라노스를 거세할 때 이를 도왔고, 티탄 신족과 올림피아 신족 사이에 전쟁이 벌어졌을 때 참전했다가 패해 저승의 가장 깊은 곳에 있는 타르타로스에 다른 티탄들과 함께 유폐되었다.

기본정보

구분	티탄 신족
외국어 표기	그리스어: Κριός, 혹은 Κρεῖος
별칭	크레이오스(Creius)
관련 상징	남쪽
관련 신화	우라노스의 거세, 티타노마키아
가족관계	우라노스의 아들, 가이아의 아들

인물관계

가이아와 우라노스 사이에서 태어난 티탄 12신의 하나로 가이아와 폰토스의 딸인 에우리비아와 결혼하여 아스트라이오스, 페르세스, 팔라스 삼형제를 낳았다.

아스트라이오스는 새벽의 여신 에오스와 결혼하여 제피로스 등 바람의 신들과 에오스포로스 등 별의 신들을 낳았고, 페르세스는 코이오스와 포이베의 딸인 아스테리아와 결혼하여 마법과 주술의 여신

헤카테를 낳았고, 팔라스는 저승을 감싸고 흐르는 강의 여신 스틱스
와 결혼하여 니케(승리), 크라토스(힘), 비아(폭력), 젤로스(경쟁) 등을
낳았다.

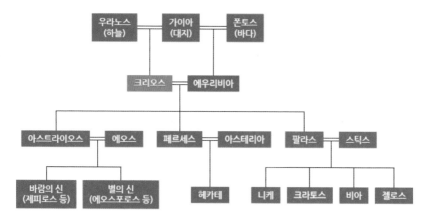

신화이야기

기원

크리오스는 원래 펠로폰네소스의 원주민들이 숭배하던 신이었는데
도리스 족이 이곳으로 밀려들어오면서 그리스 신화에서 쫓겨난 것으
로 여겨진다. 처음에 크리오스는 양의 형상을 한 반수반인의 신으로
카르네이오스(Karneios)와 동일시되다가 헤시오도스에 의해 그리스 신
화의 티탄 신족에 편입되어 티탄 12신의 한 명이 되었다.

크리오스는 티타노마키아에 참전했다가 패해 다른 티탄 형제들과
함께 타르타로스에 유폐되었다.

티탄 12신

하늘의 신 우라노스와 대지의 여신 가이아 사이에서 태어난 자식으
로 오케아노스, 코이오스, 크리오스, 히페리온, 이아페토스, 크로노스

우라노스와 가이아
로마 시대 모자이크, 2세기, 뮌헨 글립토테크 미술관

등 6명의 남신(티타네스)과, 테이아, 레아, 테미스, 므네모시네, 포이베, 테티스 등 6명의 여신(티타니데스)이 있다. 이들은 원초적인 신들의 세대에 속하며, 막내 크로노스로부터 올림포스 신들의 세대가 나왔다.

크로노스는 아버지 우라노스를 거세한 뒤 신과 인간들의 지배자가 되었지만 아들 제우스가 이끄는 올림포스 신들과의 싸움(티타노마키아)에서 패해 권좌에서 쫓겨났다. 이 패배로 인해 티탄 신들은 대부분 저승의 최하층인 타르타로스에 유폐되었고 세상에는 올림포스 신들의 시대가 열렸다.

우라노스의 거세에 가담한 크리오스

막내 크로노스가 어머니 가이아의 지시로 아버지 우라노스를 거세할 때 크리오스는 다른 형제 히페리온, 코이오스, 이아페토스 등과 함께 우라노스를 움직이지 못하게 붙잡았다. 그런 다음 크로노스가 어머니 가이아에게서 받은 낫(하르페)으로 우라노스의 성기를 잘랐다. 이때 크리오스는 남쪽 방향에서 아버지를 붙잡았는데 이 때문에 남쪽 혹은 남쪽하늘을 관장하는 티탄이 되었다.

티탄 6형제 중 유일하게 오케아노스는 크로노스를 돕지 않았다. 오케아노스는 제우스가 크로노스를 폐위시킬 때도 제우스를 도왔다.

크산토스 Xanthus, Xanthos

요약

그리스 신화에 등장하는 신마(神馬)이다.

괴조(怪鳥) 하르피이아이의 하나인 포다르게가 서풍의 신 제피로스
와 결합하여 낳은 아들로 바람처럼 빠른 말이다. 트로이 전쟁 때 아킬
레우스의 전차를 끌었으며, 인간의 말도 할 줄 알았다. 파트로클로스
가 죽었을 때는 아킬레우스와 논쟁을 벌였다.

기본정보

구분	신마(神馬, 신성한 동물)
상징	바람처럼 빠른 말
외국어 표기	그리스어: Ξάνθος
어원	사슴털
관련 신화	트로이 전쟁
가족관계	제피로스의 아들, 포다르게의 아들, 발리오스의 형제

인물관계

하르피이아이의 하나인 포다르게와
서풍의 신 제피로스 사이에서 태어난
한 쌍의 말 중 하나로, 또 다른 말은
발리오스다.

신화이야기

신마(神馬) 크산토스와 발리오스

  호메로스에 따르면 크산토스와 발리오스는 하르피이아이의 하나인 질풍의 여신 포다르게가 암말로 변신하여 오케아노스 물가의 초원에서 풀을 뜯고 있을 때 서풍의 신 제피로스가 다가와 정을 통하여 낳은 자식들이라고 하였다. 포세이돈은 이 두 필의 말을 아킬레우스의 부모인 펠레우스와 테티스의 결혼식 때 선물로 주었는데, 펠레우스는 이 말들을 다시 아들 아킬레우스에게 주었다. 아킬레우스는 트로이 전쟁에 참가했을 때 이 두 마리의 말에게 자신의 전차를 끌게 하였다.

크산토스와 발리오스가 끄는 전차를 탄 승리의 아킬레우스
프란츠 폰 마치(Franz von Matsch)

돌론의 죽음

  아가멤논과의 불화로 아킬레우스가 자기 막사에 틀어박힌 채 전투에 모습을 나타내지 않자 헥토르는 상금을 내걸고 그리스군 진영을 정탐하고 올 인물을 구하였다. 그러자 돌론이라는 병사가 자원하면서 그 대신 임무를 성공적으로 마치면 아킬레우스의 신마 크산토스와 발리오스를 달라고 하였다. 헥토르가 제우스의 이름을 걸고 약속하자 돌론은 그리스군 진영으로 잠입하였으나 마침 트로이군 진영을 염탐하러 온 오디세우스와 디오메데스에게 붙잡혀 죽고 말았다.('돌론' 참조)

아킬레우스와 이야기를 나눈 크산토스

아킬레우스는 파트로클로스가 전투에서 물러나 있던 자신을 대신하여 미르미돈 병사들을 이끌고 전투에 나서겠다고 하자 자신의 갑옷과 함께 크산토스와 발리오스가 끄는 전차도 내주었다. 하지만 파트로클로스는 헥토르의 창에 목숨을 잃었고, 아킬레우스는 파트로클로스를 무사히 데려오지 못했다고 크산토스와 발리오스를 비난했다.

그러자 크산토스가 사람처럼 말을 하기 시작했다.(호메로스는 헤라가 크산토스에게 그런 능력을 부여했다고 하였다) 크산토스는 파트로클로스의 죽음이 자신들의 잘못이 아니라 아폴론이 헥토르에게 영광을 내리기 위해 그를 죽인 것이라고 변명하고는, 아킬레우스에게 머지않아 죽을 운명이라는 말도 덧붙였다. 하지만 그때 복수의 여신 에리니에스가 나타나더니 인간의 운명을 함부로 발설한 죄를 물어 크산토스의 입을 영영 다시 막아버렸다.

아킬레우스가 죽은 뒤 크산토스와 발리오스는 포세이돈이 다시 거두어갔다고도 하고, 아킬레우스의 아들 네오프톨레모스의 전차를 끌었다고도 한다.

알렉산더 대왕이 타던 말도 크산토스의 혈통을 이어받은 말이라고 한다.

아우토메돈과 아킬레우스의 말
앙리 르뇨(Henri Regnault), 1868년, 보스턴 미술관

크토니오스 Chthonius

요약

그리스 신화에 나오는 테바이의 귀족이다.

카드모스가 용을 죽이고 그 이빨을 뿌리자 땅에서 솟아난 용사들(스파르토이) 중 한 명으로, 그의 두 아들 닉테우스와 리코스는 섭정이 되어 테바이를 다스렸고, 외손자인 암피온과 제토스는 일곱 성문이 달린 유명한 테바이 성을 축조하였다.

기본정보

구분	신화 속 인물
상징	용맹한 무사, 귀족 가문
외국어 표기	그리스어: Χθόνιος
어원	대지
별칭	스파르토이(씨 뿌려 나온 남자들)
관련 상징	용의 이빨
관련 신화	카드모스, 테바이 건국, 암피온과 제토스, 니오베

인물관계

크토니오스는 용의 이빨에서 생겨난 다섯 명의 스파르토이 중 한 사람으로 닉테우스와 리코스 두 아들을 두었다. 닉테우스의 딸 닉테이스는 카드모스의 아들 폴리도로스와 결혼하여 테바이 왕가의 선조가 되었고, 또 다른 딸 안티오페는 제우스와 사이에서 테바이 성을 축조한 암피온과 제토스를 낳았다.

신화이야기

스파르토이

  페니키아의 왕 아게노르는 딸 에우로페가 황소로 변신한 제우스에게 유괴되어 종적을 감추자 세 아들에게 누이의 행방을 찾아보라고 명령하고는 찾지 못하면 아예 돌아오지도 말라고 하였다. 아게노르의 세 아들 중 하나인 카드모스는 누이를 찾을 길이 막막하자 델포이에 가서 신탁을 구했다. 그러자 카드모스에게 누이 찾는 일을 그만두고 도시를 건설하라는 신탁이 내렸다. 배에 달 무늬가 있는 황소를 찾아

카드모스와 스파르토이
비르길 졸리스(Virgil Solis), 1562년,
오비디우스의 『변신이야기』에 실린 삽화

그 뒤를 따라가다가 소가 멈추는 곳에 도시를 세우라는 것이었다.

카드모스는 포키스 왕 펠라곤의 소떼 중 배에 그와 같은 무늬가 있는 소를 발견하고는 쫓아가서 아소포스 강가의 한 지점에 멈추는 것을 확인하였다. 카드모스는 그곳에서 소를 희생 제물로 바치기로 하고 부하들에게 근처의 샘에 가서 제사에 쓸 물을 길어오게 하였다. 그런데 아레스의 샘이라고 불리는 샘은 용이 지키고 있어 물을 길러 온 카드모스의 부하들을 모두 잡아먹었다. 이 소식을 들은 카드모스가 용을 죽이자 아테나 여신이 나타나 용의 이빨을 땅에 뿌리라고 하였다. 카드모스가 그대로 하니 땅에서 무장한 용사들이 잔뜩 솟아나왔다. 카드모스가 그들에게 돌을 던지자 그들은 서로 상대방이 돌을 던졌다고 의심하면서 싸우기 시작하더니 다 죽고 다섯 명만이 남았다.

카드모스는 이 다섯 용사를 새로 건설할 도시의 시민으로 삼았는데, 이들이 바로 테바이 귀족 가문의 시조인 스파르토이(씨 뿌려 나온 남자들)이다. 다섯 스파르토이의 이름은 크토니오스(대지), 에키온(뱀), 우다이오스(지면), 히페레노르(초인), 펠로로스(거인)이다.

테바이의 섭정이 된 크토니오스의 아들

크토니오스에게는 두 아들 닉테우스와 리코스가 있었다. 두 형제는 에우보이아에서 자랐지만 그곳에서 오르코메노스의 왕 플레기아스를 죽이는 바람에 테바이로 가서 친구인 펜테우스에게 의탁하였다. 펜테우스는 또 다른 스파르토이인 에키온과 카드모스의 딸 아가우에 사

287

이의 아들로 외조부에 이어 테바이를 다스리고 있었다. 하지만 얼마 뒤 펜테우스가 디오니소스의 추종자들(마이나데스)에 의해 죽임을 당하자 그의 외숙부이자 카드모스의 아들인 폴리도로스가 테바이의 왕위에 올랐다.('마이나데스' 참조)

닉테우스에게는 두 딸 닉테이스와 안티오페가 있었는데, 닉테이스는 펜테우스에 이어 테바이의 왕이 된 폴리도로스와 결혼하여 아들 라브다코스를 낳았다. 하지만 라브다코스가 아직 어린 아이일 때 폴리도로스가 죽었기 때문에 닉테우스는 어린 조카를 대신하여 섭정이 되어 테바이를 다스렸다.

크티메네 Ctimene

요약

 그리스 신화에 나오는 오디세우스의 누이동생이다.
 오디세우스의 충직한 돼지치기 에우마이오스와 어린 시절 함께 자랐다고 하며, 나중에 커서는 오디세우스와 함께 트로이 전쟁에 참전한 병사 출신의 에우릴로코스와 결혼하였다.

기본정보

구분	공주
외국어 표기	그리스어: Κτιμένη
관련 신화	오디세우스

인물관계

크티메네는 라에르테스와 안티클레이아 사이에서 태어난 딸로 오디세우스의 누이동생이며, 에우릴로코스와 결혼하였다.

신화이야기

돼지치기 에우마이오스와 함께 자란 크티메네

크티메네는 라에르테스와 안티클레이아의 딸로 오디세우스의 누이동생이다. 크티메네는 어린 시절 에우마이오스와 함께 자랐다고 한다. 에우마이오스는 원래 시리아 섬의 왕자였는데 여자 노예에게 유괴되어 오디세우스의 아버지 라에르테스에게 팔려온 아이였다. 에우마이오스는 자라서 오디세우스 궁의 돼지치기가 되어 끝까지 주인에게 충성하였다.

크티메네의 남편 에우릴로코스

크티메네는 아름다운 처녀로 자라나서 많은 결혼 선물을 받고 에우릴로코스에게 시집갔다. 에우릴로코스는 오디세우스를 따라 트로이 전쟁에 함께 참전했지만 오디세우스의 다른 부하들과 마찬가지로 고향으로 돌아오지 못하고 귀향 중에 목숨을 잃었다.

크티메네의 남편 에우릴로코스는 호메로스의 『오디세이아』에서 키르케의 섬 이야기와 헬리오스의 소떼 이야기에 등장하여 중요한 역할을 하였다. 특히 헬리오스의 소떼 이야기에서 그는 오디세우스가 절대로 잡아먹지 말라고 신신당부한 태양신의 소를 다른 병사들을 부추겨서 오디세우스가 잠든 사이에 잡아먹게 하였다. 이 일로 오디세우스 일행은 제우스의 노여움을 사서 오디세우스 한 사람만 빼고 모두 바닷물에 빠져죽었다. 에우릴로코스도 이때 최후를 맞았다.('에우릴로코스' 참조)

『오디세이아』에서 크티메네는 오디세우스가 이타카로 돌아온 뒤의
이야기에서는 더 이상 언급되지 않았다.

헬리오스의 소를 잡는 오디세우스의 부하들
펠레그리노 티발디(Pellegrino Tibaldi), 1554~1556년. 볼로냐 포지 광장

클레오비스 Cleobis

요약

그리스 신화에 나오는 아르고스 출신의 젊은이다.

형제인 비톤과 함께 지극한 효자로 유명하다. 두 형제는 잠을 자다 빠르고 편안한 죽음을 맞았는데, 이는 신이 인간에게 내린 최고의 선물이라고 한다.

기본정보

구분	신화 속 인물
상징	지극한 효심
외국어 표기	그리스어: Κλέοβις
어원	훌륭한 삶
관련 신화	클레오비스와 비톤

인물관계

클레오비스는 헤라 여신의 사제 키디페의 아들로 비톤과 형제이다.

신화이야기

클레오비스와 비톤 형제는 아르고스에 있는 헤라 신전의 여사제 키디페의 아들인데 비록 가난하지만 형제간에 우애가 깊었고 어머니에 대한 효심이 지극하였다.

하루는 어머니 키디페가 헤라 여신께 제물을 바치기 위해 신전으로 가야 했는데 수레를 끌어야 할 황소 두 마리가 늦도록 들판에서 돌아오지 않았다. 그러자 클레오비스와 비톤은 어머니가 제사에 늦지 않도록 자신들이 소 대신 멍에를 쓰고 20리나 되는 길을 수레를 끌고 갔다.

인간이 가질 수 있는 최고의 선물

신전에 도착한 두 형제는 무거운 수레를 끌고 먼 길을 온 터라 지쳐

어머니가 탄 수레를 끄는 클레오비스와 비톤
니콜라 루아(Nicolas Loir), 1649년, 부다페스트 미술관

서 잠이 들었다. 카디페는 잠든 두 아들을 보며 이처럼 효성스런 아들을 갖게 된 것을 헤라 여신께 감사드리고 그들에게 인간이 가질 수 있는 최고의 선물을 내려달라고 기도하였다. 그러자 두 아들은 더 이상 깨어나지 않고 젊음과 아름다움을 간직한 채 빠르고 편안한 죽음을 맞았다. 이것이 신들이 두 형제에게 내린 인간이 가질 수 있는 최고의 선물이었던 것이다.

헤로도토스에 따르면 그리스 칠현(七賢)으로 꼽히는 아테네의 정치가 솔론(Solon)이 인간 중에 가장 행복한 사람으로 클레오비스와 비톤 형제를 꼽았다고 한다.

델포이의 형제상(像)

델포이에서는 1893년과 1894년에 아르고스인들이 두 형제에게 바친 석상이 발견되었다. 석상은 기원전 6세기경에 활동한 아르고스의 조각가 폴리미데스의 작품이며, 당시로서는 극히 예외적으로 석상에 클레오비스와 비톤이라는 이름이 새겨져 있었다.

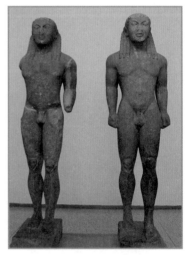

클레오비스와 비톤
아르고스의 석상, 기원전 580년경
델포이 고고학미술관

클레오파트라 Cleopatra, 멜레아그로스의 아내

요약

지상에서 가장 용맹한 남자 이다스와 아이톨리아 왕 에우에노스의 딸 마르페사 사이에서 태어난 딸이다.

칼리돈의 왕 오이네우스의 아들 멜레아그로스와 결혼한 그녀는 남편이 죽자 스스로 목을 매 자살하였다.

기본정보

구분	공주
외국어 표기	그리스어: Κλεοπάτρα
별칭	클레오파트라 알키오네(Cleopatra Alcyone)
관련 신화	멜레아그로스

인물관계

집안에서는 알키오네라고 불린 클레오파트라는 당시 지상의 인간들 중 가장 용맹한 이다스와 복사뼈가 예쁜, 에우에노스의 딸 마르페사의 딸로 멜레아그로스와 결혼하였다.

멜레아그로스는 그리스 신화에 등장하는 영웅으로, 유명한 칼리돈의 멧돼지 사냥을 주최한 인물이다. 멧돼지의 가죽을 놓고 벌어진 다툼에서 외숙부들을 죽인 뒤 어머니 알타이아의 저주를 받아 목숨을 잃었다.

신화이야기

클레오파트라의 부모와 그녀의 별명

클레오파트라의 아버지 이다스는 자신의 사랑을 위해 올림포스 신포이보스 아폴론에게도 대항한 지상에서 가장 용맹한 남자이다. 그는 복사뼈가 예쁜 신부 때문에 올림포스 신 아폴론에 대항하여 활을 든 사람이다. 클레오파트라의 어머니는 아이톨리아 왕 에우에노스의 딸이자 올림포스 신 아레스의 손녀인 마르페사이다.

용감한 아버지와 존경스런 어머니는 클레오파트라를 집 안에서 알키오네라고 불렀는데 그 연유는 아폴론이 마르페사를 납치했을 때 딸클레오파트라가 마치 알키오네처럼 애처롭게 울었기 때문이다. 이런 연유로 몇몇 전승 문헌에서 '클레오파트라 알키오네'라는 이름이 등장한다. 그녀는 칼리돈의 왕 오이네우스와 아이톨리아 지방 플레우론 왕테스티오스의 딸인 알타이아 사이에서 태어난 멜레아그로스와 결혼하였다.

클레오파트라의 슬픔과 죽음

클레오파트라와 결혼한 멜레아그로스는 칼리돈의 멧돼지 사냥에서 만난 아탈란테의 모습에 반하여 그녀를 흠모하고 있었다. 멜레아그로스와 아탈란테의 만남의 스토리는 다음과 같다.

멜레아그로스는 칼리돈의 멧돼지 사냥에서 세운 공으로 멧돼지의 가죽을 받는데, 그는 멧돼지에게 처음 상처를 입힌 처녀 사냥꾼 아탈란테에게 반하여 상으로 받은 멧돼지의 가죽을 선사하였다. 멜레아그로스의 이런 행동에 대해 그의 형제 톡세우스와 외삼촌 이피클로스, 플렉시포스, 에우리필로스가 불만을 제기하였고 멜레아그로스와 논쟁을 벌였다. 이 과정에서 멜레아그로스는 자신의 혈육을 살해하였다. 이 소식을 접한 멜레아그로스의 어머니 알타이아는 자신의 남자형제를 죽인 아들에게 저주를 퍼붓고 복수의 칼날을 세웠다. 그녀는 멜레아그로스의 생명을 결정하는 운명의 나무를 불길 속으로 던져 아들의 생명을 사라지게 했다.('멜레아그로스' 참조)

알타이아는 아들의 죽음을 가져온 자신의 행동을 비관하며 죄책감에 사로잡혀 괴로워하다 스스로 목숨을 끊었다. 멜리아그로스의 누이들은 그의 죽음을 슬퍼하였고, 이를 어여삐 여긴 사냥의 여신 아르테미스가 누이들을 새로 변하게 했다.

멜레아그로스의 아내 클레오파트라 알키오네 역시 스스로 목을 매 자살하여 남편과 시어머니의 죽음을 따랐다.

클레오파트라 Cleopatra, 신화 속 여인

요약

　고대 그리스 중부에 위치한 로크리스 지방의 명문가 출신의 처녀이다. 로크리스의 왕자 아이아스가 저지른 아테나 여신에 대한 신성모독을 가라앉히기 위해, 로크리스인들이 인간 제물로 일리온의 아테나 신전으로 보낸 최초의 두 명의 처녀 중 한 명으로, 다른 한 명은 페리보이아이다. 클레오파트라는 페리보이아와 함께 아테나 신전에서 허드렛일을 하다 생을 마감했다.

기본정보

구분	신화 속 인물
외국어 표기	그리스어: Κλεοπάτρα
관련 신화	아이아스(오일레우스의 아들)

신화이야기

아이아스의 신성모독

　트로이가 함락되었을 때 로크리스의 왕 오일레우스의 아들 아이아스는 아테나 여신의 큰 분노를 샀다. 그는 트로이의 약탈을 피해 아테나 신전으로 피신하여 아테나 여신의 목상(木像)을 끌어안고 있던 트로이 공주 카산드라를 강제로 끌어내어 범하였다. 이 과정에서 아이아스는 아테나 여신의 목상이 넘어져 하늘을 쳐다보게 하는 신성모독죄를 저질렀는데, 이와 같은 불경죄를 목격한 그리스군들이 아이아스를 죽이려고 했다. 그러나 아이아스는 자신이 모욕한 아테나의 신전으로 몸을 피해 자신이 쓰러뜨린 아테나 여신의 목상을 붙잡고 있었고 그리스인들은 두려운 나머지 아이아스를 살려주었다.('아이아스' 참조)

카산드라를 욕보이는 소(小)아이아스
아티카 지방의 적색상 도기, 기원전 440~430년
루브르 박물관

신성모독에 대한 로크리스인들의 속죄

아테나 여신에 대한 아이아스의 신성모독은 로크리스인들을 계속해서 괴롭혔다. 트로이 원정이 끝난 지 3년이 되던 해에 아테나 여신은 로크리스에 전염병을 퍼뜨리고 흉년이 들게 했다. 아폴로도로스에 의하면 로크리스인들은 아테나의 노여움을 가라앉히기 위해서 여신의 노예로 삼을 두 명의 처녀를 매년 일리온(트로이의 또 다른 고대 그리스어 명칭)으로 보내야 한다는 신탁을 받았다. 신탁에 따라 로크리스인들은 명문가 출신의 처녀들 중에서 제비로 두 명을 뽑아 일리온의 아테나 신전으로 보냈다.

첫 번째 제비에서 뽑힌 두 명 중 한 명은 클레오파트라이고 또 다른 한 명은 페리보이아였다. 그들은 트로이에 도착하자 그곳 주민들에게 쫓겨 신전 안으로 들어갔다. 그들은 여신에게 다가가지 않고 성역을 쓸고 물을 뿌렸다. 그들은 신전 밖으로 나가지 않고 머리를 짧게 자르고, 신발도 신지 않은 채 키톤만 걸쳤다. 이들이 죽으면 로크리스인들은 다른 노예들을 보냈는데 나중에는 어린 아이들까지 유모와 함께 보냈다.

노예들은 성역 밖에서 트로이 주민들의 눈에 띄어 살해되지 않기 위해 한밤중에 몰래 도시를 드나들었다. 그렇게 천 년이 지난 후 일어난 포키스 전쟁 이후부터는 탄원자들을 더 이상 보내지 않았는데, 로크리스인들이 아테나 여신의 분노를 누그러뜨리기 위해 일리온으로 보낸 처녀들은 일종의 '인간 제물'로 해석될 수 있을 것이다.

클레오파트라 Cleopatra, 오레이티이아의 딸

요약

북풍의 신 보레아스와 아테네 왕 에레크테우스의 딸 오레이티이아 사이에서 태어난 딸이다.

날개 달린 쌍둥이 남자형제 제테스와 칼라이스 그리고 여자형제 키오네가 있다. 트라키아의 왕이자 예언자인 피네우스와 결혼하여 두 아들 플렉시포스와 판디온을 낳았다. 그러나 그녀는 남편으로부터 버림을 받았다.

기본정보

구분	님페
외국어 표기	그리스어: Κλεοπάτρα
관련 신화	피네우스, 제테스와 칼라이스(보레아다이)
가족관계	보레아스의 딸, 오레이티이아의 딸, 피네우스의 아내, 플렉시포스의 어머니

인물관계

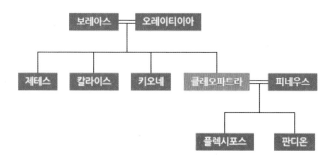

클레오파트라는 보레아스와 오레이티이아의 딸로, 제테스, 칼라이스, 키오네와 형제자매간이다. 피네우스와 결혼하여 두 아들 플렉시포스와 판디온을 낳았다.

신화이야기

탄생

클레오파트라의 아버지는 북풍의 신 보레아스이고, 그녀의 어머니는 아테네 출신의 오레이티이아이다. 오레이티이아가 일리소스 강변에서 놀고 있을 때 보레아스가 그녀를 납치하여 동침하여 두 딸 클레오파트라와 키오네, 날개 달린 두 아들 제테스와 칼라이스를 낳았다.

클레오파트라와 두 아들의 운명

클레오파트라는 흑해의 서안에 위치한 트라키아 지방의 도시 사르미데소스의 왕이자 예언가인 피네우스와 결혼하여 두 아들 플렉시포스와 판디온을 낳았는데, 피네우스는 두 아들을 얻은 후 클레오파트라를 버리고 스키티아 왕 다르다노스의 딸 이다이아를 두 번째 부인으로 맞아들였다.

한편 이다이아는 질투에 눈이 멀어 전처에게서 태어난 두 아들의 눈을 멀게 하였는데, 아폴로도로스에 의하면 이다이아가 클레오파트라의 아들들이 자신을 유혹하려 한다고 모함하여 피네우스가 이다이아의 말만 믿고 두 아들의 눈을 멀게 했다. 그에 반해 소포클레스의 『안티고네』에 따르면 이다이아가 질투에 눈이 멀어 어린 플렉시포스와 판디온을 베틀의 북으로 찔러 눈을 멀게 했다.

클레오파트라의 죽음과 관련하여 두 가지 설이 있는데, 한 이본에 따르면 그녀는 두 아들을 낳은 후 죽었다. 다른 이야기에 따르면 피네우스가 클레오파트라를 장님이 된 두 아들과 함께 감금시켰는데 아르고호의 선원들이 항해 도중에 피네우스를 죽이고 클레오파트라와 두 아들을 구해주었다. 여기에서도 두 가지 설이 있다.

한 이본에 따르면 클레오파트라의 아버지 보레아스가 아르고호의 항해에 참가하여 항해 도중에 딸과 손자를 구하고 피네우스를 벌주었다. 다른 이본에 따르면 클레오파트라의 남자형제이자 플렉시포스와 판디온의 외삼촌인 쌍둥이 형제 제테스와 칼라이스가 헤라클레스와 함께 아르고호의 항해에 참가하여 항해 도중에 누이와 조카를 구하였다. 이때 헤라클레스가 피네우스를 때려죽였고, 구출된 플렉시포스와 판디온은 아르고호의 항해에 동참하기 위해 어머니 클레오파트라에게 왕국을 맡기고 항해를 떠났다.

클레이테 Clite

요약

  그리스 신화에서 아르고호 원정대와 관련된 이야기에 나오는 키지코스 왕의 아내이다.

  갓 결혼한 남편 키지코스 왕이 아르고호 원정대를 해적으로 오인하고 전투를 벌이다 죽임을 당한 뒤 슬픔을 이기지 못하고 스스로 목숨을 끊었다.

기본정보

구분	왕비
상징	남편을 잃은 슬픔
외국어 표기	그리스어: Κλείτη
어원	유명한 여인
관련 지명	클레이테의 샘
관련 신화	아르고호 원정대의 모험

인물관계

클레이테는 페르코테의 예언자 메롭스의 딸로 아리스베와 자매이고

『일리아스』에 등장하는 두 형제 아드라스토스, 암피오스와 남매지간
이다. 남편 키지코스 왕이 결혼하자마자 죽는 바람에 두 사람 사이에
는 자식이 없었다.

신화이야기

남편 키지코스의 죽음

클레이테는 트로아스 지방의 페르코테에 사는 예언자 메롭스의 딸
인데 프로폰티스(지금의 마르마라 해) 연안에 사는 돌리오네스족의 왕
키지코스와 결혼하였다. 두 사람이 결혼하고 얼마 뒤 이아손이 아르
고호 원정대를 이끌고 키지코스의 나라에 도착하였다. 아르고호 원정
대는 이올코스의 왕 펠리아스의 요구에 따라 신비한 황금 양털을 가
져오기 위해 콜키스로 항해하는 중이었다.

키지코스는 아르고호의 영웅들을 호의적으로 맞아주었을 뿐만 아
니라 궁으로 초대하여 성대한 연회도 베풀어주었다. 아르고호 원정대
는 다음날 다시 항해를 떠났고 키지코스 왕은 그들에게 식량을 제공
하고 뱃길에 대한 자세한 정
보도 알려주었다. 하지만 바
다로 나간 원정대는 밤사이
거센 역풍을 만나 다시 키지
코스의 나라로 떠밀려왔다.
이들을 이웃나라 펠라스고
이족의 해적으로 오인한 돌
리오네스족 사람들은 무기
를 손에 들고 나가 공격하였
고, 자신들이 다시 키지코스

아르고호
로렌초 코스타(Lorenzo Costa), 1500년
파도바 시립미술관

왕국으로 돌아온 줄 모르는 원정대는 이에 맞서 싸웠다. 결국 아르고호 원정대와 돌리오네스족 사이에 격렬한 전투가 벌어졌고, 키지코스 왕은 이아손(혹은 헤라클레스)의 창에 찔려 죽고 말았다.

스스로 목숨을 끊은 클레이테

이윽고 날이 밝자 양 진영은 서로를 알아보았고, 모두 키지코스 왕의 죽음을 비통해하였다. 이아손은 키지코스 왕을 위해 성대한 장례식을 거행하고 왕을 기리는 장례 경기도 열었다. 하지만 갓 결혼한 신부였던 아름다운 왕비 클레이테는 남편을 잃은 슬픔을 이기지 못하고 스스로 목을 매고 죽었다. 젊은 왕비의 죽음은 숲의 님페들도 슬픔에 잠기게 하였다. 이들이 애통해하며 흘린 눈물은 샘이 되었고, 사람들은 거기에 클레이테의 샘이라는 이름을 붙여주었다.

키벨레 여신에게 제물을 바치는 아르고호 원정대

그런데 아르고호 원정대는 장례식을 치르고 난 뒤에도 그곳을 떠나지 못했다. 거센 폭풍이 좀처럼 가라앉을 기미를 보이지 않았기 때문이다. 원정대의 일원인 예언자 몹소스가 이를 키벨레 여신이 키지코스의 죽음에 대해 분노하고 있기 때문이라고 해석했다. 결국 원정대는 키벨레 여신께 제물을 바치고 키벨레의 시종들인 코리반테스를 흉내 내어 춤까지 추고 나서야 섬을 떠날 수 있었다.

키지코스가 다스린 나라는 그 뒤로 키지코스라는 이름이 붙여졌다.

클레이토스 Clitus, Cleitus

요약

그리스 신화에 나오는 미남이다.

잘생긴 용모 때문에 새벽의 여신 에오스에게 납치되어 그녀와 사이에서 많은 자식을 낳았다. 그리스 신화에는 그밖에도 여러 명의 클레이토스가 등장한다.

기본정보

구분	신화 속 인물
상징	미남
외국어 표기	그리스어: Κλεῖτος
관련 신화	새벽의 여신 에오스

인물관계

클레이토스는 만티오스의 아들이자 예언자 멜람푸스의 손자로 폴리페이데스, 오이클레스와 형제이다. 그는 새벽의 여신 에오스와 사이에서 여러 명의 자식을 낳았는데 그 중 한 명인 코이라노스는 코린토스의 유명한 예언자 폴리에이도스의 아버지이다.

오이클레스의 아들 암피아라오스는 테바이 공략 7장군 중 한 명으로 역시 유명한 예언자였다.

신화이야기

클레이토스와 에오스

예언자 멜람푸스의 손자 클레이토스는 준수한 용모 때문에 새벽의 여신 에오스에게 납치되어 그녀의 연인이 되었다.

그리스의 시인 사포에 따르면 새벽의 여신 에오스는 군신 아레스와 애정행각을 벌이다 연적인 미의 여신 아프로디테의 분노를 사서 끊임없이 사랑을 갈구하는, 그것도 죽을 운명의 젊은 인간만을 애욕하게 되는 저주를 받았다고 한다.

에오스는 아침마다 지평선 위로 날아올라 사방을 두리번거리며 젊은 청년을 살피곤 했다. 그럴 때마다 그녀의 얼굴은 부끄러운 홍조를 띠었고, 그러면 하늘도 그녀와 함께 붉게 물들었다고 한다. 그녀의 애

새벽의 여신
윌리엄 아돌프 부그로(William Adolphe Bouguereau), 1881년, 버밍엄 미술관

정 행각의 대상이 된 남성으로는 티토노스, 케팔로스 등이 유명하다.('에오스' 참조)

클레이토스와 에오스 사이에서는 많은 자식들이 태어났는데, 그 중 한 명이 코린토스의 유명한 예언자 폴리에이도스의 아버지인 코이라노스다.

또 다른 클레이토스

그리스 신화에는 그밖에도 여러 명의 클레이토스가 등장한다.

1) 아이깁토스의 50명의 아들 가운데 한 명.

아이깁토스의 50명의 아들은 숙부인 다나오스의 50명의 딸들과 합동결혼식을 올렸는데, 이 결혼이 자신의 왕국을 빼앗으려는 음모임을 간파한 다나오스는 딸들에게 결혼식 첫날밤에 신랑을 모두 죽이라고 지시하였다. 클레이토스는 다나오스의 딸 클리테에게 첫날밤에 목숨을 잃었다.

2) 트라키아 왕 시톤의 딸 팔레네와 결혼한 인물.

딸을 여인으로 사랑한 시톤은 딸의 구혼자들에게 전차 경주를 요구하여 경주에서 진 구혼자들을 살해하였다. 하지만 클레이토스는 그에게 반한 팔레네의 도움으로 전차 경주에서 승리하여 팔레네와 결혼하고 시톤의 왕국도 물려받았다.

클로리스 Chloris, 넬레우스의 아내

요약

오르코메노스 왕 암피온의 딸이다.

필로스의 왕 넬레우스와 결혼하여 많은 자식들을 낳고 행복한 삶을 누렸지만 불행하게도 자식들이 헤라클레스에 의해 비참한 죽임을 당했다. 자식들 중에 네스토르만 살아남아 필로스의 왕위를 이었다.

기본정보

구분	왕비
상징	자식을 잃은 어머니
외국어 표기	그리스어: Χλωρίς
어원	하얀, 창백한, 파랗게 질린, 연초록의, 연두색 싹의, 신선한
관련 신화	넬레우스, 네스토르, 헤라클레스

인물관계

오르코메노스 왕 암피온의 딸이다.

필로스의 왕 넬레우스와 사이에 딸 페로와 12명의 아들을 낳았다.

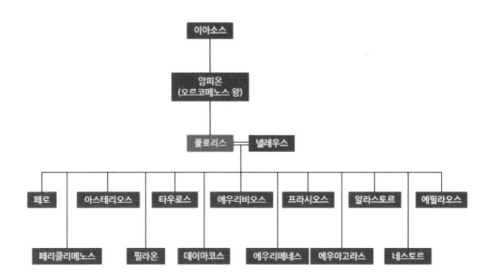

신화이야기

클로리스의 결혼

오르코메노스 왕 암피온의 딸 클로리스는 매우 아름다웠다고 한다. 클로리스는 필로스의 왕 넬레우스와 결혼하여 필로스의 왕비가 되었다. 호메로스에 의하면 클로리스는 워낙 미모가 출중하여 그녀와 결혼하기 위해 넬레우스가 많은 예물을 바쳤다고 한다. 호메로스는 『오디세이아』에서 오디세우스의 말을 통해 다음과 같이 전하고 있다.

"그리고 나는 지극히 아름다운 클로리스도 보았습니다. 그녀는 너무도 아름다워 넬레우스가 셀 수도 없을 만큼 많은 선물을 주고서 그녀와 결혼했습니다. 클로리스는 이아소스의 아들 암피온의 막내 딸인데, 암피온은 예전에 미니아이족이 사는 오르코메스를 막강한 힘으로 다스린 사람입니다."

클로리스는 넬레우스와의 사이에 많은 자식을 낳고 남부럽지 않은 삶을 누렸지만 불행하게도 클로리스의 자식들은 후에 비참한 죽임을 당하게 된다.

자식들의 죽음

클로리스 자식들의 죽음은 헤라클레스 신화와 연결된다.

오이칼리아 왕 에우리토스는 활쏘기 대회를 개최하여 우승자에게 딸 이올레 공주를 주기로 약속하였다. 이 대회에서 헤라클레스가 우승했지만 왕은 헤라클레스에게 약속을 지키지 않았는데, 이에 대해 『비블리오테케』는 다음과 같이 전하고 있다.

> "장남 이피토스는 헤라클레스에게 이올레를 주어야 한다고 했으나 에우리토스와 다른 아들들은 헤라클레스가 아이를 낳게 되면 또 다시 자식들을 죽일까 두려워 허락하지 않았다."

에우리토스의 장남 이피토스는 헤라클레스에 대해 매번 호의적이었으나 헤라클레스는 예전에 광기에 휩싸여 자식들을 죽였을 때와 마찬가지로 광기에 빠져 이피토스를 성벽에서 내던져 죽였다.

헤라클레스는 클로리스의 남편인 필로스의 왕 넬레우스를 찾아가 죄를 씻어줄 것을 청하였지만 에우리토스와 친분이 있는 넬레우스는 이를 거절했다. 그러자 헤라클레스는 필로스를 침공하여 넬레우스와 자식들을 죽였다. 이렇게 해서 클로리스는 네스토르를 제외한 모든 자식들을 잃는 비운의 어머니가 되었다. 이에 대해 『비블리오테케』는 다음과 같이 전하고 있다.

> "넬레우스는 클로리스와 사이에서 딸 페로와 열두 명의 아들, 즉 타우로스, 아스테리오스, 필라온, 데이마코스, 에우리비오스, 에필

라오스, 프라시오스, 에우리메네스, 에우아고라스, 알라스트로, 네스토르 그리고 포세이돈에게 변신술을 습득한 페리클리메노스를 낳았다. 헤라클레스가 필로스를 침공할 때 페리클리메노스는 싸움을 하다가 사자가 되고 뱀이 되고 벌이 되곤 했지만 결국 넬레우스의 다른 아들들과 마찬가지로 헤라클레스에게 살해당했다. 네스토르만이 살아남았는데, 이는 그가 게레니아 사람들 속에서 양육되었기 때문이다."

이와 같이 클로리스의 자식들 중 네스토르만이 다른 도시에 있었기 때문에 살아남을 수 있었고, 나중에 필로스의 왕위를 이어받았다.

그런데 클로리스의 자식들에 대해서는 여러 다른 이야기들이 전해진다. 앞에서 언급한 바와 같이 아폴로도로스는 넬레우스의 자식들 13명을 모두 클로리스가 낳았다고 전하고 있지만, 호메로스는 『오디세이아』에서 클로리스가 낳은 자식들의 이름을 말하면서 4명의 이름(네스토르, 크로미오스, 페리클리메오스 그리고 딸 페로)만을 언급한다. 또한 『오디세이아』는 오디세우스가 하데스의 지하세계를 여행하면서 클로리스를 만났다고 전하고 있다.

클로리스 Chloris, 니오베의 딸

요약

테바이의 왕 암피온과 니오베 사이에 태어난 딸이다.

어머니 니오베가 자신이 레토 여신보다 훌륭하다고 자랑하자, 그 벌로 자식들이 비참한 죽음을 당하게 되는데, 이 재앙에서 살아남았다.

기본정보

구분	공주
상징	공포
외국어 표기	그리스어: Χλωρίς
어원	하얀, 창백한, 파랗게 질린, 연초록의, 연두색 싹의, 신선한
관련 신화	니오베, 암피온, 레토, 아폴론, 아르테미스

인물관계

암피온과 니오베 사이에서 태어난 딸로 그녀에게 13명의 형제자매가 있다.

다음 가계도는 파우사니아스의 주장에 의거한 것이다.

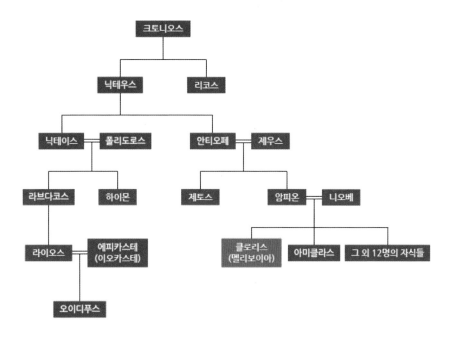

신화이야기

어머니 니오베의 비극

클로리스의 어머니 니오베는 테바이의 왕 암피온의 아내로, 그야말로 세상에 부러울 것이 없는 모든 것을 다 가진 여자였다. 게다가 아들도 일곱, 딸도 일곱이 있었다. 당시 테바이에서 숭배하는 레토 여신에게는 자식으로 아폴론과 아르테미스 남매만 있었는데 자만심에 들뜬 니오베는 레토 여신보다도 자신이 더 훌륭하다고 소리내어 자랑하였다.

신과 겨루는 일은 인간에게 허용된 것이 아니었다. 게다가 신보다 더 훌륭하다고 뽐내는 것은 더더욱 안 될 일이었다. 분개한 레토 여신은 자식인 태양의 신 아폴론과 사냥의 신 아르테미스에게 오만방자한 니오베가 자신을 능멸한 것에 대해 울분을 터트렸고, 이에 아폴론과 아르미테스는 니오베의 자식들을 모두, 아폴론은 아들들을 아르테미스는 딸들을 화살을 쏘아 죽였다.

『변신이야기』에 의하면 아폴론의 활에 의해 아들들이 모두 죽자 니오베의 남편 암피온은 슬픔을 견디지 못해 자살을 함으로써 슬픔과 목숨을 동시에 끝냈다고 한다. 그러나 니오베는 그 고통과 슬픔의 순간에도 아직도 딸이 7명이나 있는 자신이 승리자라고 울부짖었다. 그러나 딸들도 차례로 비참하게 죽어가고 딸 하나만 남게 되었다. 그때서야 니오베는 막내딸 하나만 살려달라고 간청하였지만 말도 끝내기 전 막내딸도 쓰러졌다.

『변신이야기』에 의하면 니오베는 자식을 잃고 난 후 슬픔으로 몸이 굳어져 돌이 되어 버렸다고 한다.('니오베_암피온의 아내' 참조)

클로리스 이야기

앞에서 언급한 바와 같이 『변신이야기』뿐 아니라 그 전에 이미 호메로스도 『일리아스』에서 니오베와 암피온의 자식들이 모두 죽었다고 전하고 있다. 그러나 몇몇 원전은 니오베의 자식들 중에 살아남은 자식들이 있다고 전하고 있는데, 그 중 이름이 가장 많이 거론되는 자식이 클로리스이다. 히기누스가 쓴 『신화집』에도 살아남은 유일한 자식이 클로리스라고 언급한다. 그런데 『비블리오테케』에는 남자 아이들 중에서는 암피온이 여자 아이들 중에서는 장녀 클로리스가 살아남았다고 한다. 아폴로도로스는 이 내용과 함

니오베 자녀들의 죽음
아브라함 블로에마에르트(Abraham Bloemaert), 1951년.
코펜하겐 국립미술관

께 기원전 5세기 서정 시인 텔레실라가 한 말을 소개하고 있다. 텔레실라에 의하면 아미클라스와 멜리보이아가 살아남았다고 한다.

이와 같이 클로리스에 관한 신화들은 서로 다른 내용들을 전해주고 있는데, 파우사니아스는 『그리스 안내』에서 다음과 같이 서로 어긋나는 내용들을 종합적으로 정리한 듯한 이야기를 전해주고 있다.

아폴론과 아르테미스가 니오베의 자식들을 죽일 때 살아남은 자식들은 멜리보이아와 아미클라스였다. 그들이 살아남을 수 있었던 것은 레토 여신에게 기도하며 용서를 빌었기 때문이라고 한다. 살아남은 멜리보이아는 형제자매들이 죽어가는 모습을 보고 공포로 인해 얼굴이 백지장처럼 창백해졌다고 한다. 그런데 그녀의 얼굴은 그 이후에도 본래의 모습으로 돌아오지 않고 계속 창백했기 때문에 이름이 멜리보이아에서 클로리스로 바뀌게 되었다고 한다. 『그리스 안내』가 전하는 바에 의하면, 당시 그리스에는 살아남은 클로리스와 아미클라스가 레토 여신의 신전을 지었다는 전설이 있었다고 한다. 『그리스 안내』에 의하면 클로리스는 헤라 여신을 기념하는 축제 대회에서 달리기 경주에서 우승을 했다고 한다.

한편 아폴로도로스와 히기누스는 오르코메노스 왕 암피온의 딸과 암피온과 니오베의 딸을 동일 인물로 간주하여 혼동하고 있다.

클로리스 Chloris, 제피로스의 아내

요약

클로리스는 원래 '축복받은 자들의 섬'에 사는 요정인데, 서풍의 신 제피로스의 청혼을 받아 꽃의 여신이 되었다.

로마 신화에 나오는 꽃의 여신 플로라와 동일한 존재이다.

기본정보

구분	님페
상징	꽃, 봄, 풍요
외국어 표기	그리스어: Χλωρίς
어원	연초록의, 연두색 싹의, 신선한, 하얀, 창백한, 파랗게 질린
관련 신화	제피로스, 아레스, 헤라
가족관계	오케아노스의 딸, 제피로스의 아내

인물관계

부모에 대해서는 구체적으로 전해지는 내용이 없으나, 오비디우스는 『로마의 축제일』에서 클로리스가 대양의 신 오케아노스의 딸인 듯한 암시를 준다. 서풍의 신 제피로스의 아내이다.

신화이야기

제피로스와의 사랑

클로리스는 '축복받은 자들의 섬'에 사는 요정이다. 오비디우스의 『로마의 축제일』에 의하면 클로리스는 로마 신화에서 꽃과 봄의 여신 플로라가 된다고 한다. 즉 클로리스와 플로라는 같은 존재인 것이다. 이에 관해 『로마의 축제일』은 플로라의 말을 통해 다음과 같이 전하고 있다.

제피로스와 플로라
산드로 보티첼리(Sandro Botticelli),
1482년경, 우피치 미술관

"내 이름은 지금 플로라이지만 예전에는 클로리스였습니다. 내 이름의 그라이키아 문자가 라틴어로 되면서 잘못 전해진 것이지요."

어느 봄날 클로리스가 이리저리 산책을 하는데 서풍의 신 제피로스

제피로스와 플로라
산드로 보티첼리(Sandro Botticelli)의 그림 〈비너스의 탄생〉 일부, 1485년경, 우피치 미술관

가 첫눈에 반해 그녀를 쫓아왔다. 쫓고 쫓기는 가운데 클로리스는 결국 제피로스에게 납치되어 강제로 순결을 빼앗겼다. 그런데 제피로스의 사랑은 일시적인 일회적 사랑이 아니라 '진정한' 사랑이었다. 제피로스는 그녀에게 결혼을 청하면서 아름다운 꽃들

플로라의 제국
조반니 바티스타 티에폴로(Giovanni Battista Tiepolo), 1743년경, 샌프란시스코 미술관

로 정원을 가득 채워주며 꽃에 대해 모든 것을 관할하는 권능과 함께 꽃을 피우게 하는 권능까지 주며 자신의 마음을 드러내보였다. "여신이여, 그대는 꽃의 여왕이 되시오."

제피로스는 강제로 클로리스와 사랑을 나누었지만 제피로스의 진심은 그녀의 마음을 움직였고, 클로리스는 제피로스의 사랑을 받아들여 꽃의 여신이 되었다. 오비디우스에 의하면 아도니스, 히아킨토스 등이 꽃으로 변한 것도 모두 클로리스가 관여한 것이라 한다.

클로리스가 모든 꽃들을 주관하는 여신이 되면서 카리테스 여신들이 화관과 화환을 만들 때 사용하는 꽃들과 호라이 여신들이 즐겨 따는 꽃들, 그리고 모든 아름다운 꽃들은 전부 그녀가 주는 선물인 셈이다. 꽃의 여신은 예술 작품 속에서 얼굴과 몸을 꽃으로 장식한 아름다운 여자의 모습으로 그려진다.

클로리스와 전쟁의 신 아레스

그런데 특이하게도 오비디우스는 클로리스 이야기를 아레스의 출생 비화와 연결시킨다.

일반적인 설에 의하면 전쟁의 신 아레스는 제우스와 헤라의 아들로 전해진다. 그러나 오비디우스는 『로마의 축제일』에서 아테나를 제우스가 헤라와 관계를 맺지 않고 혼자서 낳은 아들이라고 하였다. 제우스가 아내인 자신과 관계를 맺지 않고 홀로 아테나를 낳자 헤라는 분노에 휩싸였다. 그리하여 꽃의 여신에게 자신도 제우스 없이 혼자 자식을 낳을 수 있게 해달라고 간청하였다.

> "어떤 말로도 나의 고통이 덜어지지가 않는군요. 제우스가 배우자 없이도 아버지가 되어 혼자서 두 개의 타이틀을 다 갖고 있는데, 왜 나는 배우자 없이 어머니가 될 수 없다는 말입니까? 왜 나는 남자 몸에 손도 대지 않고 순결하게 출산을 할 수 없는 건가요? … 요정이시어. 당신은 나를 도와줄 수 있을 것 같네요."

제우스가 알까 두려워하는 꽃의 여신에게 헤라는 그 비결을 알려준 사람에 관해 아무에게도 발설하지 않겠다고 맹세하였다. 이에 꽃의 여신은 헤라의 간청을 들어주었다.

> "올레누스 들판이 나에게 꽃을 보내주었는데, 그 꽃이 여신의 소원을 이루어줄 수 있을 거예요. 그 꽃은 나의 정원에 단 하나 밖에 없습니다. 그 꽃을 준 이가 말했지요. '새끼를 못 낳은 암소도 이것에 닿으면 어미 소가 됩니다.'"

꽃의 여신이 그 꽃을 꺾어 헤라의 몸에 대자 헤라 여신은 임신을 하게 되었고, 이렇게 해서 전쟁의 신 아레스가 태어난 것이다.

321

플로라리아 축제

　로마에서는 기원전 173년에 해마다 꽃이 피는 봄에 꽃의 여신 플로라를 기념하는 플로라리아 축제를 거행하기로 결정하였다. 이 축제는 자유분방함과 즐거움을 추구하는 축제로 매춘부들까지도 참가했다고 한다.

클리메네 Clymene

요약

그리스 신화에 등장하는 여성으로 같은 이름을 가진 인물이 여러 명 있다.

기본정보

구분	신화 속 인물
외국어 표기	그리스어: Κλυμένη
관련 신화	트로이 전쟁, 테세우스, 이아손, 아탈란테

신화이야기

오케아노스의 딸

대양신 오케아노스와 테티스 사이에서 태어난 3000명의 딸들인 오케아니데스 중 하나이다. 티탄 신족 이아페토스와 결혼하여 아틀라스, 프로메테우스, 에피메테우스, 메노이티오스를 낳았다. 또 태양신 헬리오스와 사이에서 파에톤을 낳았다고도 한다. 하지만 또 다른 전승에 따르면 그녀는 프로메테우스의 아내로 데우칼리온을 낳았다.

아이트라의 딸

영웅 테세우스의 어머니 아이트라가 펠롭스의 아들 히팔크모스와 사이에서 낳은 딸이다. 어머니 아이트라와 함께 헬레네의 노예가 되어

트로이로 끌려갔다가 트로이가 패망한 뒤 테세우스의 아들 아카마스
와 함께 그리스로 돌아왔다.

카트레우스의 딸

크레타 왕 카트레우스는 자식의 손에 죽게 되리라는 신탁이 두려워
두 딸 클리메네와 아에로페를 노예상 나우플리오스에게 넘겼다. 클리
메네는 나우플리오스의 아내가 되어 팔라메네스, 오이악스, 나우시메
돈 등 세 아들을 낳았다.

미니아스의 딸

오르코메노스의 전설적인 왕 미니아스와 에우리아나사의 딸로 데이
온의 아들 필라코스, 혹은 그의 동생 케팔로스와 결혼하여 이피클로
스와 알키메데 남매를 낳았다. 알키메데는 아르고호 원정대의 영웅
이아손의 어머니이다.

클리메네는 또 리쿠르고스의 아들 이아소스와 사이에서 여전사 아
탈란테를 낳았다고도 한다.

또 다른 클리메네

그리스 신화에서 클리메라는 이름을 사용하는 여성은 그밖에도
네레우스와 도리스의 딸, 아마조네스, 파르테노파이오스와 사이에서
틀레시메네스를 낳은 님페, 메롭스와 사이에서 판다레오스를 낳은 님
페, 아프로디테의 시종 등 여러 명이 더 있다.

클리메노스 Clymenus, 아르카디아 왕

요약

그리스 신화에 나오는 아르카디아의 왕이다.

친딸 하르팔리케를 사랑하여 범한 뒤 아내처럼 데리고 살았다. 견디다 못한 하르팔리케는 클리메노스의 두 아들, 즉 자신의 남동생들을 죽여 그 고기를 아버지에게 먹였다. 클리메노스는 딸을 죽이고 자신도 자살하였다.

기본정보

구분	아르카디아의 왕
상징	근친상간
외국어 표기	그리스어: Κλύμενος
어원	유명한, 악명 높은
관련 신화	하르팔리케
가족관계	하르팔리케의 아버지

인물관계

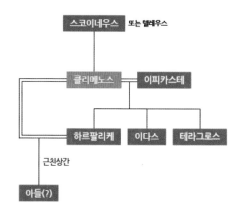

클리메노스는 아르카디아의 왕 스코이네우스, 또는 아르고스 출신의 텔레우스의 아들로 이피카스테와 결혼하여 딸 하르팔리케와 두 아들 이다스와 테라그로스를 낳았다. 클리메노스는 친딸 하르팔리케를 범하여 아들도 낳았다고 한다.

신화이야기

친딸을 범한 클리메노스

아르카디아의 왕 클리메노스는 친딸인 아름다운 하르팔리케를 사랑하게 되었다. 하르팔리케에 대한 욕망을 억누를 수 없었던 클리메노스는 유모의 도움을 빌어 기어코 딸을 범하고 말았다. 하지만 하르팔리케는 어린 시절에 이미 넬레우스의 아들 알라스토르와 약혼한 사이였다. 알라스토르가 하르팔리케와의 결혼을 요구하자 클리메노스는 딸을 그에게 내줄 수밖에 없었다. 하지만 곧 후회에 빠진 클리메노스는 결혼식을 마치고 알라스토르와 함께 시집으로 가고 있던 딸을 다시 자기 궁으로 데려왔다.

딸의 끔찍한 복수

그 뒤로 클리메노스는 공공연하게 하르팔리케를 곁에 두고 아내처럼 대하였다. 아버지 클리메노스에 대한 증오심이 극에 달한 하르팔리케는 그의 두 아들, 즉 자신의 두 남동생을 죽여 그 고기로 음식을 만들어 아버지에게 먹였다. 또 다른 설에 따르면 하르팔리케는 클리메노스와 사이에서 태어난 어린 아들을 죽여서 그 고기를 먹였다고도 한다. 나중에 사실을 알게 된 클리메노스는 딸을 죽이고 자신도 자살하였다. 이후 하르팔리케는 새로 변했다고도 한다.

클리메노스 Clymenus, 오르코메노스 왕

요약

 그리스 신화에 등장하는 보이오티아 지방 오르코메노스의 왕이다.
 그는 포세이돈 축제에 참가했다가 사소한 시비 끝에 테바이 사람이
던진 돌에 맞아죽었다. 뒤이어 오르코메노스의 왕위에 오른 그의 아
들 에르기노스는 아버지의 복수를 위해 테바이를 공격하였지만 오히
려 헤라클레스의 손에 죽고 말았다.

기본정보

구분	오르코메노스의 왕
외국어 표기	그리스어: Κλύμενος
어원	유명한, 악명 높은
관련 신화	오르코메노스 왕가, 헤라클레스
가족관계	에르기노스의 아버지, 에우리디케의 아버지, 아론의 아버지

인물관계

 클리메노스는 프릭소스의 아들 프레스본이 리코스의 딸 부지게와
결혼하여 낳은 아들이다. 그에게는 에르기노스, 스트라티온, 아론, 필
레오스, 아제오스 등의 아들과 나중에 네스토르의 아내가 된 딸 에우
리디케가 있었다.
 하지만 또 다른 전승에서는 클리메노스를 오르코메노스 왕의 아들
로 소개하기도 한다. 오르코메노스 왕은 오르코메노스 시에 이름을

준 인물이라고 한다.

신화이야기

개요

클리메노스의 아버지 프레스본은 아버지 프릭소스가 콜키스에서
죽은 뒤 할아버지 아타마스의 왕국을 되찾기 위해 보이오티아의 오
르코메노스로 갔다. 아타마스가 후사 없이 죽은 뒤 오르코메노스는
아타마스의 형제인 시시포스의 손자 하리아르토스와 코로노스가 다
스리고 있었다. 시시포스의 손자들은 프레스본의 권리를 인정하여 오
르코메노스의 왕위를 그에게 넘겨주었다.('아타마스' 참조)

왕이 된 프레스본은 리코스의 딸 부지게와 결혼하여 아들 클리메노
스를 낳았다. 클리메노스는 프레스본에 뒤이어 오르코메노스의 왕이
되었고, 클리메노스가 죽은 뒤에는 아들 에르기노스가 오르코메노스
의 왕위에 올랐다. 하지만 에르기노스가 헤라클레스에게 죽임을 당하

면서 오르코메노스 왕가에서 아타마스 가문은 대가 끊기고 말았다.

에르기노스의 테바이 공략

오르코메노스의 왕 클리메노스는 온케스토스에서 열린 포세이돈 축제에 참가했다가 사소한 시비 끝에 테바이의 귀족 메노이케우스의 마부 페리에레스가 던진 돌에 맞아 목숨을 잃었다. 클리메노스는 죽어가면서 아들 에르기노스에게 복수를 당부했다. 아버지에 이어 오르코메노스의 왕위에 오른 에르기노스는 곧바로 군대를 소집하여 테바이를 공격했다. 테바이는 이 전쟁에 패하여 많은 병사와 주민을 잃었을 뿐만 아니라 향후 20년 동안 매년 100마리의 소를 조공으로 바쳐야 했다.

하지만 당시 테바이에 거주하던 헤라클레스는 이에 반대하여 조공을 받으러 테바이로 온 에르기노스 왕의 사신들을 코와 귀를 베어 돌려보냈다. 분노한 에르기노스는 당장 다시 군사를 일으켜 테바이로 향했다. 에르기노스는 테바이의 왕 크레온에게 헤라클레스를 자신에게 넘기고 항복할 것을 요구했다. 두려움에 빠진 크레온 왕은 에르기노스의 요구에 응하려 했으나 헤라클레스가 이를 가만히 두고 보지 않았다. 헤라클레스는 테바이의 젊은이들을 소집하고 자신은 아테나 여신에게서 받은 무기로 무장을 한 뒤 에르기노스의 군대와 전투를 벌였다. 헤라클레스는 오르코메노스의 왕 에르기노스를 죽이고 전쟁에 승리하였으며 오르코메노스인들에게 에르기노스가 테바이에 부과한 조공의 두 배를 테바이에 바치게 하였다.

또 다른 클리메노스

그리스 신화에는 그밖에도 여러 명의 클리메노스가 등장한다.

1) 태양신 헬리오스의 아들로 오케아니데스 메로페와 사이에서 아들 파에톤을 낳은 보이오티아의 왕.

2) 크레타 섬의 키도니아 출신으로 올림피아 경기를 창설한 인물로 알려진 카르디스의 아들.

3) 하데스의 별칭

4) 칼리돈 왕 오이네우스와 알타이아 사이에서 태어난 아들.
그는 '칼리돈의 멧돼지 사냥'을 개최한 영웅 멜레아그로스와 형제지 간으로 쿠로테스족과의 전쟁 때 전사하였다.

5) 아르고스의 건설자 포로네우스와 님페 텔리디케(혹은 케르도, 혹은 킨나) 사이에서 태어난 아들로 데메테르 여신의 신전을 건립한 인물

6) 둘리키움 출신의 페넬로페 구혼자 중 한 명.

7) 이피클로스의 형제로 아르고호 원정대의 일원인 인물.

클리오 Clio

요약

아홉 명의 무사이 중 하나로 클레이오
라고도 한다.

역사와 영웅시를 담당하는 무사이다.
클리오를 상징하는 물건으로는 양피지
두루마리(나중에는 책), 트럼펫, 그리고
월계관 등이 있다.

클리오
피에르 미냐르(Pierre Mignard),
1689년, 부다페스트 미술관

331

기본정보

구분	무사이
상징	두루마리 양피지, 트럼펫, 철펜, 월계관
원어	그리스어: Κλειώ
어원	"명성", "서술하다", "찬양하다"
관련 신화	히아킨토스

인물관계

제우스와 기억의 여신 므네모시네 사이에 태어난 아홉 명의 무사이
중의 하나이다.

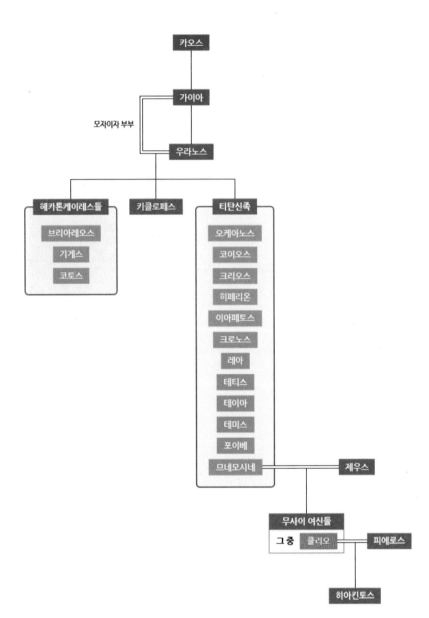

신화이야기

개요

클리오는 아홉 명의 무사이 여신들 중의 하나이다. 제우스는 거인족 즉 기간테스를 상대로 한 힘든 전쟁인 기간토마키아에서 승리한 후 승리의 기쁨을 영원히 기억하기 위해 축가를 짓기를 원했다. 이에 제우스는 기억의 여신 므네모시네와 아흐레 동안 동침했고, 바로 이 관계에서 아홉 명의 무사이가 태어났다.

무사이는 예술과 문학과 학문을 관장하면서 신들의 연회에 참석하여 노래와 춤으로 신들에게는 즐거움을 주고, 사람들에게는 특히, 시인들과 예술가들에게 재능을 부여하고 영감을 주는 역할을 했다. 그

클리오(좌), 에우테르페, 탈리아
유스타쉬 르 쉬외르(Eustache Le Sueur), 1640∼1645년경, 루브르 박물관

중 클리오는 영웅시와 역사를 담당하는 무사(무사이의 단수형)로 역사가들의 수호신이다.

역사를 서술하거나 찬양하기 위해서는 지나간 일을 기억해야 하며 따라서 기억은 역사 서술에서 가장 중요한 역할을 한다. 이런 의미에서 역사의 여신 클리오는 어머니인 기억의 여신 므네모시네를 가장 많이 닮은 딸이라 할 수 있을 것이다.

클리오를 대상으로 하는 예술 작품에서 클리오는 대개 양피지 두루마리(나중에는 책)나 트럼펫 등과 함께 등장한다. 혹은 간혹 월계관과 함께 등장하기도 한다.

클리오의 아들 히아킨토스

히아킨토스의 출생에 관해서는 여러 가지 설이 있는데 그 중의 하나에 의하면 히아킨토스는 클리오와 마케도니아 왕 피에로스 사이에 태어났다고 한다. 『비블리오테케』가 전하는 한 이야기에 의하면 클리오는 아도니스에 대한 사랑이 지나치다고 아프로디테를 비난했기 때문에 아프로디테의 노여움을 사게 되어 그 벌로 피에로스를 사랑하게 되었다고 한다.

빼어나게 수려한 용모로 유명한 히아킨토스를 아폴론도 사랑했는데 그는 바로 아폴론이 던진 원반에 맞고 숨을 거두었다. 히아킨토스가 흘린 피에서 꽃이 하나 피어났는데 슬픔에 잠긴 아폴론은 그를 영원히 기억하기 위해 꽃 이름을 히아신스라 이름을 지었다.

인류 역사상 남자를 사랑한 최초의 남자로 기록되어 있는 천재음악가인 타미리스가 사랑한 남자도 히아킨토스였다.

클리타임네스트라 Clytemnestra

요약

그리스 신화에서 미케네의 왕 아가멤논의 왕비이다.

정부 아이기스토스와 함께 남편 아가멤논을 살해한 뒤, 아버지의 원수를 갚기 위해 찾아온 아들 오레스테스에 의해 죽임을 당했다.

기본정보

구분	왕비
상징	남편을 배신한 아내
외국어 표기	그리스어: Κλυταιμνήστρα
별칭	클리타이메스트라(Clytaimestra)
관련 신화	트로이 전쟁

인물관계

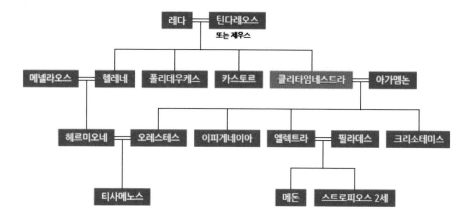

클리타임네스트라는 스파르타의 왕 틴다레오스와 레다 사이에서
난 딸로 미녀 헬레네, 디오스쿠로이(쌍둥이 카스토르와 폴리데우케스)와
형제 사이다. 아가멤논과의 사이에서 낳은 자녀로 이피게네이아, 오레
스테스, 엘렉트라, 크리소테미스가 있다.

신화이야기

아가멤논 살해

트로이의 왕자 파리스가 아가멤논의 동생이자 스파르타의 왕 메넬
라오스의 아내인 미녀 헬레네를 납치하여 자기 아내로 삼자 그리스의
영웅들은 서약에 따라 헬레네를 되찾기 위한 메넬라오스의 트로이 원
정에 동참했다. 그리스 연합군의 총사령관으로는 아가멤논이 추대되었다.

그리스군은 아울리스 항에 집결하여 트로이로 진격할 준비를 끝마쳤지만 항해에 필요한 순풍이 불지 않았다. 신탁을 통해 이것이 아르테미스 여신의 노여움 때문이란 것을 알게 된 아가멤논은 맏딸 이피게네이아를 제물로 바치고 여신의 노여움을 풀어

아가멤논의 살해
피에르 나르시스 게렝(Pierre Narcisse Guerin)
1817년, 루브르 박물관

마침내 트로이로 출항했다. 하지만 이 사건으로 클리타임네스트라는
남편 아가멤논을 증오하게 된다. 아가멤논이 10년에 걸친 트로이 전쟁

을 승리로 이끈 뒤 트로이의 왕녀 카산드라와 함께 미케네로 돌아오
자 클리타임네스트라는 남편의 사촌이자 자신의 정부인 아이기스토
스와 공모하여 왕의 귀환 잔치가 벌어지고 있는 와중에 남편 아가멤
논과 카산드라를 제물로 바쳐진 소처럼 도끼로 찍어 죽였다.

탄탈로스 가문의 저주

클리타임네스트라가 남편을 살해한 데에는 딸을 잃은 어머니의 증
오심 외에도 아가멤논의 집안에 이어지는 핏줄 간의 뿌리 깊은 원한
도 작용하고 있었다. 탄탈로스 가문의 저주라고 일컬어지는 이 집안
의 끔찍한 골육상쟁 이야기는 아가멤논의 증조부 탄탈로스로 거슬러
올라간다.

제우스의 아들로 부유한 리디아를 다스리던 탄탈로스는 신들의 총
애를 받아 올림포스에 초대되어 신들과 어울리는 특권을 누렸지만, 점
차 오만해져서 신들의 전지적 능력을 시험해 보기 위해 아들 펠롭스
를 죽여 그 고기로 국을 끓여서 자기 집에 손님으로 온 신들에게 대
접했다. 결국 신들의 미움을 산 탄탈로스는 저승인 타르타로스에서
영원히 굶주림과 갈증으로 고통을 당하는 형벌을 받았다.

아버지에 의해 고깃국이 되었던 펠롭스는 내막을 알고 난 신들의 동
정심으로 되살아나 아버지의 왕위를 물려받지만, 아내 히포다메이아
를 얻기 위해 장인 오이노마오스를 살해하고 자신을 도운 미르틸로스
마저도 바다에 던져 죽였다. 장인의 마부였던 미르틸로스를 매수하여
제 편으로 만들 때 했던 약속을 지키지 않으려고 그랬던 것이다. 헤르
메스 신의 아들이기도 한 미르틸로스는 죽어가면서 펠롭스와 그 자
손들에게 저주를 퍼부었다.

펠롭스에게는 두 아들 아트레우스와 티에스테스가 있었는데, 펠롭
스가 죽자 서로 왕위를 차지하기 위해 싸웠다. 당연히 제 차지인 줄
알았던 왕위가 아내 아에로페의 배신으로 동생에게로 돌아가자 아트

레우스는 증오에 찬 복수를 다짐하였다. 나중에 제우스의 도움으로 왕위에 오른 아트레우스는 화해를 하자며 티에스테스를 초대한 다음 그의 두 아들을 죽여 아버지에게 먹였다.

상상조차 하기 힘든 잔혹한 방식으로 두 아들을 잃은 티에스테스는 델포이의 신탁에 복수할 방도를 물었고, 그러자 더욱 끔찍한 신탁이 내려왔다. 딸 펠로페이아와 잠자리를 가져서 낳은 아들이라면 복수를 해줄 수 있다는 것이었다. 이에 티에스테스는 주저하지 않고 복면을 하고서 딸을 강제로 범하였고, 얼마 뒤 펠로페이아가 낳은 아들이 바로 클리타임네스트라의 정부 아이기스토스이다.

아이기스토스는 장성하여 친아버지 티에스테스를 찾은 다음 신탁이 예언한 대로 큰아버지 아트레우스를 죽이고 나중에는 그 아들인 아가멤논도 죽였다. 아가멤논은 아트레우스의 두 아들 중 첫째이고, 둘째 아들은 파리스에게 아내 헬레네를 빼앗긴 메넬라오스이다.

오레스테스의 복수

아가멤논 집안의 비극은 여기서 그치지 않았다. 아버지 아가멤논이 비참한 죽음을 맞이할 당시 미케네를 떠나 있었던 어린 아들 오레스테스가 8년 뒤 다 큰 청년이 되어 고향으로 돌아와 누나인 엘렉트라

에리니에스에게 쫓기는 오레스테스
윌리엄 아돌프 부그로(William Adolphe Bouguereau), 1862년, 크라이슬러 예술 박물관

와 함께 아버지의 원수를 갚았다. 하지만 아버지의 원수를 갚는 복수 행위는 오레스테스에게 친어머니를 죽이는 반인륜적 범죄 행위를 의미하였다. 결국 친족살해자가 된 오레스테스는 복수의 여신들인 에리니에스에 의해 미치광이가 되어 쫓기는 신세가 되었다. 그는 여신들의

분노를 피해 델포이의 신전으로 피했다가 다시 아테네로 피신하여 아테나 여신의 주재로 열린 시민들의 판결을 통해 비로소 어머니 클리타임네스트라를 살해한 죄를 용서받았다.

클리타임네스트라와 탄탈로스

신화의 또 다른 버전에 따르면 클리타임네스트라는 아가멤논의 아내가 되기 전에 이미 다른 사람과 결혼하여 아들까지 두고 있었다고 한다. 클리타임네스트라의 첫 남편은 다름 아닌 티에스테스의 또 다른 아들 탄탈로스로 아가멤논과는 사촌지간이 된다. 아가멤논은 클리타임네스트라가 보는 앞에서 그녀의 남편과 아들을 죽이고 그 피범벅 위에서 클리타임네스트라를 강제로 범했다고 한다. 나중에 아가멤논의 아내가 된 클리타임네스트라는 네 자녀 이피게네이아, 엘렉트라, 오레스테스, 크리소테미스를 낳았다. 클리타임네스트라는 다시 맏딸 이피게네이아가 남편의 손에 의해 아르테미스 여신에게 제물로 바쳐지는 것을 보아야 했고, 남편

복수의 여신 에리니에스를 깨우는 클리타임네스트라
아풀리아 적색 도기 그림, 기원전 380년~370년경,
루브르 박물관

아가멤논을 살해한 후에 결국에는 딸 엘렉트라와 아들 오레스테스에게 죽임을 당했다.

신화해설

　호메로스는 『오디세이아』에서 구혼자들의 무례하고 끈질긴 구혼 요구를 인내와 지혜로 물리치며 끝까지 남편 오디세우스를 기다리는 페넬로페를 이상적인 여인상으로 제시하면서, 남편이 집을 비운 사이에 정부를 끌어들이고 급기야는 고향으로 돌아온 남편을 정부와 짜고 살해하는 클리타임네스트라를 저승에 있는 남편 아가멤논의 입을 빌려 비난하였다. 페넬로페의 미덕을 클리타임네스트라의 악덕에 대비시킨 것이다.

　하지만 고전주의 시대에 이르면 클리타임네스트라는 남편 살해자로서보다 아들에 의해 죽임을 당한, 즉 친족 살해의 희생자로서 더 주목을 받는다. 클리타임네스트라에 대한 호메로스의 관심이 오로지 아내에 의한 남편 살해에 맞추어져 있었다면, 그리스의 비극 작가들(아이스킬로스, 에우리피데스)과 시민들은 아버지를 위한 복수로 어머니를 살해한 오레스테스의 행위가 과연 용서받을 수 있는 것인지 여부에 더 관심을 두었던 것 같다.

살인 후의 클리타임네스트라
존 콜리어(John Collier), 1882년
길드홀 아트갤러리

클리티아 Clytia

요약

그리스 신화에 나오는 님페이다.

태양신 헬리오스의 연인이었지만 헬리오스의 사랑이 식어버리자 식음을 전폐하고 땅바닥에 누워 태양만 바라보다 꽃으로 변했다.

기본정보

구분	님페
상징	사랑의 열병, 질투, 일편단심
외국어 표기	그리스어: Κλυτία, 혹은 Κλυτίη
별칭	클리티에(Clytie)
관련 상징	해바라기, 페루향수초
관련 신화	헬리오스, 레우코토에
가족관계	헬리오스의 연인, 오케아노스의 딸, 테티스의 딸

인물관계

클리티아는 오케아노스와 테티스 사이에서 태어난 오케아니데스 자매 중 하나로 태양신 헬리오스의 연인이었다. 헬리오스가 페르시아 왕 오르카모스와 에우리노메의 딸 레우코테아(레우코토에)를 사랑하게 되자 이를 질투하여 그녀를 죽음에 이르게 하였지만 자신도 더 이상 헬리오스의 사랑을 받지 못하고 꽃으로 변했다.

신화이야기

아프로디테의 저주

헬리오스는 아프로디테가 아레스와 바람을 피우는 것을 그녀의 남편인 대장장이 신 헤파이스토스에게 알려주었다가 아프로디테의 미움을 사서 여성들에게 주체할 수 없는 욕정을 품게 되는 저주를 받았다. 그래서 그는 아내 페르세이스 외에도 수많은 여성들과 애정행각을 벌였는데 그 중 하나가 오케아노스의 딸인 님페 클리티아였다.

클리티아
니콜라스 콜롬벨(Nicolas Colombel)
17세기, 오세르 미술과 역사 박물관

헬리오스와 레우코테아

하지만 헬리오스는 곧 다른 여성에게로 눈을 돌렸다. 바로 벨로스의 후손인 페르시아 왕 오르카모스의 딸 레우코테아(레우코토에)였다. 레우코테아에게 반한 헬리오스는 그녀의 어머니 에우리노메의 모습으로 접근하여 욕정을 채웠고, 레우코테아는 헬리오스의 아기를 임신하게 되었다.

한편 클리티아는 헬리오스가 레우코테아와 사랑을 나누느라 자신에게 소홀하자 질투심에 사로잡혀 이 사실을 레우코테아의 아버지 오

레우코테아와 헬리오스
앙투안 보이조(Antoine Boizot), 1737년, 프랑스 미술박물관

르카모스 왕에게 고자질하였다. 오르카모스는 이를 가문의 치욕으로 여겨 딸을 산 채로 매장하여 죽였다. 헬리오스는 레우코테아의 죽음을 슬퍼하며 그녀가 매장된 곳에 암브로시아를 뿌렸다. 그러자 그 자리에서 유향나무가 자라나더니 향기로운 냄새를 풍겼다.

꽃으로 변한 클리티아

레우코테아가 그렇게 죽은 뒤 헬리오스의 마음은 클리티아에게서 더욱 멀어졌다. 이제 헬리오스는 더 이상 그녀를 찾지 않았다. 상심한 클리티아는 옷도 걸치지 않고 머리도 풀어헤친 채 땅바닥에 누워 먹지도 마시지도 않고 태양만 바라보며 자신의 불행을 한탄했다. 그렇게 아흐레가 지나자 그녀의 사지가 땅바닥에 들러붙더니 태양만 바라보던 그녀의 얼굴이 꽃으로 변했다. 꽃으로 변한 클리티아는 여전히 태양이 움직이는 쪽으로만 향했다.

헬리오트로피움

이 신화에서 클리티아가 변신한 꽃은 태양을 따라다닌다고 해서 해바라기로 알려졌지만, 해바라기는 16세기에 아메리카에서 유럽으로 처음 들어온 꽃이므로 신화에 등장할 수 없다. 신화에서 클리티아가 변신한 꽃은 향수초의 일종인 헬리오트로피움(heliotropium)으로 헬리오는 태양을 뜻하고 트로피움은 향한다는 뜻이다. 즉 태양을 향하는 꽃이라는 뜻이다.

영국 박물관의 클리티아 흉상

영국 박물관에는 서기 40~50년경에 제작된 아름다운 여성의 흉상이 있는데, 해바라기 꽃에서 여인이 자라난 듯한 모습으로 표현된 까닭에 흉상에는 클리티아라는 제목이 붙었다. 하지만 이 흉상의 여인은 신화 속의 클리티아가 아니라 마르쿠스 안토니우스의 딸 안토니아라고 한다. 이 흉상은 수많은 모작을 통해 더욱 유명해졌다.

클리티아 흉상
하이렘 파워즈(Hiram Powers),
1873년

키니라스 Cinyras

요약

키프로스의 왕이다.

그의 출생 및 혈통에 대해서 여러 가지 다양한 설이 있다. 그러나 여러 원전에서 키니라스는 키프로스 섬의 아프로디테 신전에서 행하는 제례의식과 관련이 있는 것으로, 그리고 아프로디테의 애인인 아도니스의 아버지라고 전해진다.

기본정보

구분	키프로스의 왕
상징	근친상간
외국어표기	그리스어: Κινύρας
어원	애처로운 비명
관련 신화	미르라, 아도니스
가족관계	파포스의 아들, 미르라의 아버지, 미르라의 남편, 아도니스의 아버지

인물관계

『변신이야기』에 의하면 키니라스는 피그말리온의 딸인 파포스의 아들 즉, 피그말리온의 손자이다. 키니라스는 자신의 딸 미르라와의 사이에 아도니스를 낳았다

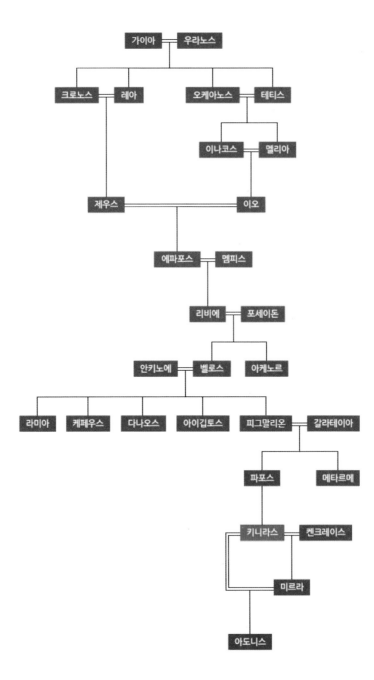

신화이야기

개요

『변신이야기』에 의하면 키니라스는 "자식이 없었더라면 행복한 사람들" 중 하나라고 언급되어 있는데 여기서 자식은 켄크레이스와의 사이에서 낳은 아름다운 딸 미르라이다.

미르라와 키니라스
비르길 졸리스(Virgil Solis)
오비디우스의 『변신이야기』 삽화

미르라를 숭배하는 많은 귀족 청년들이 그녀에게 구혼했지만 미르라는 오로지 아버지만을 남자로서 사랑했다. 그녀는 아버지를 사랑한다는 죄책감과 수치심과 절망감에 자살을 시도했으나 어릴 때부터 길러준 유모의 도움으로 아버지와 동침하였다. 그래서 『변신이야기』에 의하면 "근친상간의 씨앗"을 임신하게 된다.

나중에 진실을 안 키니라스가 미르라를 죽이려 하였지만 그녀는 어둠 속으로 도망가 죽음을 모면했다. 미르라는 공포스러운 죽음과 혐오스러운 삶 사이에서 살아남아 살아있는 자들을 모욕하고 죽어서는 죽은 자들을 모욕하지 않도록 "살아있는 것도 아니고 죽은 것도 아니게 해달라고" 신들에게 기도하고, 이에 신들은 그녀를 나무로 만들었다. 분만의 여신 에일레이티이아가 나무가 된 미르라의 출산을 도와주었고, 이때 태어난 아기가 바로 아프로디테의 연인 아도니스이다.

히기누스가 쓴 『신화집』에 의하면 키니라스는 딸과의 관계 때문에 자살했다고 전해진다. 그러나 그리스의 서정 시인 핀다로스가 전하는 설에 의하면 키니라스는 아폴로 신의 보호 속에서 아프로디테 신전의 사제로 여생을 보냈다고 한다.

키니라스의 출생

키니라스의 출생에 관해서는 다양한 설이 존재하는데 『변신이야기』
에 의하면 키니라스는 자신이 만든 조각상 여인과 결혼한 피그말리온
의 딸 파포스의 아들이다. 『비블리오테케』에 의하면 키니라스는 새벽
의 여신 에오스와 트로이의 왕자 티토노스의 후손인 산도케스의 아
들이라 전해진다. 그는 피그말리온의 딸인 메타르메와 결혼하여 파포
스라는 도시를 건설했다고 한다. 또 다른 설에 의하면 그는 아폴론의
아들이라고 전해진다.

아프로디테의 저주

미르라가 아버지인 키니라스를 사랑하여 그에게 욕정을 느끼게 된
것은 아프로디테의 저주 때문이라고 한다. 일설에 의하면 그녀의 어머
니 켄크레이스가 자기 딸이 아프로디테 여신보다 더 아름답다고 자랑
했기 때문에 아프로디테가 벌을 내린 것이라고 한다. 그런데 『비블리
오테케』에 의하면 미르라가 아프로디테 여신을 공경하지 않아 여신의
노여움을 샀기 때문이라고 한다.

아도니스의 복수

한편 『변신이야기』에는
아도니스가 아프로디테로
하여금 자신에 대해 이룰
수 없는 사랑의 감정을 가
득 채우게 하여, 어머니의
비극적인 정념에 대해 아
프로디테에게 복수했다고
언급되어 있다.

아도니스의 탄생
마르칸토니오 프랑스키니(Marcantonio Franceschini),
1685년경, 알테 마이스터 회화관

키레네 Cyrene

요약

그리스 신화에 나오는 님페이다.

강의 신 페네오스의 아들 힙세우스가 물의 님페와의 사이에서 낳은 딸이다. 아폴론은 사자와 싸우는 키레네를 사랑하여 그녀를 북아프리카의 리비아로 데려가 그곳에서 그녀의 이름을 딴 도시를 세우고 그녀를 여왕으로 삼았다.

기본정보

구분	님페
상징	제 2의 아르테미스
외국어표기	그리스어: Κυρήνη
어원	군림하는 여왕
관련 동물	사자
가족관계	아폴론의 아내, 아레스의 아내, 디오메데스의 어머니, 아리스타이오스의 어머니

인물관계

키레네는 테살리아의 님페로 라피테스 족의 왕 힙세우스의 딸이다. 힙세우스는 오케아노스와 가이아 사이에서 태어난 물의 요정 크레우사가 강의 신 페네이오스와 결합하여 낳은 아들이다.

하지만 또 다른 설에 따르면 크레우사는 힙세우스의 아내이며, 키레

네는 힙세우스의 아내 크레우사가 강의 신 페네이오스와 정을 통해서
낳은 딸이라고도 한다.

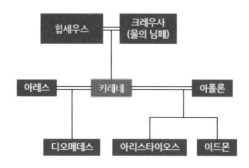

신화이야기

개요

키레네는 미모가 뛰어난 물의 요정으로 '사슴을 쫓는 제 2의 아르테
미스' 혹은 '라이온 킬러'라고 불릴 정도로 사냥에 능숙했다. 그녀는
아버지의 가축을 사나운 짐승들로부터 보호하는 아름다운 야생 처녀
였다.

어느 날 키레네는 테살리아 지방에 있는 펠리온 산에서 아버지의
양떼를 해치는 사자와 맨 손으로 격투를 벌이고 있었다. 마침 전차를
타고 지나가던 아폴론이 그 장면을 보고 키레네를 사랑하게 되었다.

아폴론은 황금 수레에 키레네를 태워 바다 건너 리비아로 데려갔다.
아폴론은 그곳에 키레네의 이름을 딴 도시를 세우고 그녀를 여왕으
로 삼았다. 키레네는 아폴론과의 사이에서 아들 아리스타이오스를
낳았다. 그리고 또 다른 아들 이드몬은 아폴론의 자식이라고도 하고
멜람푸스의 아들인 아바스의 아들이라고도 한다. 키레네는 또한 전쟁
의 신 아레스와의 사이에서 아들 디오메데스를 낳았다.

리비아의 키레네 시는 당시 그리스 테라 섬의 식민지로 그리스에 곡물을 공급하는 곡창 지대였다. 키레네 시 유적지에서 아폴론 신전이 발견되었다.

키레네와 아폴론의 아들 아리스타이오스

아리스타이오스는 그리스 신화에 나오는 정원의 신이다. 그는 아버지 아폴론처럼 병을 치료하고 활을 잘 쏘았으며 미래를 예언할 수 있었다. 그는 양봉과 포도나무 재배 및 올리브나무 재배 등 생활에 필요한 것을 많이 발견해서 전파했다.

어느 날 아리스타이오스는 자기가 치던 꿀벌들이 모두 죽은 것을 발견했는데 벌들이 죽은 것은 에우리디케가 자신의 구애를 피해 달아나다 뱀에게 물려 죽었기 때문이라는 사실을 알게 되었다. 즉 오르페우스가 에우리디케가 죽은 것에 대한 복수로 벌들을 죽게 한 것이다.

한편 사냥을 좋아해 자기가 아르테미스 여신보다 사냥을 더 잘한다고 자랑하다가 자신이 기른 사나운 사냥개들에게 물려 죽은 그 불운한 악타이온이 바로 아리스타이오스의 아들이었다.

키르케 Circe

요약

태양신 헬리오스와 오케아노스의 딸인 바다의 님페 페르세이스 사이에서 태어난 딸로 마법에 능한 님페이다.

그리스 신화에서 메데이아와 함께 마녀의 대명사로 간주된다.

기본정보

구분	님페
상징	마법, 마녀
외국어 표기	그리스어: Κίρκη
어원	'독수리'에서 유래하였다고 전해지지만 확실치 않다
관련 신화	오디세우스의 모험, 아르고호 원정대
가족관계	헬리오스의 딸, 페르세이스의 딸, 아이에테스와 남매

인물관계

헬리오스와 페르세이스의 딸인 키르케는 콜키스의 왕 아이에테스, 크레타의 왕비 파시파에 등과 남매지간이며, 아이에테스의 딸인 마녀 메데이아는 그녀의 질녀가 된다.

가이아 ━ 우라노스

├ 오케아노스 ━ 테티스
├ 히페리온 ━ 테이아
├ 크로노스
├ 레아
└ 므네모시네

페르세이스 ━ 헬리오스

├ 에우릴리테 ━ 아이에테스
│   ├ 메데이아
│   └ 압시르토스
├ 키르케 ━ 오디세우스
│   ├ 텔레고노스 ━ 페넬로페
│   │   └ 이탈로스
├ 파시파에
└ 페르세스

아그리오스

라티누스

353

신화이야기

오디세우스와 키르케

키르케는 지중해의 외딴 아이아이에 섬에 홀로 살고 있었다. 깊은 숲 속에 있는 키르케의 집 주위에는 그녀의 마법에 걸린 사람들이 변한 사자며 이리들이 우글거리고, 키르케는 집 안에서 큰 베틀로 천을 짜고 있었다.

트로이 전쟁이 끝나고 귀향하던 오디세우스는 라이스트리고네스족의 공격으로 배와 부하들을 대부분 잃은 채 키르케의 섬에 도착하였다. 오디세우스가 섬을 살펴보라며 정찰대를 보냈는데 돌아온 것은 에우릴로코스 한 명뿐이었다. 에우릴로코스는 숲 속에서 으리으리한 석조 건물을 발견했다고 말했다. 건물 앞에는 사자와 이리가 여러 마리 어슬렁거리고 있었는데, 잠시 후 안에서 아리따운 여인이 나오더니 정찰대를 친절하게 맞아주며 음식을 제공하더라는 것이다. 하지만 음식에는 마법의 약초가 들어 있었고, 군인들은 모두 돼지로 변했다.

오디세우스에게 잔을 건네는 키르케
존 윌리엄 워터하우스(John William Waterhouse), 1891년, 올덤 미술관

키르케는 돼지로 변한 오디세우스의 부하들을 모두 우리에 가두었고, 에우릴로코스는 혹시 몰라 밖에서 망을 보고 있던 덕분에 화를 피해 도망칠 수 있었다.

에우릴로코스의 말을 들은 오디세우스는 즉시 부하들을 구하러 무장을 하고 키르케의 집으로 향했다. 도중에 오디세우스는 젊은 이로 변한 헤르메스 신을 만나 키르케의 마법을 무력화시키는 약

오디세우스의 부하를 돼지로 만드는 키르케
시칠리아의 제단 그림, 기원전 6세기
루브르 박물관

초를 받았는데, 헤르메스는 오디세우스에게 키르케가 동침을 요구할 텐데 그러면 칼을 빼들고 자신에게 위해를 가하지 않겠다는 맹세를 먼저 받아내라고 일러주었다.

오디세우스는 헤르메스의 가르침대로 키르케의 마법을 물리치고 부하들을 본래 모습으로 돌려놓은 다음 키르케와 달콤한 잠자리를 가졌다. 오디세우스는 그렇게 키르케의 집에서 1년을 지내다 마침내 다시 귀향길에 나서기로 결심하였다. 오디세우스의 귀향을 더 이상 만류할 수 없음을 깨달은 키르케는 오디세우스에게 고향 이타카로 돌아갈 수 있는 방법을 알려주었다. 키르케는 오디세우스에게 먼저 하계로 내려가 예언자 테이레시아스를 만나 조언을 구한 다음 여행에 나설 것을 권하고, 바다에서 그에게 닥칠 위험들(세이렌의 노래, 스킬라와 카립디스 등)을 피할 수 있는 방법도 자세히 가르쳐주었다.

아버지를 찾아간 텔레고노스

다른 신화에 따르면 오디세우스와 키르케 사이에서는 세 아들 텔레고노스, 아그리오스, 라티누스가 태어났다.(라티누스는 키르케가 아니라

오디세우스와 키르케
바톨로메우스 슈프랑거(Bartholomaus Spranger),
1580~1585년, 빈 미술사 박물관

칼립소가 낳은 오디세우스의 아들이라고도 한다) 텔레고노스가 다 자라자 키르케는 아버지 오디세우스를 찾으라고 아들을 보냈다.

텔레고노스는 아버지가 있는 이타카 섬에 도착했는데 이곳을 케르키라 섬으로 잘못 알고 약탈하기 시작했고, 이에 오디세우스는 페넬로페와의 사이에서 낳은 아들 텔레마코스와 함께 텔레고노스에 대항해서 싸웠다. 이 싸움에서 텔레고노스는 자기 아버지인 줄 모른 채 오디세우스를 칼로 찔러 죽이고 말았다.

자신이 죽인 사람이 아버지란 사실을 안 텔레고노스는 오디세우스의 시신을 어머니가 있는 아이아이에 섬으로 보냈는데, 이때 페넬로페와 텔레마코스도 함께 데리고 갔다. 키르케는 마법으로 그들을 모두 불사의 몸으로 만든 다음 텔레마코스와 결혼하였고, 텔레고노스는 페넬로페를 아내로 맞아 나중에 이탈리아의 시조가 되는 이탈로스를 낳았다.

메데이아의 죄를 씻어 준 키르케

아르고호 원정대도 키르케의 섬을 지나갔는데 이때 아버지 아이에테스를 배신하고 이아손을 따라온 메데이아는 고모 키르케를 찾아가 아버지에게서 도망칠 때 이복동생 압시르토스를 잔인하게 죽인 죄를 씻고자 하였다.

키르케는 기꺼이 질녀의 죄를 씻어주는 정화의 의식을 베풀었지만 나중에 자세한 내용을 듣고는 그녀의 가공할 행위에 놀라 메데이아와 이아손을 자신의 섬에서 내쫓아버렸다.

스킬라를 질투한 키르케

바다의 신 글라우코스는 아름다운 님페 스킬라를 짝사랑하였다. 하루하루 애를 태우던 글라우코스는 키르케를 찾아가 스킬라의 사랑을 얻을 수 있는 마법의 약을 만들어달라고 부탁하였다. 하지만 글라우코스를 본 키르케는 그녀 자신이 사랑에 빠지고 말았다. 한결같이 스킬라만 사랑하는 글라우코스 때문에 불같은 질투심에 사로잡힌 키르케는 결국 아름다운 스킬라를 머리가 여섯 달린 뱀 모양의 바다 괴물로 만들어버렸다. 키르케가 오디세우스에게 위험을 경고한 스킬라가 바로 그녀이다.

질투에 사로잡힌 키르케
존 윌리엄 워터하우스(John William Waterhouse), 1892년
사우스오스트레일리아 미술관

딱따구리로 변한 피쿠스

오비디우스의 『변신이야기』에 따르면, 키르케는 또 자신의 사랑을 거절한 피쿠스를 딱따구리로 만들어버렸다고 한다.

357

신화해설

오늘날 우리는 '사랑의 마법'에 빠진다는 말을 자주 쓴다. 이 경우 '마법'은 사람을 사로잡는 강력한 사랑의 힘을 비유적으로 표현한 말이지만, 고대인들은 이를 문자 그대로의 의미로 받아들여 사랑이란 여자가 남자에게 마법을 거는 것이라고 생각했다. 오디세우스 일행이 아이아이에 섬에서 걸린 마법도 이런 것이었다. 그리고 이 마법에 완전히 걸려들면 남자들은 돼지로 변하고 말았다. 다행히 오디세우스는 신들의 도움으로 그런 지경은 모면할 수 있었지만 고향에서 오매불망 기다릴 처자식을 까맣게 잊고 1년이나 키르케의 품에서 허송세월하였다.

키르케를 연기하는 틸라 뒤리에
프란츠 폰 슈투크(Franz Stuck), 1913년
베를린 구(舊)국립미술관

키마이라 Chimaera

요약

티폰과 에키드나 사이에 태어난 괴물이다.

머리가 셋이 있는 동물로 양(혹은 염소)과 사자와 뱀의 모습을 전부 가지고 있으면서 입으로는 타오르는 불과 함께 난폭한 기운을 내뿜었다. 가축을 잡아먹고 나라를 황폐하게 하는 등 사람들을 괴롭히다 페가수스와 벨레로폰에 의해 처단되었다.

기본정보

구분	괴물
상징	불을 내뿜는 화산
외국어 표기	그리스어: Χίμαιρα
어원	머리가 셋인, 머리가 셋 있는
관련 신화	페가수스, 벨레로폰, 티폰, 에키드나
가족관계	티폰의 딸, 에키드나의 딸, 케르베로스의 남매, 히드라의 남매

인물관계

티폰과 에키드나 사이에 태어난 딸이다. 키마이라의 남매로는 오르토로스, 케르베로스, 히드라가 있다.

고르고네스
그중 메두사 ─── 포세이돈

칼리로에 ─── 크리사오르

티폰 ─── 에키드나

오르트로스 | 케르베로스 | 레르네의 히드라 | 키마이라

신화이야기

개요

키마이라는 무시무시한 전설의 동물로 그 모습에 대해서 여러 가지 설이 존재하지만 일반적인 설에 의하면 머리가 셋이 있는 괴물로 양 (혹은 염소)과 사자와 뱀의 모습을 전부 가지고 있으며 입으로는 불을 내뿜었다.

키마이라에 관해 기록한 가장 오래된 문헌은 호메로스가 쓴 『일리아스』인데, 전하는 내용은 다음과 같다.

키마이라
기원전 400년경, 피렌체 국립고고학박물관

"키마이라는 인간이 낳은 것이 아니라 신이 낳은 것이다. 앞은 사자이고 뒤는 뱀 그리고 가운데는 염소인데 입에서는 활활 타오르는 불길을 내뿜으며 사나운 기운을 토하고 있었다."

키마이라의 죽음: 벨레로폰과 페가수스

『변신이야기』는 리키아 지방을 "키마이라의 땅"이라고 언급한다.

키마이라는 가축을 잡아먹고 나라를 황폐하게 하기 때문에 리키아의 왕 이오바테스에게는 고민거리가 아닐 수 없었다. 그러던 어느 날

페가수스를 타고 키마이라를 무찌르는 벨레로폰
페테르 파울 루벤스(Peter Paul Rubens), 1635년
바이욘 보나 박물관

코린토스의 왕자 벨레로폰이 본의 아니게 형을 죽이게 되어 이곳저곳을 전전하다 리키아에 오게 되었는데, 그는 리키아의 왕 이오바테스로부터 불을 내뿜는 괴물 키마이라를 죽이라는 명령을 받았다. 이오바테스는 사위 프로이토스로부터 벨레로폰을 죽이라는 편지를 받았지만, 그를 직접 죽이고 싶지는 않아 이런 명령을 내렸던 것이다.

"이오바테스는 벨레로폰이 그 야수와 싸우다 죽임을 당할 것이라 생각했던 것이다. 키마이라는 혼자는 말할 것도 없이 여러 사람이 힘을 합해도 제압하기가 어려웠기 때문이다. 그 짐승에 대해 말하자면, 앞부분은 사자이고 꼬리는 용의 꼬리이며 머리가 셋인데 그중 하나는 염소의 머리이고, 거기에서 불을 내뿜었다. (…) 그 짐승은 세 가지 짐승의 힘을 모두 가진 유일한 동물이었던 것이다."

(『비블리오테케』)

그러나 꿈에 아테나 여신으로부터 황금 말고삐를 건네받은 벨레로폰은 다음 날 페가수스가 샘에서 물을 마시고 있는 것을 발견하고는

여신이 건네준 황금 고삐로 그 명마를 길들여 데려왔다. 그리하여 마침내 키마이라는 벨레로폰과 하늘을 나는 명마 페가수스에 의해 처단되었다. 이에 대해 호메로스는 『일리아스』에서 다음과 같이 요약하여 말하고 있다.

> " … 벨레로폰은 불멸의 존재들이 보여준 암시에 따라 행동하여 결국은 키마이라를 죽였다."

스트라보의 『지리서』에 의하면 불을 내뿜는 괴물 키마이라는 리키아 지방이나 그 인근에 있는 화산들을 상징하여 신화화한 것이라고 한다.

키마이라의 부모와 형제들

키마이라는 그리스 신화에서 가장 강하고 무서운 힘을 가지고 있다고 전해지는 티폰이 에키드나와 사이에 낳은 자식이다.

티폰은 상반신은 인간이고 하반신은 뱀의 모습을 한 반인반수의 괴물인데, 상반신은 인간이지만 어깨와 팔에는 눈에서 불을 뿜어내는 100개의 뱀(혹은 용)의 머리가 솟아나 있고 하반신은 똬리를 튼 거대한 뱀의 모습을 하고 있으며 제우스가 무서워서 도망갈 정도로 무서운 힘을 가지고 있다. 티폰의 아내 즉 키마이라의 어머니 에키드나 역시 반은 인간이고 반은 괴물이다.

키마이라
아풀리안 적색 접시 그림. 기원전 350~340년
루브르 박물관

『신들의 계보』에서 에키드나는 "몸의 반은 속눈썹을 깜빡이는 예쁜 볼을 가진 소녀이고 나머지 반쪽은 성스러운 대지의 깊은 곳에서 반짝거리며 닥치는 대로 먹어 제치는 무시무시하고 거대한 뱀"으로 나타난다. 속눈썹을 깜빡이는 이 소녀가 무서운 난폭자 티폰과 한 몸이 되어 여러 괴물들을 낳는데, 사자와 양과 뱀의 모습을 모두 가진 전설의 괴물 키마이라를 비롯하여 게리온의 맹견 오르트로스, 지하세계를 지키는 개 케르베르스, 레르나의 습지에 사는 물뱀 히드라 등이 이들의 자식들이다.

키마이라는 벨레로폰과 페가수스에 의해 죽고, 나머지 형제자매들은 헤라클레스에 의해 처단되거나 박해를 받았다.

또 다른 키마이라
미남 다프니스를 사랑한 시칠리아의 님페 이름도 키마이라이다.

키오네 Chione, 공주

요약

다이달리온의 미모의 딸이다.

하루 사이에 헤르메스와 아폴론에게 차례로 겁탈을 당했는데, 이로 인해 그녀는 아들 쌍둥이를 낳았다. 그중 한 아들은 헤르메스의 아들 아우톨리코스이고 다른 아들은 아폴론의 아들 필람몬이다.

그녀는 달의 여신이자 사냥의 여신 아르테미스보다 더 아름답다고 자랑하며 교만하게 굴다가 그녀의 교만에 화가 난 아르테미스의 화살을 맞고 죽었다.

기본정보

구분	공주
상징	흰 살결의 미녀
외국어 표기	그리스어: Χιόνη
어원	눈처럼 하얀
관련 신화	다이달리온

인물관계

키오네는 다이달리온의 딸로, 헤르메스의 아들 아우톨리코스와 아폴론의 아들 필람몬을 쌍둥이로 낳았다.

신화이야기

아폴론과 헤르메스의 사랑을 받은 키오네

키오네는 새벽의 별(금성) 헤스페로스(혹은 에오스포로스)의 아들이자 트라키스의 왕 케익스의 형인 다이달리온의 딸이다. 키오네의 미모는 출중하여 결혼할 나이인 14살이 되자 무수히 많은 청혼자가 모여들었다. 그러던 어느 날 델포이에서 온 포이부스 아폴론과 킬레네 산에서 온 마이아의 아들 헤르메스가 키오네를 보고 동시에 사랑에 빠졌다. 포이부스 아폴론은 사랑을 나누기 위해 밤이 되기를 기다렸다. 그러나 헤르메스는 밤이 되기를 기다리지 못하고 잠을 가져다주는 지팡이로 소녀의 얼굴을 건드려 그녀를 잠들게 하고 사랑을 이루었다. 이윽고 밤하늘에 별들이 뿌려지자 포이부스 아폴론은 노파로 둔갑하여 키오네에게 접근하였다. 그는 헤르메스가 선수를 친 소녀를 껴안고 기쁨을 맛보았다.

해산달이 되어 키오네는 아들 쌍둥이를 낳았다. 그 중 한 아이는 발뒤꿈치에 날개가 달린 신의 아들 아우톨리코스였다. 이 아이는 제 아버지의 재주에 전혀 뒤지지 않아 검은 것을 능히 희게 할 수 있었고, 흰 것을 능히 검게 할 수 있었다. 다른 쌍둥이 아들은 포이부스 아폴론의 아들 필람몬이었다. 이 아이도 제 아버지 못지않게 노래를 잘 불렀고 수금을 잘 탔다.

자만이 부른 비극

키오네는 자신의 미모와 두 신과의 관계를 통해 얻은 두 아들의 재능을 자랑하며 자만심에 빠졌다. 그 자만이 지나쳐 키오네는 심지어 달의 여신이자 사냥의 여신 아르테미스보다 더 아름답다고 떠벌렸다. 아르테미스는 자기 분수를 모르는 키오네에게 분노하여 화살로 키오네의 혀를 꿰뚫어버렸다. 그녀는 더 이상 혀를 움직일 수 없었고 더 이상 목소리도 낼 수 없었다. 또한 그녀의 피와 생명도 꿰뚫려진 혀를 통해 빠져나갔다.

키오네의 아버지 다이달리온은 키오네의 시신이 화장되는 것을 보자 4번이나 불길 속으로 뛰어들려고 했다. 그때마다 사람들이 그를 저지시켰다. 그는 마치 황소가 벌떼에 머리를 쏘인 듯이 벌판을 내달렸다. 어찌나 빨리 내달리는지 누구도 뒤쫓을 수가 없었다. 그의 발에 날개가 달린 것이 아닐까 생각할 정도였다. 그는 이렇게 무서운 속도로 달려 파르나수스 산꼭대기에서 몸을 던져 자살

파르나소스 산에서 뛰어내려 매로 변신하는 다이달리온
요한 울리히 크라우스(Johan Ulrich Krauss)
오비디우스의 「변신이야기」에 수록된 삽화

을 시도했다. 그가 막 몸을 던지려는 순간 이를 지켜보고 있던 아폴론이 그를 불쌍히 여겨 매로 만들었다. 그의 몸에서 날개가 돋아났고, 구부러진 부리와 구부정한 발톱도 돋아났다.('다이달리온' 참조)

오늘날 '키오네'란 명칭은 '자기 분수도 잊은 채 부끄러움도 없이 행동하는 여인'을 가리킬 때 사용되기도 한다.

한편, 해신 포세이돈과 정을 통해서 아들 에우몰포스를 낳은 키오네는 북풍의 신 보레아스와 오레이티아 사이에서 난 딸로, 다이달리온의 딸 키오네와는 다른 인물이다.

키오네 Chione, 님폐

요약

　북풍의 신 보레아스와 오레이티이아의 딸이다.
　바다의 신 포세이돈과 사이에 에우몰포스를 낳았다. 형제로 날개 달린 쌍둥이 제테스와 칼라이스 그리고 자매 클레오파트라가 있다.

기본정보

구분	님폐
상징	흰 살결의 미녀
외국어 표기	그리스어: Χιόνη
어원	눈처럼 하얀
관련 신화	에우몰포스
가족관계	포세이돈의 아내, 보레아스의 딸, 오레이티이아의 딸, 에우몰포스의 어머니

인물관계

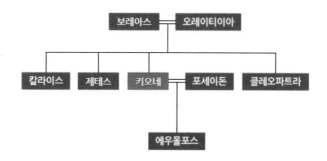

키오네는 보레아스와 오레이티이아의 딸로, 포세이돈에게 유혹당하여 에우몰포스를 낳았다.

신화이야기

키오네의 탄생

아테네 왕 에레크테우스의 딸 오레이티이아가 일리소스 강변에서 놀고 있을 때 북풍의 신 보레아스가 그녀를 납치하여 동침하였다. 그래서 그녀는 두 딸 클레오파트라와 키오네를, 날개 달린 두 아들 제테스와 칼라이스를 낳았다.('오레이티이아' 참조)

비정한 어머니

북풍의 신 보레아스와 아테네의 공주 오레이티이아의 딸로 태어난 님페 키오네는 바다의 신 포세이돈과 정을 통해 에우몰포스를 낳았는데, 그녀는 처녀의 몸으로 아이를 낳은 것이 수치스러워 아버지 몰래 에우몰포스를 깊은 바다 속으로 던졌다. 키오네는 세상의 이목이 두려워 자신의 아들을 유기(遺棄)한 비정한 어머니인 것이다. 포세이돈은 바다로 버려진 자신의 아들을 구해 에티오피아로 데려갔고, 자신과 암피트리테 사이에서 난 딸 벤테시키메에게 에우몰포스를 기르도록 했다.

트라키아의 왕이 된 에우몰포스

에우몰포스가 장성하자 벤테시키메의 남편은 자신의 두 딸 중 한 명을 그에게 아내로 주었는데, 에우몰포스는 아내의 자매까지 겁탈하려다 에티오피아에서 추방되고 말았다. 그는 자신의 아들 이스마로스를 데리고 트라키아의 왕 테기리오스를 찾아가 몸을 의탁했다. 테기리오스 왕은 에우몰포스를 극진히 환대했을 뿐만 아니라 그의 아들 이스마로스에게 자신의 딸을 아내로 내주었다. 하지만 에우몰포스는 테기리오스 왕에 반대하는 음모에 가담했다가 발각되는 바람에 다시 트라키아를 떠나야 했다. 에우몰포스는 엘레우시스로 도망쳤다. 그는 그곳에서 주민들에게 큰 호감을 얻을 수 있었다.('에우몰포스' 참조)

나중에 에우몰포스는 테기리오스와 화해하였다. 연로한 데다 아들이 없었던 테기리오스 왕은 에우몰포스에게 트라키아의 왕위를 물려주었다. 그 무렵 아테네와 엘레우시스 사이에 국경 문제를 놓고 전쟁이 벌어지자 엘레우시스인들과 친분이 두터웠던 에우몰포스는 트라키아 군대를 이끌고 엘레우시스를 도우러 갔다.

키지코스 Cyzicus

요약

  그리스 신화에서 아르고호 원정대와 관련한 이야기에 나오는 왕이
다. 키지코스 왕은 자신이 다스리는 나라에 아르고호 원정대가 도착
했을 때 그들을 환대한 뒤 다시 떠나보냈다. 그런데 원정대가 도중에
폭풍을 만나 길을 잃고 다시 돌아오게 되고, 이들을 해적으로 오인한
키지코스 왕은 전투를 벌이다 살해되었다.

기본정보

구분	왕
외국어 표기	그리스어: Κύζικος
어원	고귀한 자
관련 신화	아르고호 원정대의 모험
가족관계	아이네우스의 아들, 클레이테의 남편, 아이네테의 아들

인물관계

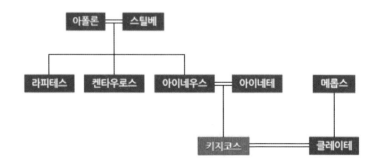

키지코스는 아폴론과 스틸베의 아들 아이네우스와 아이네테 사이에서 난 아들이다. 예언자 메롭스의 딸 클레이테와 결혼하였지만 결혼식을 올리자마자 죽었기 때문에 둘 사이에는 자식이 없다. 일설에 따르면 피아소스 왕의 딸 라리사도 키지코스의 아내였다고 한다.

신화이야기

키지코스의 나라에 도착한 아르고호 원정대

키지코스는 프로폰티스(지금의 마르마라 해) 연안에 있는 한 나라에서 포세이돈의 후손으로 알려진 돌리오네스족을 다스리는 왕이었다. 키지코스 왕은 아르고호 원정대가 황금 양털을 가져오기 위해 콜키스로 항해하던 중에 잠시 자기 나라에 들렀을 때 이들을 호의적으로 맞아주었다. 바로 얼마 전에 예언자 메롭스의 딸 클레이테를 왕비로 맞은 키지코스 왕은 원정대 일행을 궁으로 초대하여 성대한 향연도 베풀었다. 그리고 다음날 다시 떠나는 원정대에 식량을 풍족하게 제공하고 좁은 해협을 항해할 때 주의할 점들도 친절하게 일러주었다.

그런데 아르고호가 바다로 나갔을 때 밤 사이에 거센 역풍이 불어와 원정대는 자신들도 모르는 사이에 다시 키지코스의 나라로 돌아오고 말았다. 미처 원정대를 알아보지 못한 돌리오네스족 사람들은 이웃나라 펠라스고이족의 해적들이 쳐들어온 줄 알고 이들을 공격했다. 이렇게 해서 해안에서 전투가 벌어지자 키지코스 왕은 지체 없이 무기를 들고 달려나갔고, 결국 이아손(혹은 헤라클레스)의 창에 찔려 죽고 말았다.

키지코스의 장례식과 클레이테의 죽음

다음날 해가 뜨고 날이 밝자 양 진영은 서로를 알아보았고, 왕의 죽음을 크게 슬퍼하였다. 이아손은 키지코스 왕을 위해 성대한 장례식을 거행했고 왕을 기리는 장례 경기도 열었다.

하지만 원정대가 도착하기 직전에 키지코스 왕과 결혼식을 올린 아름다운 왕비 클레이테는 슬픔을 이기지 못하고 스스로 목숨을 끊었다. 젊은 왕비의 죽음에 숲의 님페들도 눈물을 흘리며 애통해했고, 이들이 흘린 눈물은 샘이 되었다. 사람들은 그 샘에 클레이테라는 이름을 붙여주었다.

한편 아르고호 원정대는 장례식을 모두 치르고 난 뒤에도 그곳을 떠나지 못했다. 거센 폭풍이 좀처럼 가라앉을 기미를 보이지 않았기 때문이다. 원정대의 일원인 예언자 몹소스는 이를 키벨레 여신이 키지코스의 죽음에 대해 분노하고 있기 때문이라고 해석했다. 결국 원정대는 키벨레 여신께 제물을 바치고 키벨레의 시종들인 코리반테스를 흉내내어 춤까지 추고 나서야 섬을 떠날 수 있었다.

키지코스가 다스린 나라에는 그 뒤로 키지코스라는 이름이 붙여졌다.

키크노스 Cycnus, 아레스의 아들

요약

그리스 신화에 나오는 군신 아레스의 아들이다.

사람들을 죽여 아버지 아레스의 제단에 바치기를 즐기는 난폭하고
잔인한 인물로, 헤라클레스와 대결하다 죽임을 당했다. 아레스는 아
들의 죽음을 복수하려다 헤라클레스의 창에 넓적다리를 찔리는 심한
부상을 입었다.

기본정보

구분	신화 속 인물
상징	살인마
외국어 표기	그리스어: Κύκνος
어원	백조
관련 신화	헤라클레스

인물관계

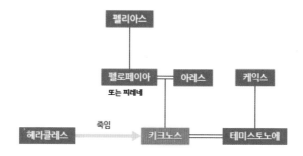

키크노스는 군신 아레스와 펠리아스의 딸 펠로페이아(혹은 피레네)의 아들이다. 헤시오도스에 따르면 테살리아 왕 케익스의 딸 테미스토노에가 그의 아내라고 한다.

신화이야기

아레스의 아들 키크노스

아레스의 아들 키크노스는 살육을 즐기는 난폭하고 잔인한 인물이다. 키크노스는 마주치는 사람들을 무차별적으로 죽여서 그 뼈로 아버지 아레스를 위한 신전을 지었다. 그는 특히 델포이로 가는 순례자들을 공격했기 때문에 아폴론의 분노를 샀고, 아폴론은 헤라클레스를 시켜 키크노스를 물리치게 하였다. 하지만 또 다른 설에 따르면 키크노스가 먼저 헤라클레스에게 대결을 요구했다고 한다. 헤라클레스의 뼈로 아레스의 신전을 완성하기 위해서였다. 하지만 키크노스는 헤라클레스의 적수가 되지 못했고, 헤라클레스가 던진 창에 맞아 그 자리에서 죽고 말았다.

아레스와 헤라클레스의 대결

죽은 아들의 복수를 위해 아레스가 헤라클레스를 공격하였다. 아레스는 헤라클레스를 향해 청동 창을 힘껏 던졌지만 제우스의 명으로 헤라클레스를 돕고 있던 아테나 여신이 창을 빗나가게 하는 바람에 오히려 아레스가 헤라클레스의 창에 넓적다리를 깊이 찔리고 말았다. 그러자 아레스의 두 아들 포보스(공포)와 데이모스(패배)가 나타나 그를 올림포스 산으로 데리고 도망쳤다.

하지만 또 다른 설에 의하면 아레스의 공격은 제우스가 벼락을 내리쳐 둘을 갈라놓는 바람에 무위로 돌아갔다고 한다.

키크노스가 헤라클레스에게 쫓기는 동안 아테나와 아레스를 갈라놓는 제우스
아티카 흑색상 도기, 기원전 540〜510년경, 영국 박물관

백조로 변신한 키크노스

이들의 싸움은 테살리아의 파가사이에서 벌어졌다고도 하고, 마케도니아의 에케도로스 강가에서 벌어졌다고도 한다. 또 아폴로도로스는 테살리아의 키크노스와 마케도니아의 키크노스가 서로 다른 인물인데, 둘 다 아레스의 아들로 헤라클레스와 대결하였다고 전하였다.

중세의 그리스 학자 에우스타티우스가 전하는 이야기에 따르면 아레스는 아들 키크노스가 헤라클레스의 손에 죽음을 맞기 전에 그를 백조로 변신시켰다고 한다.

키크노스 Cycnus, 아폴론의 아들

요약

그리스 신화에 나오는 아폴론의 아들이다.

미남이었지만 변덕스럽고 냉정하여 모든 사람들이 등을 돌렸고 결국 벼랑에서 스스로 몸을 던졌다.

아폴론은 아들을 백조로 변신시켰다.

기본정보

구분	신화 속 인물
외국어 표기	그리스어: Κύκνος
어원	백조

인물관계

키크노스는 암피노모스의 딸 티리아, 혹은 히리에와 아폴론 사이에서 태어난 아들이다

신화이야기

냉정한 연인 키크노스

고대 그리스의 신화학자 안토니우스 리베랄리스에 따르면 아폴론의 아들 키크노스는 아이톨리아 지방의 칼리돈과 플레우론 사이에 사는 사냥꾼이었다. 그는 아주 잘생긴 남자였지만 변덕스럽고 냉정한 사람이어서 늘 친구와 연인들에게 상처를 주었다. 그래서 그를 좋아하던 사람들이 모두 등을 돌렸는데 단 한 사람 필리오스만은 그를 너무도 사랑하여 그가 아무리 차갑게 굴어도 그의 곁을 떠나지 않았다. 키크노스는 필리오스를 떼어버리려고 그가 도저히 실행하기 힘든 세 가지 일을 요구하였다.

키크노스의 세 가지 과제

첫 번째는 주민들을 해치는 사자를 무기를 사용하지 않고 죽여서 가져오라는 것이었다. 필리오스는 푸짐한 음식과 술을 준비해서 사자가 다니는 길목에 가져다 놓고는 사자가 음식과 술을 먹고 취하자 입고 있던 옷으로 목을 졸라 죽였다.

두 번째 과제는 사람을 두 명이나 잡아먹어 주민들에게 위협이 되고 있는 거대한 독수리를 역시 무기를 사용하지 않고 잡아오라는 것이었다. 필리오스는 독수리를 잡으러 가는 길에 우연히 매가 채 가다 실수로 떨어뜨린 죽은 토끼를 발견하였다. 그는 토끼의 피를 제 몸에 바르고 죽은 시체처럼 땅바닥에 누워 있었다. 그랬더니 거대한 독수리가 나타나 그의 살코기를 쪼아먹으려 했다. 필리오스는 독수리가 가까이 다가왔을 때 재빨리 다리를 붙잡아서 키크노스에게로 가져갔다.

세 번째 과제는 황소를 맨손으로 붙잡아서 제우스의 제단에 가져다 바치라는 것이었다. 필리오스는 아무리 생각해도 황소를 맨손으로 잡을 방도를 찾을 수 없었다. 그는 헤라클레스에게 도움을 청하였다. 그러자 얼마 뒤 황소 두 마리가 나타나 서로 싸우기 시작했다. 필리오스는 황소들이 싸우다 지쳐 땅에 쓰러질 때까지 기다렸다가 그 중 한 마리의 다리를 묶어 제우스의 제단으로 가져갔다.

백조로 변신한 키크노스

그때 제우스의 제단에 헤라클레스가 나타났다. 그는 필리오스에게 더 이상 키크노스의 요구를 들어주지 말라고 충고하였고, 필리오스는 헤라클레스의 충고대로 키크노스에게 등을 돌렸다. 이제 정말로 모든 사람으로부터 버림받은 키크노스는 어머니 티리아와 함께 코노페 호수에 몸을 던져 스스로 목숨을 끊었다. 그러자 아폴론은 두 사람을 백조로 변하게 하였다. 코노페 호수가 백조의 호수라고 불리었던 이유는 이 때문이다. 필리오스도 나중에 이 호수 근처에 묻혔다고 한다.

『변신이야기』가 전하는 신화는 조금 다르다. 필리오스는 자신의 사랑이 번번이 무시당하는 것에 화가 나 세 번째 과제의 이행을 거절하였다. 그러자 키크노스는 한숨을 내쉬고는 벼랑에서 몸을 던졌다. 하지만 그는 죽지 않고 백조로 변신하여 날아올랐다. 그러나 그의 어머니 히리에가 아들이 죽은 줄 알고 하염없이 눈물을 흘리다 몸이 녹아내려 호수가 되었고, 사람들은 이 호수를 히리에 호수라고 불렀다고 한다.

66. Cygnus in olorem Hiere in stagnum vertuntur.

키크노스와 히리에
빌헬름 얀손(Wilhelm Janson), 안토니오 템페스타(Antonio Tempesta), 로스앤젤레스 카운티 미술관
오비디우스 「변신이야기」(1606년, 이탈리아)의 삽화

키크노스 Cycnus, 파에톤의 친구

요약

그리스 신화에 등장하는 리구리아의 왕이다.

태양신 헬리오스의 아들 파에톤과 절친한 친구로 그가 제우스의 벼락을 맞고 죽자 이를 슬퍼하다 백조로 변신하였다.

기본정보

구분	리구리아의 왕
외국어 표기	그리스어: Κύκνος
어원	백조
별자리	백조자리
관련 신화	파에톤의 추락
가족관계	스테넬로스의 아들

인물관계

리구리아의 왕 키크노스는 스테넬로스의 아들로 알려져 있으며 헬리오스의 아들 파에톤과 절친한 친구, 혹은 연인 사이였다고 한다.

신화이야기

파에톤의 죽음

    리구리아의 왕 키크노스는 태양신 헬리오스의 아들 파에톤과 둘도 없는 친구 사이였다.(일설에는 연인 사이였다고 한다)『변신이야기』에서는 파에톤이 키크노스의 외가 쪽 친척이라고 하였다. 그런데 어느 날 파에톤은 아버지의 태양 마차를 함부로 몰다가 제우스의 벼락을 맞아 죽고 말았다.('파에톤' 참조) 불타는 태양신의 마차가 온 세상을 태워버릴 것을 염려하여 그랬 던 것이다. 파에톤은 새카만 숯덩이가 되어 에리다노스 강 으로 추락하였다. 키크노스 는 에리다노스 강가에 앉아 친구의 죽음을 하염없이 슬퍼 하였다. 그러자 신들이 그를

파에톤의 추락
시모네 모스카(Simone Mosca), 16세기
베를린 보데박물관

불쌍히 여겨 백조로 변하게 하였다. 하지만 키크노스는 백조로 변신 한 뒤에도 파에톤의 죽음을 기억하여 태양을 피하였다고 한다.

백조로 변신한 키크노스

    키크노스의 신화는 여러 가지 버전이 있다. 베르길리우스의『아이네 이스』에 따르면 키크노스는 늙어서도 파에톤의 죽음을 슬퍼하여 그 의 누이들이 변신한 포플러나무 그늘 아래서 노래로 괴로움을 달래 곤 하였다 한다. 그러다 하얗게 센 머리가 눈처럼 희고 부드러운 깃털

로 바뀌더니 백조로 변신하였다고 한다.(파에톤의 누이 헬리아데스 자매들은 동생의 죽음을 슬퍼하다 포플러나무로 변했고, 그녀들이 흘린 눈물은 강물에 떨어져 보석 호박이 되었다고 한다)

또 파우사니아스는 『그리스 안내』에서 리구리아의 왕 키크노스가 뛰어난 음악가였으며 그가 죽은 뒤 아폴론이 그를 백조로 변신시켰다고 기록하였다. 히기누스는 『이야기』에서 백조가 죽을 때 구슬픈 노래를 부른다는 전설도 키크노스의 신화와 연결시키고 있다.

키크노스 Cycnus, 포세이돈의 아들

요약

그리스 신화에 등장하는 콜로나이의 왕이다.

재혼한 부인 필로노메의 모함을 믿고 전부인의 소생인 테네스와 헤미테아 남매를 궤짝에 넣어 바다에 던져버렸다가 뒤늦게 사실을 알고 필로노메를 산 채로 묻어버렸다. 트로이 전쟁에 참전하여 아킬레우스와 결투하다 죽임을 당할 위기에 처하자 아버지 포세이돈이 백조로 변신시켰다.

기본정보

구분	왕
외국어 표기	그리스어: Κύκνος
어원	백조
관련 신화	트로이 전쟁
가족관계	포세이돈의 아들, 칼리케의 아들, 테네스의 아버지, 헤미테아의 아버지

인물관계

키크노스는 해신 포세이돈과 칼리케, 혹은 스카만드로디케의 사이에서 태어난 아들로, 트로이 왕 라오메돈의 딸 프로클레이아와 결혼하여 아들 테네스와 딸 헤미테아를 두었다. 프로클레이아가 죽은 뒤 트라가소스의 딸 필로노메와 재혼하였다.

신화이야기

백조라고 불린 아이

비잔틴의 학자 트제트제스의 『리코프론 주석집』에 따르면 키크노스의 어머니 스카만드로디케는 해신 포세이돈과 사이에서 키크노스를 낳은 뒤 아이를 해변에 내다버렸다고 한다. 하지만 아이는 어부들에게 발견되어 목숨을 구할 수 있었다. 어부들은 백조들이 주변으로 날아드는 것을 보고 아이를 발견했다고 하여 이름을 키크노스(백조)라고 지었다. 하지만 또 다른 설에 따르면 아이가 아름다운 금발에 살결도 여인처럼 희고 고와서 백조라는 이름을 붙여주었다고도 한다.

테네스와 필로노메

키크노스는 트로이 왕 라오메돈의 딸 프로클레이아와 사이에서 아들 테네스와 딸 헤미테아를 낳았다.(하지만 테네스는 아폴론의 아들이라는 설도 있다) 프로클레이아가 죽자 키크노스는 트라가소스의 딸 필로노메와 재혼하였는데 필로노메가 전부인의 소생인 테네스를 사랑하게 되었다. 그녀는 의붓아들 테네스에게 마음을 고백하였지만 테네스는 단호히 거절하였다. 그러자 필로노메가 남편 키크노스에게 테네스가 자신을 유혹하였다고 거짓을 말하여 이에 화가 난 키크노스는 테네스와 헤미테아를 궤짝에 넣어 바다에 던져버렸다. 하지만 남매는 무사히 인근의 레우코프리스 섬에 당도하여 그곳에서 살았고, 그 뒤로 섬은 테네도스라고 불리게 되었다.

한편 뒤늦게 진실을 알게 된 키크노스는 필로노메를 산 채로 매장하여 죽이고, 거짓증언을 하여 그로 하여금 필로노메의 모함을 믿게 만들었던 피리 연주자 에우몰포스를 돌로 쳐 죽였다. 키크노스는 남매가 테네도스 섬에 살아 있다는 소식을 듣고 화해를 청하기 위해 찾아갔지만 테네스는 만남을 거절하고 해안에 정박한 키크노스의 배의 밧줄을 도끼로 끊어버렸다. 그 뒤로 테네도스 섬에서는 모든 피리 연주자들이 추방되었다고 한다.

백조로 변신한 키크노스

트로이 전쟁이 터지자 키크노스는 트로이인들을 지원하기 위해 콜로나이의 병사들을 이끌고 참전하였다. 그는 적군을 천 명이 넘게 죽이는 등 용맹을 떨쳤는데, 포세이돈의 아들이기 때문에 어떤 공격에도 상처를 입지 않았다고 한다. 키크노스와 대결하게 된 아킬레우스는 창과 칼이 소용이 없자 칼의 손잡이로 가격하며 방패로 밀어붙여 그를 땅에 쓰러뜨린 뒤 목을 졸라 죽이려 하였다. 포세이돈은 아들 키크노스가 아킬레우스의 손에 목이 졸려 죽을 위험에 처하자 그를 백조로 변신시켰다.

백조로 변신한 키크노스
베르나르 피카르(Bernard Picart), 1733년

키크레우스 Cychreus

요약

그리스 신화에 나오는 살라미스의 왕이다.

살라미스에서 왕뱀을 퇴치하였다고도 하고, 그 자신이 살라미스의 왕뱀이라고도 한다. 살라미스의 수호신으로 숭배되었다.

기본정보

구분	살라미스의 왕
상징	살라미스의 수호신
외국어 표기	그리스어: Κυχρεύς
관련 상징	왕뱀
관련 신화	살라미스 해전
가족관계	포세이돈의 아들, 살라미스의 아들, 카리클로의 아버지, 스틸베의 남편

인물관계

키크레우스는 강의 신 아소포스의 딸 살라미스와 포세이돈 사이에서 태어난 아들이다. 슬하에 아들이 없었던 키크레우스는 살라미스의 왕위를 텔라몬에게 물려주었는데 그 연유에 대해서는 두 가지 설이 있다.

하나는 키크레우스와 님페 스틸베 사이에 카리클로라는 딸이 있었는데, 그녀는 텔라몬의 아버지인 아이아코스의 어머니이다. 이 경우 키크레우스는 증손자에게 왕위를 물려준 것이 된다.

또 다른 설은 키크레우스의 딸이 글라우케이며, 텔라몬은 그녀의 남편이거나 아들이었다고 한다.

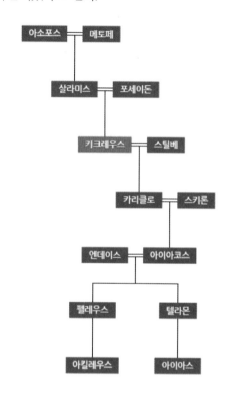

신화이야기

키크레우스와 살라미스의 왕뱀

살라미스의 왕 키크레우스에 관한 전설은 여러 가지다. 그중 한 가지 이야기에 따르면 키크레우스는 살라미스 섬을 공포로 몰아넣고 있던 거대한 왕뱀을 죽인 용사였는데, 이 공로로 주민들에 의해 왕으로 추대되었다고 한다.

하지만 또 다른 이야기에 따르면 키크레우스 자신이 뱀의 형상을 하

살라미스 해전
빌헬름 폰 카울바흐(Wilhelm von Kaulbach), 1868년

고 살라미스의 대지에서 태어난 최초의 원주민이었다고도 하고, 난폭한 성품 때문에 주민들에게 뱀이라고 불리던 폭군이었다고도 한다. 이 경우 살라미스 주민들을 괴롭히던 왕뱀은 바로 키크레우스였던 셈이다.(살라미스의 왕뱀이 키크레우스가 키우던 뱀이었다는 설도 있다) 왕뱀 키크레우스는 영웅 에우릴로코스에 의해 섬에서 추방된 뒤 엘레우시스로 가서 데메테르 여신을 수행하는 무리가 되었다고 한다.

살라미스의 수호신

플루타르코스의 전승에 따르면 살라미스에서는 키크레우스를 지역의 수호신으로 숭배하여 신전에 뱀의 형상을 한 키크레우스를 모셔놓고 제사를 지냈다. 아테네인들도 그를 신으로 숭배하였는데, 아테네가 페르시아와 살라미스에서 전투를 벌였을 때 키크레우스가 왕뱀의 모습을 하고 나타나 아테네의 승전을 도왔다고 한다.

키클로페스 Cyclopes, 거인 부족

요약

『오디세이아』에 나오는 외눈박이 거인 부족이다.

호메로스의 키클로페스 중에서 가장 유명한 자는 폴리페모스라고 불리는 거인이다. 그는 트로이 전쟁의 영웅 오디세우스의 계략에 속아 하나 밖에 없는 눈을 잃었다.

기본 정보

구분	거인
상징	외눈박이 식인 거인
외국어 표기	그리스어: Κύκλωπες 단수형 키클롭스(Κύκλωψ)
어원	둥근 눈을 가진 자
별칭	사이클롭스(Cyclops)
가족관계	우라노스의 아들, 가이아의 아들

신화이야기

개요

『오디세이아』에 나오는 외눈박이 거인 부족인 키클로페스는 시칠리아 해안의 섬에서 양과 염소를 기르며 동굴에서 살았다. 몸은 거대하며 힘은 엄청나게 셌다. 야만적이고 오만불손한 성격이어서 불멸의 신들은 물론이고 우주의 통치자 제우스조차도 두려워하지 않았다. 호메로스의 키클로페스 중에서 가장 유명한 자는 폴리페모스라고 불리는

키클롭스 폴리페모스의 머리
대리석상, 미상, 기원전 2세기경
: 그리스의 타소스 섬에서 발견

거인인데, 그는 트로이 전쟁의 영
웅 오디세우스의 계략에 속아 하
나 밖에 없는 눈을 잃었다.

호메로스의 키클로페스는 헤시
오도스와 아폴로도로스의 키클로
페스보다 나이가 어리다!

『신들의 계보』와 『비블리오테케』
에서 등장하는 키클로페스는 대
지의 여신 가이아와 '하늘'의 의인
화된 신 우라노스 사이에서 태어
난 외눈박이 거인 삼형제이다. 그
들은 천둥의 의인화된 신 브론테
스, 번개의 의인화된 신 스테로페
스, 벼락의 의인화된 신 아르게스

이다. 또한 아르게스는 전승 문헌에 따라 피라크몬으로도 불린다. 그
대표적인 전승 문헌은 베르길리우스의 『아이네이스』이다.

『신들의 계보』와 『비블리오테케』에 등장하는 키클로페스는 천둥, 번
개, 벼락의 자연현상과 직접적인 관련성을 맺고 있는데 반해, 『오디세
이아』에 등장하는 외눈박이 거인들은 특정 자연현상의 의인화된 존재
가 아니다. 모든 문화권의 천지창조 신화를 살펴보면, 초자연적인 존
재 또는 자연현상의 의인화된 존재가 먼저 생겨난 다음 죽음을 피할
수 없는 존재가 탄생한다. 따라서 호메로스의 키클로페스가 헤시오도
스와 아폴로도로스의 키클로페스보다 더 나중에 탄생했을 것이라는
추론이 가능하다.

요약하면 가이아와 우라노스 사이에서 태어난 키클로페스 삼형제가
비옥한 섬에서 동굴 생활을 하면서 가축을 기르는 키클로페스부족
보다 연장자일 것이다.

문명과 동떨어진 삶을 사는 키클로페스

『오디세이아』에 등장하는 키클로페스는 거칠고 오만불손하며 법을 따르지 않았다. 그러나 그들이 사는 섬은 낙원이나 다름이 없었는데, 식물은 보살핌 없이도 잘 자랐다.

그들에게는 공동체 의식이 없었고, 서로 모여 의견을 나눌 회의장도 없으며 서로를 규제할 법률도 없었다. 가족 단위로 동굴에 살면서 다른 가족에 대해 상관하지 않았다. 이와 관련하여 『오디세이아』는 다음과 같이 적고 있다.

폴리페모스를 장님으로 만든 오디세우스와 그의 부하들
암포라 도기 세밀화, 기원전 650년경, 엘레우시스 박물관
: 오디세우스가 폴리페모스에게 포도주를 먹여 잠들게 한 후, 그의 하나 밖에 없는 눈을 부하들과 함께 멀게 했다.

"우리(오디세우스 일행)는 지금 거칠고 법을 따르지 않는 키클로페스의 땅에 도착했다오. 그들은 신들에게 모든 것을 맡긴 채 씨를 뿌리거나 땅을 갈지 않는다오. 씨를 뿌리거나 땅을 경작하지도 않지만 밀이며 보리가 잘 자라며, 고귀한 포도덩굴에서는 매우 큰 포도송이가 매달려 있다오. 신이 비를 내려 그것들을 자라게 해준다오. 그곳에는 법률도 없으며 의논할 회의장도 없다오. 그들은 높은 산꼭대기에 있는 텅 빈 동굴 안에서 산다오. 가족 단위로 나름대로의 규칙을 가지고 자식과 아내를 거느리며, 다른 가족의 삶에 상관하지 않는다오."

안하무인의 키클로페스

『오디세이아』에 등장하는 키클로페스는 신계와 인간계의 지배자 제우스도 두려워하지 않을 정도의 안하무인이다. 호메로스의 키클로페스 중에서 가장 유명한 자는 바다의 신 포세이돈과 바다의 님페 토오사 사이에서 태어난 폴리페모스이다. 그는 오디세우스가 제우스를 들먹이며 손님 대접해줄 것을 요구하자 다음과 같이 이야기했다.

"나그네여, 나더러 신들을 두려워하거나 조심하라고 말하다니 그대는 바보이거나 아주 멀리서 왔음에 틀림이 없구려. 우리 키클로페스 종족은 아이기스(제우스의 방패)를 들고 있는 제우스도 전혀 신경쓰지 않는다오. 우리는 하늘에 있는 어떤 신도 신경쓰지 않는다오. 그것은 우리가 그들보다 훨씬 더 강하기 때문이라오. 제우스의 분노가 두려워 내가 그대나 그대의 전우들을 아껴두는 일은 없을 것이라오. 내 마음이 그러고 싶다면 모를까."

식인종 키클로페스

『오디세이아』에 등장하는 키클로페스는 인간을 잡아먹는 식인종으로 묘사된다. 오디세우스와 그의 부하 12명은 호기심 때문에 폴리페모스가 사는 동굴에 들어갔다가 갇히는 신세가 되었다. 키클롭스 폴리페모스가 끼니마다 두 명의 인간을 잡아먹었다. 이 모습이 『오디세이아』 제9권에 묘사되고 있다.

"그(폴리페모스)는 벌떡 일어나 내 전우들을 향해 두 손을 내밀어 두 명을 한 번에 움켜졌다오. 그리고는 그는 내 전우들이 마치 강아지인 양 땅바닥에 내리쳤다오. 그러자 그들의 두개골에서 뇌가 흘러나와 땅바닥을 적셨다오. 그 괴물은 내 부하들의 사지를 갈기갈기 찢어 저녁식사로 먹었다오. 그는 마치 산에 사는 사자처럼 내

장이며 고기며 골수가 들어 있는 뼈며 하나도 남김없이 다 먹어치
웠다오. 우리는 이 끔찍한 짓거리를 보고 울면서 제우스를 향해
두 손을 모으며 도움을 간청했다오. 우리는 어찌 할 바를 모르고
절망에 빠졌다오. 그 키클롭스는 게걸스럽게 사람 고기를 먹어치
우며 그의 거대한 배를 채우고, 입가심으로 바로 짠 젖을 마셨다
오. 그러고 나서 그는 동굴 안에서 가축들 사이에 큰 대자로 누워
잠을 잤다오."

키클롭스
오딜롱 르동(Odilon Redon), 1914년
크뢸러 뮐러 미술관
: 산 너머로 머리를 내민 키클롭스

호메로스의 키클로페스 중 폴리
페모스는 인육을 먹지만 다른 키
클로페스가 식인종인지는 알 수
없다.

키클로페스 Cyclopes, 거인 삼형제

요약

대지의 여신 가이아와 하늘의 의인화된 신 우라노스 사이에서 태어난 외눈박이 삼형제를 총칭하여 이르는 말이다.

키클로페스 삼형제는 천둥의 의인화된 신 브론테스, 번개의 의인화된 신 스테로페스, 벼락의 의인화된 신 아르게스이다.

기본정보

구분	거인
상징	손재주가 좋은 외눈박이 거인
외국어 표기	그리스어: Κύκλωπες / 단수형 키클롭스(Κύκλωψ)
어원	둥근 눈을 가진 자
별칭	사이클롭스(Cyclops)
가족관계	우라노스의 아들, 가이아의 아들, 티탄 12신의 형제

인물관계

키클로페스는 그리스 신화의 제2세대 신으로 이마 한 가운데에 둥근 눈 하나만 가진 거인 삼형제이다. 그들은 천둥의 의인화된 신 브론테스, 번개의 의인화된 신 스테로페스, 벼락의 의인화된 신 아르게스이다. 대지의 의인화된 여신 가이아와 가이아의 아들이자 하늘의 의인화된 신 우라노스 사이에서 태어났다.

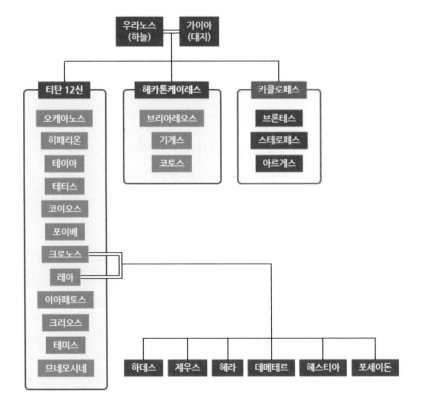

신화이야기

개요

　외눈박이 거인 삼형제의 총칭으로 복수형 '키클로페스'란 이름이 사용된다. 삼형제 한 명 한 명을 따로 가리켜 부를 때는 키클로페스의 단수형인 키클롭스가 사용된다.

　『신들의 계보』와 『비블리오테케』에 따르면 키클로페스는 대지의 여신 가이아와 '하늘'의 의인화된 신 우라노스 사이에서 태어났다. 키클로페스 삼형제는 브론테스, 스테로페스, 아르게스이며 아르게스는 전승 문헌에 따라 피라크몬으로도 불리는데 그 대표적인 전승 문헌은 베르길리우스의 『아이네이스』이다.

가이아와 우라노스는 키클로페스 삼형제 이외에도 머리 50개와 팔 100개가 달린 거인 삼형제 헤카톤케이레스 그리고 티탄 신족에 속하는 12명의 신을 낳았다. 헤카톤케이레스는 코토스, 브리아레오스, 기게스이다. 티탄 12신은 오케아노스, 테티스, 코이오스, 포이베, 히페리온, 테이아, 레아, 이아페토스, 크레이오스, 테미스, 므네모시네, 크로노스이다. 따라서 키클로페스 삼형제는 헤카톤케이레스 삼형제와 티탄 12신과 형제지간 또는 남매지간이다. 한편 키클로페스는 티탄 신족에 속하는 크로노스와 레아 사이에서 태어난 6남매, 즉 헤스티아, 데메테르, 헤라, 하데스, 포세이돈, 제우스의 삼촌들이다.

『신들의 계보』에 따르면 아버지 우라노스는 키클로페스 삼형제를 싫어하여 태어나자마자 타르타로스에 갇히는 운명을 맞이하였다. 티탄 신족의 막내이자 키클로페스의 남자형제 크로노스가 아버지 우라노스를 거세시킨 후 우주의 지배자, 즉 최고의 신의 위치에 오른 후에도 외눈박이 삼형제는 여전히 타르타로스에서 벗어나지 못하였다. 그들의 조카 제우스가 장성하여 크로노스와 10년 동안 지속된 싸움을 벌일 때, 대지의 여신 가이아가 제우스에게 타르타로스에 갇힌 자를 동맹자로 얻으면 싸움에서 승리할 것이라는 신탁을 내렸다. 그리하여 제우스는 타르타로스를 지키던 캄페를 죽이고 삼촌들인 키클로페스와 헤카톤케이레스를 풀어주었다.

제우스의 도움으로 무시무시한 어둠의 세계로부터 벗어난 키클로페스는 은혜의 보답으로 제우스에게 천둥과 번개와 벼락을, 하데스에게 쓰면 보이지 않는 투구를, 포세이돈에게는 삼지창을 주었다. 제우스는 키클로페스가 선사한 무기로 크로노스와의 싸움에서 승리를 거두고 우주의 새 주인으로 등극하여 올림포스 신들의 시대를 열었다.

키클로페스의 계보

『신들의 계보』와 『비블리오테케』는 가이아와 우라노스 사이에서 태어난 자식들의 순서와 관련하여 차이를 보인다.

『신들의 계보』에 따르면, 가이아와 우라노스 사이에서 12명의 티탄 신족이 가장 먼저 태어나고, 그 다음에 외눈박이 삼형제 키클로페스가, 그 다음에 헤카톤케이레스 삼형제가 태어난다. 이 계보에 따르면 키클로페스는 아버지 우라노스를 거세시킨 후 우주의 지배자가 된 크로노스의 동생들이며, 형 크로노스를 폐위시키고 신계와 인간계의 통치자가 된 제우스의 작은삼촌들이다.

한편 『비블리오테케』에 따르면, 가이아와 우라노스 사이에서 헤카톤케이레스 삼형제가 가장 먼저 태어나고, 그 다음에 키클로페스 삼형제가, 그 다음에 12명의 티탄 신족이 태어난다. 이 계보에 따르면 키클로페스는 크로노스의 형들이며 제우스의 큰삼촌들이다.

키클로페스의 외모에 대한 오해

가이아와 우라노스의 자식들 중 키클로페스 삼형제의 외모와 관련된 내용을 전해주는 전승 문헌은 많지 않다.

전승 기록에 따르면 키클로페스의 가장 두드러진 외형적 특징은 이마 한가운데에 둥근 외눈이다. 외눈박이 모습 이외의 외형적 특징에 관한 내용은 전승 문헌들에 기술되지 않는다. 그런데 키클로페스가 너무 끔찍하고 흉측스러운 모습을 지니고 있어 아버지 우라노스조차도 보기 싫어할 정도여서 그들을 타르타로스에 가두었다는 이야기는 가이아와 우라노스가 낳은 키클로페스 삼형제와 『오디세이아』에 등장하는 포세이돈의 아들인 키클롭스 폴리페모스와 그의 외눈박이 거인 부족을 혼동한 것에서 유래된 듯하다. 따라서 가이아와 우라노스의 자식들인 키클로페스 삼형제가 너무 못생겨 아버지 우라노스에 의해 태어나자마자 타르타로스에 감금되었다는 진술은 근거가 희박하다.

『신들의 계보』와『비블리오테케』에 따르면 아버지 우라노스는 키클로페스가 태어나자마자 그들을 타르타로스에 가두었다. 크로노스가 아버지 우라노스를 거세시키고 나서 우주의 지배자가 된 후에도 키클로페스 삼형제는 타르타로스의 감금 상태에서 벗어나지 못하였다. 조카 제우스가 크로노스와 그의 추종자들과 전쟁을 벌일 때 가이아의 신탁을 받아들여 키클로페스 삼형제를 어둠의 장소에서 구해주었고, 그들은 구출의 은혜에 보답하고자 제우스에게 티탄과의 전쟁에서 승리를 이끌 수 있는 무기, 즉 천둥, 번개와 벼락을 만들어 선사하였다.

『신들의 계보』는 제우스를 돕는 키클로페스를 다음과 같이 적었다.

> "제우스의 몸은 무럭무럭 성장한다. 또한 그의 용기도 하루가 다르게 부쩍부쩍 늘어간다. 몸이 거대하고 사악한 음모를 잘 꾸미는 크로노스는 어머니 가이아의 영리한 계책에 속고, 아들 제우스의 꾀와 힘에 눌려 삼켰던 자식들을 도로 게워낸다. 크로노스가 처음으로 토해낸 것은 맨 나중에 삼켰던 돌덩이였다. 제우스는 크로노스가 토해낸 돌을 파르나소스 산기슭에 자리 잡은 신성한 지역 퓌토의 광활한 대지에 세워 놓는다. 그것은 도래하게 될 시대의 징표이며 죽음을 피할 수 없는 인간에게는 경이로운 물건이다.
> 제우스는 아버지 크로노스의 형제들인 키클로페스를 어둠에서 구해준다. 할아버지 우라노스가 마음의 눈이 멀어 제우스의 삼촌들을 무시무시한 어둠 속에 가두었기 때문이다. 그러자 삼촌들은 제우스의 은혜에 보답하고자 거대한 가이아가 숨겨두었던 천둥과 불타는 벼락과 눈부신 번개를 조카에게 준다. 제우스는 이것들을 가지고 인간들과 불사의 신들을 다스린다."

『비블리오테케』에 따르면, 키클로페스가 제우스의 도움으로 타르타로스에서 벗어나자 제우스를 포함한 남자 조카들에게 감사의 선물을 주었는데, 이 선물은 그들이 티탄과의 전쟁에서 승리를 할 수 있게 한 무기이다. 이와 관련된 내용은 『비블리오테케』에서 다음과 같다.

"장성한 제우스는 오케아노스의 딸 메티스의 도움을 받는다. 그녀는 크로노스에게 약을 주어 마시게 한다. 약을 마신 크로노스는 가장 먼저 돌덩이를 게워내고, 그 다음에 그가 집어삼킨 자식들을 토해낸다. 제우스는 그들의 도움을 받으면서 크로노스와 티탄 신족들에 맞서 전쟁을 시작한다. 그 전쟁은 10년 동안 계속된다. 대지의 여신 가이아는 제우스에게 타르타로스로 내던져진 자들을 동맹자로 삼는다면 전쟁에서 승리할 것이라는 신탁을 내린다. 그래서 제우스는 타르타로스에 갇힌 자들을 감시하던 캄페를 죽이고 그들을 어두운 암흑에서 구해준다. 그러자 타르타로스에 갇힌 자들 중 키클로페스는 제우스에게 천둥과 번개와 벼락을, 플루톤에게 투구를, 포세이돈에게 삼지창을 준다. 키클로페스가 만들어준 무기로 무장한 제우스의 형제들은 티탄 신족들을 제압하고, 그들을 타르타로스에 가둔다. 이때 헤카톤케이레스가 티탄 신족의 감시자로 임명된다. 티탄 신족들과의 전쟁에서 승리한 자들은 제비뽑기를 통해 자신들의 권력을 나눈다. 제우스는 하늘의 통치권을, 포세이돈은 바다의 통치권을, 플루톤(Pluton; 지하세계의 신 하데스의 별칭)은 저승의 통치권을 갖는다."

키클로페스 삼형제의 성격에 대한 오해

여러 전승 문헌의 내용을 살펴볼 때, 키클로페스 삼형제에게는 오늘날 사람들이 자주 말하는 키클로페스의 난폭한 성격이 적용되지 않는다. 오히려 그들은 아버지 우라노스와 형제 크로노스의 처분을 고분고분 따르고 반항이나 저항을 하지 않는 온순한 성격의 소유자로 묘사된다. 또한 그들은 자신들에게 베풀어 준 은혜를 잊지 않고 보답하는 존재이기도 하다.

가이아와 우라노스가 낳은 키클로페스 삼형제의 성격에 대한 오해는 그들이 『오디세이아』에 등장하는 포세이돈의 아들인 키클롭스 폴리페모스와 그의 외눈박이 거인 부족으로 혼동된 것에서 유래된 듯하다. 호메로스의 키클로페스는 오만불손하고 무법자인 양 행동하며 신들에 대한 경외심도 없는 존재이다.

제우스의 무기인 벼락을 제작하는 키클로페스

키클로페스 삼형제는 제우스의 도움으로 타르타로스에서 벗어나 제우스와 헤라의 아들이며 불의 지배자인 헤파이스토스의 대장간에서 제우스의 무기인 벼락을 만들었다. 그들의 작업 모습은 베르길리우스의 『아이네이스』에서 다음과 같이 묘사된다.

"제우스와 헤라 사이에서 태어난 불의 주인 헤파이스토스는 부드럽고 보송보송한 잠자리에서 일어나 대장간으로 간다. 시칠리아 해안과 에올리에 제도의 리파리 섬 사이에 섬이 하나 치솟아 있다. 그 섬은 바다에서 가파르게 솟구쳐 있고 섬을 이루고 있는 바위 틈 사이에서 연기가 뿜어져 나온다. 그 섬의 깊숙한 곳에 동굴이 하나 있다. 그 움푹 파인 동굴은 키클로

헤파이스토스 대장간에서 일하는 키클로페스
1세기경, 나폴리 국립고고학박물관
: 키클로페스가 불의 신 헤파이스토스 대장간에서 제우스의 무기를 만드는 장면을 묘사한 프레스코화이다

페스가 불로 작업한 결과로 생겼다. 동굴 안에서 모루 위를 힘껏 내리치는 천둥과 같은 요란한 소리가 난다. 용광로 안에서는 쇳덩어리가 녹고 화염의 숨소리가 거칠게 뿜어져 나온다. 이곳이 바로 불카누스(Vulcanus), 즉 헤파이스토스의 집이다. 이 섬은 볼카니아(Volcania)라고 불린다. 그때 불의 신 헤파이스토스가 하늘 높이에서 내려온다. 이 넓은 지하 동굴 안에서 키클로페스가 부지런히 일하고 있다. 브론테스와 스테로페스와 피라크몬(Pyracmon: 베르길리우스의 『아이네이스』에서 등장하는 피라크몬은 키클로페스 삼형제 중의 한 명인 아르게스의 다른 이름)이 발가벗은 채 모루 위의 달구어진 무쇠를 망치질로 벼리고 있다. 그들은 벼락을 만들고 있다. 그들은 하늘의 아버지 제우스가 하늘에서 대지로 내리칠 수없이 많은 벼락을 만들고 있다. 만들어진 벼락 중 일부는 이미 광이 반짝반짝 나도록 닦여져 있고, 일부 벼락은 아직 마무리되지 않은 상태이다."

신들의 자식이지만 죽음을 피할 수 없는 키클로페스

에우리피데스는 『알케스티스』에서 아폴론이 신이지만 1년 동안 목동으로 인간에서 봉사하게 된 사연을 독백 형식으로 적고 있다. 아폴론의 아들 아스클레피오스가 제우스의 벼락에 맞아 죽자, 아폴론은 비명횡사한 아들의 복수로 제우스에게 벼락을 만들어 준 키클로페스를 죽였다. 이 때문에 그는 아버지 제우스의 명령에 따라 필멸의 인간에게 1년 동안 봉사를 하였다. 전승자료에 따르면 키클로페스는 가이아와 우라노스의 자식이지만 불멸의 신이 아니라 필멸의 존재이다.

아스클레피오스의 죽음과 키클로페스의 죽음의 연관성

아폴론의 아들 아스클레피오스가 죽은 사람을 살리는 의술을 베풀자 우주의 통치자 제우스는 '불멸의 신과 필멸의 인간'이라는 우주의 질서가 무너질까 걱정했다. 그래서 제우스는 우주의 질서를 바로잡고

자 키클로페스가 만든 벼락으로 아스클레피오스를 죽였다. 아폴론은 자식의 죽음에 대한 복수를 별렀지만 아버지 제우스에게 복수의 칼날을 겨눌 수 없어 벼락을 만든 키클로페스를 죽였다. 키클로페스의 죽음과 관련하여 『비블리오테케』는 다음과 같이 적고 있다.

"제우스는 인간들이 아폴론의 아들 아스클레피오스에게서 의술을 배워 서로를 도와줄까봐 두려워한 나머지 그를 벼락으로 내리친다. 이에 격분한 아폴론은 제우스에게 벼락을 만들어준 키클로페스를 죽인다. 그러자 제우스는 아폴론을 타르타로스에 던져버리려고 한다. 레토가 간절히 애원하자 제우스는 아폴론을 페라이(Pherai)로 보내 페레스(Pheres)의 아들 아드메토스에게 1년 동안 봉사하도록 명령한다. 아폴론은 아드메토스 왕 밑에서 가축을 키우며 모든 암소들이 쌍둥이 송아지를 낳게 해준다."

키타이론 Cithaeron

요약

  그리스 신화에 나오는 같은 이름의 산의 신이다.
  그리스 중부 보이오티아 지방에 있는 키타이론 산은 디오니소스 숭배지로 유명하며, 복수의 여신 에리니에스의 거처로 알려져 있다. 오이디푸스가 제 아비를 죽이고 제 어미와 결혼할 운명이라는 신탁 때문에 태어나자마자 버려진 곳도 키타이론 산이다.

기본정보

구분	산의 신, 전원의 신
외국어 표기	그리스어: Κιθαιρών
관련 지명	플라타이아, 보이오티아, 키타이론 산, 헬리콘 산
관련 신화	복수의 여신 에리니에스, 디오니소스

신화이야기

개요

  키타이론은 그리스 중부에 높이 치솟은 같은 이름의 산을 지배하는 신이다. 키타이론 산은 아소포스 강이 발원하는 곳이며, 고대에는 아티카와 보이오티아의 경계를 이루고 있었다. 이 산에는 복수의 여신들인 에리니에스가 산다고 여겨졌으며, 산 남쪽에는 디오니소스 숭배의 신화적 발상지로 꼽히는 엘레우테라이가 있다.

키타이론 산은 오이디푸스가 버려진 곳이며, 악타이온과 펜테우스가 사지가 찢겨져 죽은 곳이기도 하다.(악타이온은 이곳에서 아르테미스의 목욕 장면을 지켜보다 개들에게 물어뜯겨 죽었고, 펜테우스는 이곳에서 디오니소스 숭배 의식을 훔쳐보다 디오니소스 추종자들에 의해 갈기갈기 찢겨져 죽었다. '악타이온', '펜테우스' 참조)

그리스 신화에는 키타이론 산의 유래에 대하여 여러 가지 이야기들이 전해진다.

플라타이아의 왕 키타이론

산의 신 키타이론은 강의 신 아소포스에 앞서 플라타이아 지방을 다스렸는데, 현명한 왕으로 이름이 자자했다. 그 무렵 헤라 여신이 제우스와 심하게 다투고 사이가 틀어져 에우보이아로 떠나버리는 일이 발생했다. 당황한 제우스는 플라타이아의 키타이론을 찾아가 헤라를 다시 돌아오게 할 방법을 물었다. 그러자 키타이론은 제우스에게 나

키타이론의 플라타이아 평원
윌리엄 밀러(William Miller), 1829년

무로 여인의 형상을 만든 뒤 새색시의 옷을 입히고 수레에 태우고 가라고 하였다. 그리고 사람들에게는 제우스가 아소포스의 딸 플라타이아를 신부로 맞는 행차라고 소문을 퍼뜨렸다.

이 소식을 들은 헤라는 질투에 사로잡혀 당장 달려와 수레에 탄 신부의 옷을 잡아당겼다. 하지만 그것이 목각 인형에 불과한 것을 본 헤라는 웃으며 다시 제우스와 화해하였다. 플라타이아 주민들은 이 일을 기념하기 위해 매년 축제를 벌여 제우스와 헤라의 결혼식을 거행하였다.

헬리콘과 키타이론

보이오티아 지방에는 그리스 신화에서 키타이론 산 못지않게 유명한 헬리콘 산도 있는데 이 둘은 원래 형제였다는 이야기도 있다. 그에 따르면 헬리콘은 온화하고 사랑스러웠지만 키타이론은 난폭한 성격을 지녀서 아버지는 성품이 좋은 헬리콘을 편애하였다. 그러자 화가 난 키타이론은 아버지와 헬리콘을 죽이고 자신도 절벽에서 몸을 던져 목숨을 끊고 말았다. 그 뒤로 사람들은 근처에 이웃해 있는 두 산에 이들 형제의 이름을 붙여주었다. 그리하여 복수의 여신 에리니에스의 거처로 알려진 산은 키타이론 산으로, 학예의 여신 무사이의 거처로 알려진 산은 헬리콘 산으로 불리게 되었다.

키타이론과 티시포네

또 다른 전승에 따르면 키타이론은 아스테리온 산에 살던 아름다운 청년이었다고 한다. 그는 복수의 여신 에리니에스 자매 중 하나인 티시포네의 열렬한 사랑을 받았지만 계속해서 그녀의 구애를 거절하였다. 그러자 분노한 티시포네가 키타이론의 머리카락 한 올을 독사로 변하게 만들어 그를 물어죽이게 하였다. 그 이후로 아스테리온 산은 키타이론 산이라고 불리기 시작했다.

킵셀로스 Cypselus, Cypselos

요약

  그리스 신화에 나오는 아르카디아의 왕이다.

  펠로폰네소스 반도로 쳐들어온 헤라클레이다이와 평화협정을 맺어 자신의 왕국 아르카디아를 보존하였다. 헤라클레이다이의 우두머리인 메세니아의 왕 크레스폰테스에게 자신의 딸 메로페를 아내로 주었고, 나중에 외손자 아이피토스가 부친이 빼앗긴 메세니아의 왕권을 되찾을 수 있도록 도와주었다.

기본정보

구분	아르카디아의 왕
상징	평화협정, 정략결혼
외국어 표기	그리스어: Κύψελος
관련 신화	헤라클레이다이의 펠로폰네소스 정복
가족관계	아이피토스의 아들, 메로페의 아버지

인물관계

  킵셀로스는 아르카디아 왕 아이피토스의 아들이다.

  킵셀로스의 딸 메로페가 헤라클레이다이의 우두머리 중 하나인 메세니아 왕 크레스폰토스와 결혼하여 낳은 아들의 이름도 아이피토스이다.

헤라클레스

아이피토스 1세

(...)

킵셀로스

아리스토마코스

메로페　크레스폰테스　테메노스　아리스토데모스

아이피토스 2세

프로클레스　에우리스테네스

신화이야기

헤라클레이다이의 펠로폰네소스 정복

　헤라클레스가 죽고 난 뒤 더 이상 그의 보호를 받지 못하게 된 헤라클레이다이(헤라클레스의 후손들)는 미케네 왕 에우리스테우스에게 핍박을 받았다. 헤라클레이다이는 아테네 왕 테세우스(혹은 그의 자손들)의 도움으로 에우리스테우스와 그의 자식들을 죽인 뒤 펠로폰네소스에 대한 헤라클레스의 권리를 주장하며 이 지역의 정복에 나섰다. 헤라클레스는 원래 아버지 제우스의 뜻에 따라 펠로폰네소스 반도의 아르고스, 라코니아, 메세니아 등 광범위한 지역을 다스리게 될 예정이었지만 헤라 여신의 방해로 에우리스테우스 왕에게 이 지역의 통치권이 넘어갔던 것이다.

　헤라클레이다이는 여러 세대에 걸쳐 공략한 끝에 마침내 펠로폰네소스 반도를 손에 넣는 데 성공하였다. 정복 전쟁을 이끈 아리스토마코스의 세 아들 테메노스, 크레스폰테스, 아리스토데모스는 펠로폰네소스 반도를 제비뽑기를 통해 삼등분하여 나누어가졌다. 그 결과 아르고스는 테메노스에게로 돌아갔고, 라코니아는 전쟁 중에 죽은 아리스토데모스의 쌍둥이 아들 프로클레스와 에우리스테네스가, 메세니아는 크레스폰테스가 각각 차지하였다.

그밖에 엘레이아는 펠로폰네소스 공략 때 헤라클레이다이의 군대를 안내한 옥실로스에게 주어졌고(그는 원래 엘레이아의 왕이었지만 당시 자신의 왕국에서 추방된 상태였다), 아르카디아는 그들이 정복 전쟁에 나설 때 '함께 음식을 나눠먹은 자들'은 그대로 놔두라는 신탁의 명령에 따라 정복하지 않고 그대로 두었다.

헤라클레이다이와 평화협정을 체결한 킵셀로스

당시 아르카디아는 킵셀로스가 다스리고 있었다. 킵셀로스는 헤라클레이다이가 아르카디아의 국경에 다다를 즈음 많은 선물과 함께 사신을 보냈다. 킵셀로스의 사신들이 헤라클레이다이 진영에 도착했을 때 헤라클레이다이 군사들은 마침 근처의 농부들에게 양식을 구하여 식사를 하는 중이었다. 헤라클레이다이는 자신들을 찾아온 아르카디아인들에게 함께 식사할 것을 권했고 사신들은 초대에 응했다. 식사 도중에 양 진영 사이에 말다툼이 벌어졌지만 킵셀로스의 사신들은 자신들을 식탁에 초대해준 사람과 싸우는 것이 그릇된 일이라고 여겨 더 이상 싸우지 않았다. 헤라클레이다이는 델포이의 신탁을 떠올리고는 사신들에게 아르카디아를 공격하지 않겠다는 평화협정을 맺어주었다.

다른 전승에 따르면 헤라클레이다이는 킵셀로스가 사신들을 통해 보낸 선물을 거절하고 아르카디아로 진격하면서 국경 근처에서 많은 농작물을 탈취했다고 한다. 하지만 킵셀로스는 아르카디아의 농작물을 탈취한 것은 좋든 싫든 이미 선물을 받은 것이나 마찬가지이므로, 헤라클레이다이와 아르카디아의 평화협정은 체결된 것이라는 주장을 펼쳤다. 헤라클레이다이는 이를 인정하여 아르카디아를 더 이상 공격하지 않았다.

킵셀로스는 나중에 메세니아의 왕이 된 크레스폰테스에게 자신의 딸 메로페를 아내로 내주며 양국의 우애를 더욱 돈독히 하였다. 하지만 또 다른 설에 의하면 킵셀로스가 아르카디아를 지킬 수 있었던 것은 크레스폰테스에게 자신의 딸을 내준 덕분이라고 한다.

아버지 크레스폰테스의 원수를 갚은 아이피토스

크레스폰테스와 메로페 사이에서는 여러 명의 아들이 태어났다. 크레스폰테스는 메세니아를 다섯 지역으로 나누어 각각 총독을 두고 다스렸는데 특히 도리스 출신의 평민들에게 우호적인 정책을 폈다. 하지만 이것이 귀족들의 반발을 사면서 자식들과 함께 살해당하고 말았다. 유일하게 어린 아들 아이피토스만 간신히 화를 피하여 외할아버지 킵셀로스에게로 도망쳤다. 메로페는 귀족들의 반란을 주도한 폴리폰테스의 아내가 되어야 했다. 폴리폰테스도 헤라클레이다이 중의 한 명이었다.

아이피토스는 아르카디아에서 외할아버지 킵셀로스 왕의 보살핌 속에 건장한 청년으로 성장하였다. 어른이 되어 메세니아로 돌아온 아이피토스는 폴리폰테스를 죽여 아버지의 원수를 갚고 메세니아의 왕위를 되찾았다.('아이피토스' 참조)

•참고문헌•

게롤트 돔머무트 구드리히; 〈신화〉
게르하르트 핑크; 〈그리스 로마 신화 속 인물들〉
괴테; 〈파우스트 II〉, 〈가니메드〉
논노스; 〈디오니소스 이야기〉, 〈디오니시아카〉
단테; 〈신곡 지옥편〉
디오니시오스; 〈로마사〉
디오도로스 시켈로스; 〈역사 총서〉
레싱; 〈라오코온〉
로버트 그레이브스; 〈그리스 신화〉
루키아노스; 〈대화〉
리비우스 안드로니쿠스; 〈오디세이아〉
리코프론; 〈알렉산드라〉
마르쿠스 바로; 〈농업론〉, 〈라틴어에 관하여〉
마리 셸리; 〈프랑켄슈타인〉
마이어스 백과사전, '바실리스크'
마이클 그랜트; 〈그리스 로마 신화사전〉
마크로비우스; 〈사투르날리아〉
몸젠; 〈라틴 명문 전집〉
밀턴; 〈실락원〉, 〈코머스〉
베르길리우스; 〈농경시〉, 〈목가〉, 〈아이네이스〉
보카치오; 〈데카메론〉
비오 2세; 〈비망록〉
세네카; 〈파에드라〉
세르비우스; 〈베르길리우스 주석〉
셰익스피어; 〈한여름 밤의 꿈〉
소포클레스; 〈오이디푸스 왕〉, 〈콜로노스의 오이디푸스〉, 〈안티고네〉, 〈수다(Suda)
         백과사전〉, 〈에피고노이〉, 〈트라키아의 여인〉, 〈텔레포스 3부작〉, 〈필
         록테테스〉, 〈테레우스〉, 〈엘렉트라〉, 〈아이아스〉

솔리누스; 〈세계의 불가사의〉

수에토니우스; 〈베스파시아누스〉

스테파누스 비잔티누스; 〈에트니카〉

스트라본; 〈지리지〉

실리우스 이탈리쿠스; 〈포에니 전쟁〉

아라토스; 〈천문〉

아르노비우스; 〈이교도들에 대해서〉

아리스타르코스; 〈호메로스의 일리아스 주석〉

아리스토파네스; 〈개구리〉, 〈여자의 축제〉, 〈정치학〉, 〈벌〉, 〈아카르나이 사람들〉,
　　　　　　　〈여자들의 평화〉

아리안; 〈알렉산더 원정〉

아엘리안; 〈동물 이야기〉

아우구스투스; 〈아우구스투스 업적록〉

아우구스티누스; 〈신국〉

아이소푸스; 〈우화〉

아이스킬로스; 〈아가멤논〉, 〈자비로운 여신들〉, 〈결박된 프로메테우스〉, 〈오레스테
　　　　　　　스 3부작〉, 〈자비로운 여신들〉, 〈제주를 바치는 여인들〉, 〈탄원하
　　　　　　　는 여인들〉, 〈테바이 공략 7장군〉, 〈오이디푸스 3부작〉, 〈페르시아
　　　　　　　여인들〉

아테나이오스: 〈현자들의 식탁〉〈현자들의 연회〉

아폴로니오스 로디오스; 〈아르고나우티카〉, 〈아르고호의 모험〉, 〈황금양피를 찾아
　　　　　　　떠난 그리스 신화의 영웅 55인〉

아폴로도로스; 〈비블리오테케〉, 〈원전으로 읽는 그리스 신화〉, 〈아폴로도로스 신
　　　　　　　화집〉

아풀레이우스; 〈황금의 당나귀〉

안토니누스 리베랄리스; 〈변신이야기 모음집〉

안티클레이데스; 〈노스토이(귀향 서사시)〉

알베르트 카뮈; 〈시시포스의 신화〉

에리토스테네스; 〈별자리〉

에우리피데스; 〈레수스〉, 〈안드로마케〉, 〈크레스폰테스〉, 〈안티오페〉, 〈크레스폰테스〉, 〈알케스티스〉, 〈메데이아〉, 〈감금된 멜라니페〉, 〈현명한 멜라니페〉, 〈이피게네이아〉, 〈헤리클레스의 후손들〉, 〈오레스테스〉, 〈힙시필레〉, 〈박코스 여신도들〉, 〈트로이 여인들〉, 〈멜레아그로스〉, 〈키클롭스〉, 〈페니키아 여인들〉, 〈헬레네〉, 〈화관을 바치는 히폴리토스〉

에우세비우스; 〈복음의 준비〉

에우스타티우스 〈호메로스 주석집〉

오비디우스; 〈변신이야기〉, 〈헤로이데스〉, 〈달력〉, 〈로마의 축제일〉, 〈사랑의 기술〉

요한 요하임 빙켈만; 〈박물지〉

월터 카우프만; 〈비극과 철학〉

이시도루스; 〈어원지〉

이진성; 〈그리스 신화의 이해〉

임철규; 〈그리스 비극, 인간과 역사에 바치는 애도의 노래〉

작자 미상; 〈아르고나우티카 오르피카〉

작자 미상; 〈호메로스의 찬가〉

제프리 초서; 〈캔터베리 이야기〉

존 드라이든; 〈돌아온 아스트라이아〉

존 키츠; 〈라미아〉

최복현; 〈신화, 사랑을 이야기하다〉

카를 케레니; 〈그리스 신화〉

카시우스 디오; 〈로마사〉

칼리마코스; 〈데메테르 찬가〉, 〈제우스 찬가〉

퀸투스 스미르네우스; 〈호메로스 후속편〉

크리스토퍼 말로; 〈포스터스 박사의 비극〉

크세노폰; 〈헬레니카〉, 〈테오크리토스에 대한 주석집〉

클라우디우스 아에리아누스; 〈다채로운 역사(varia historia)〉

키케로; 〈신에 관하여〉, 〈의무론〉

토마스 불핀치; 〈그리스 로마 신화〉

투키디데스; 〈펠로폰네소스 전쟁사〉, 〈역사〉

트제트제스; 〈리코프론 주석집〉

티투스 리비우스; 〈로마건국사〉

파르테니오스; 〈사랑의 비애〉

파우사니아스; 〈그리스 안내〉

파테르쿨루스; 〈로마사〉

포티우스(콘스탄티노플); 〈비블리오테카〉

폴리아이누스; 〈전략〉

프로페르티우스; 〈애가〉

플라톤; 〈국가론〉, 〈향연〉, 〈고르기아스〉, 〈프로타고라스〉, 〈파이드로스〉, 〈티마이
　　　오스〉, 〈파이돈〉

플루타르코스; 〈모랄리아〉, 〈사랑에 관한 대화〉, 〈로물루스〉, 〈사랑에 관한 대화〉,
　　　　〈영웅전-로물루스편〉, 〈영웅전-테세우스편〉, 〈강에 대하여〉

플리니우스; 〈박물지〉

피에르 그리말; 〈그리스 로마 신화사전〉

핀다로스; 〈네메이아 찬가〉, 〈올림피아 찬가〉, 〈피티아 찬가〉

필로스트라토스; 〈아폴로니오스의 생애〉

헤라클레이토스; 〈단편〉

헤로도토스; 〈역사〉

헤시오도스; 〈신들의 계보〉, 〈여인들의 목록〉, 〈헤라클레스의 방패〉, 〈일과 날〉

헤시키오스; 〈사전〉

호라티우스; 〈서간문〉

호메로스; 〈일리아스〉

히기누스; 〈이야기〉, 〈천문학〉

히에로니무스; 〈요비니아누스 반박〉

그리스 로마 신화 인물사전 8

1판 1쇄 인쇄 2021년 7월 19일
1판 1쇄 발행 2021년 7월 26일

지은이 박규호, 성현숙, 이민수, 김형민

디자인 씨오디
지류 상산페이퍼
인쇄 다다프린팅

발행처 한국인문고전연구소 발행인 조옥임
출판등록 2012년 2월 1일 (제406-251002012000027호)
주소 경기 파주시 가람로 70 (402-402)
전화 02-323-3635 팩스 02-6442-3634 이메일 books@huclassic.com

ISBN 978 — 89 — 97970 — 63 — 6 04160
       978 — 89 — 97970 — 55 — 1 (set)